中国价格及城镇居民家庭收支调查统计年鉴

2002

国家统计局城市社会经济调查总队　编

中国统计出版社
China Statistics Press

(京)新登字 041 号

图书在版编目(CIP)数据

中国价格及城镇居民家庭收支调查统计年鉴—2002/
国家统计局城市社会经济调查总队编.
—北京:中国统计出版社,2002.11
ISBN 7-5037-3951-7

Ⅰ.中…
Ⅱ.国…
Ⅲ.城镇—职工家庭收支调查—中国—统计资料—2002—年鉴
Ⅳ.①F126.2—66
②F726.7—66

中国版本图书馆 CIP 数据核字(2002)第 085293 号

中国价格及城镇居民家庭收支调查统计年鉴—2002

作　者/国家统计局城市社会经济调查总队
责任编辑/陈悟朝
装帧设计/张　冰
出版发行/中国统计出版社
通信地址/北京市西城区月坛南街 75 号　邮政编码/100826
办公地址/北京市丰台区西三环南路甲 6 号
电　话/(010)63459084　63266600—22500(发行部)
印　刷/北京中科印刷有限公司
经　销/新华书店
开　本/787×1092mm　1/16
字　数/340 千字
印　张/15
印　数/1—1500
版　别/2002 年 11 月第 1 版
版　次/2002 年 11 月北京第 1 次印刷
书　号/ISBN 7—5037—3951—7/F·1515
定　价/68.00 元

《中国价格及城镇居民家庭收支调查统计年鉴－2002》

编 辑 委 员 会

编者说明

《中国价格及城镇居民家庭收支调查统计年鉴—2002》全面反映了2001年中国国内市场商品零售价格、居民消费价格、农业生产资料价格和城镇居民家庭生活的现状及变动情况。全书包括三部分内容:(一)专文,(二)价格调查资料,(三)城镇居民家庭收支调查资料。

居民消费价格是指城乡居民用于支付所购买的生活消费品和获得服务项目的价格。

商品零售价格是指工业、商业、餐饮业以及其他零售业向城乡居民、机关团体出售生活消费品和办公用品的价格。

农业生产资料价格是指工业、商业以及其他单位和个人向农民出售农业生产资料的价格。

价格指数是反映一定时期内价格变动趋势和变动程度的相对数。

可支配收入是指居民家庭在支付个人所得税等项后,所余下的实际收入。计算公式为:

可支配收入=实际收入－个人所得税－家庭副业生产支出－记帐补贴。

中国价格调查资料和城镇居民家庭收支调查资料是采用分类随机抽样方法收集、整理、汇总的,收录了全国、各省(区、市)、36个大中城市的资料。

目　录

专　文

价格调查资料

城镇居民家庭收支调查资料

(一)综合资料

专　　文

2001 年全国居民消费价格基本平稳

2001 年市场价格运行平稳，1—12 月全国居民消费价格总水平比上年同期上涨 0.7%。市场价格变动呈现前高后低、波动较小的特点，具有较明显的结构性变动特征。

一、市场价格变动特征

(一)全国居民消费价格总水平稳定中有小幅波动

全年各月居民消费价格波幅均未超过 2%，同比涨幅最高的是 5 月份，上涨了 1.7%，最低是 11、12 月份，均下降了 0.3%；价格波动前高后低，上半年同比价格上涨 1.1%，下半年受宏观经济走势影响，同比上涨 0.4%。

分区域看，西部地区价格涨幅高于东、中部地区，农村价格涨幅高于城市。在 31 个省(区、市)中，有 21 个省(区、市)居民消费价格总水平上涨，8 个省居民消费价格总水平下降，上海和辽宁持平。西部大开发带动西部经济增速加快，居民消费价格保持涨势，平均上涨 1.6%。农村居民消费价格比上年同期上涨 0.8%，高于城市 0.1 个百分点。

(二)服务项目涨价仍然是拉动价格总水平上升的主要因素

1—12 月累计平均，娱乐教育文化用品及服务、居住类价格分别上涨 6.6%和 1.2%，医疗保健和个人用品、食品类价格与上年持平，而家庭设备用品及维修服务、衣着类价格则分别下降了 2.3%和 1.9%。

(三)农产品市场总体较为平稳，价格未出现异常波动

1—12 月食品价格总水平与上年基本持平。在主要农产品中，蛋、肉禽、鲜菜价格比上年同期分别上涨了 6.0%、1.6%、1.4%，而粮食和水产品价格则比上年同期分别下降了 0.7%和 2.9%。

(四)工业消费品供大于求局面未有明显改善，总体价格下跌

1—12 月消费品价格比上年同期下降 1.1%，其中家电产品和衣着类价格大幅下跌。衣着类价格下降了 1.9%，耐用消费品价格下降 3.9%。

(五)政策性调价导致服务项目价格上涨，拉动价格总水平上扬

2001 年政府连续出台了一系列价格调整措施，涉及通信、教育、医疗、居住等各方面。1—12 月全国服务项目价格累计比上年同期上涨 7.0%。其中，教育价格上涨 13.6%，通信服务价格上涨 1.1%，医疗保健服务价格上涨 10.5%，市区交通价格上涨 5.8%。

二、影响市场价格走势的因素简析

2001 年，影响市场价格走势的因素主要有以下几方面：

1. 继续坚持农业的基础地位，从总体上保证了主要农产品的供给稳定；加强了对农业种植结构的调整力度和上年主要农产品的欠收，抑制了农产品价格的进一步下降。十五届五中全会再次强调了农业的基础地位，加大了对农业基础设施的投入和对农业种植结构的调整力度，使农产品价格保持在一个相对稳定状态。另一方面，近年来农产品价格持续下降，其进一步下降的空间已经越来越小，再加上 2001 年的旱灾和种植面积调减导致全年粮食减产 1.6%，部分农产品价格开始了恢复性上涨。

2. 产业结构有待调整，供给结构性过剩矛盾依然突出，特别是一般工业消费品供大于求的格局十分明显，多数商品价格持续走低。2001 年，我国虽然加大了产业结构调整力度，但调整需要一个过程，一般加工业生产能力依然过剩，而外贸出口受阻又强化了这一趋势。

3. 从国际、国内市场看，需求拉动的动力不足。(1)受美、欧、日本等国经济不振影响，世界经济增长减缓，国际市场需求锐减。2001 年全年外贸出口仅增长 6.8%，增速比上年的 27.8%骤降了 21 个百分点。从国内市场看，一方面城市消费品市场因缺乏新的消费热点而引致需求增长乏力，另一方面农村消费品市场启动缓慢，需求增长的潜力还有待挖掘。(2)居民收入增长缓慢，居民消费信心仍待加强。就业压力和失业预期增大居民储蓄倾向，而社会保障体系建设的滞后更强化了这一倾向。城乡居民购买力在保持平稳增长的同时不断以储蓄和金融资产形式大量沉积，居民消费的潜力没有得到很好的发挥。

4. 货币供应与经济增长水平基本适应，货币供应量有所增加，但增速趋缓。截止到 2001 年 12 月末，狭义货币供应量(M_1)比上年同期增长 12.7%，尽管此增速比 2000 年底的 16%有较大减缓，但总体上满足了经济发展的需要。

上述四种因素中，既有促进价格上涨的方面，又有抑制价格下跌的因素，两种力量对冲的结果，使 2001 年居民消费价格总水平呈现出总体平稳、小幅波动的特征。

2001年城市居民生活水平继续提高

2001年是新世纪的第一年，也是"十五"计划的起始年，我国城市居民生活在上个世纪末总体实现小康以后，又有了新的提高。新世纪第一年的良好开局为逐步达到世界中等发达国家水平的长远目标打下了基础。

据国家统计局城市社会经济调查总队对全国4.4万户居民家庭的调查，2001年城市居民人均可支配收入6860元，比上年增长9.2%；人均消费支出5903元，同比增长6.2%。

一、城市居民收入水平大幅度增长，北京、上海、广东、浙江人均收入超万元

2001年国家两次提高全国行政事业单位职工工资，推动了城市居民家庭收入水平较大幅度的提高。据调查，城市居民家庭人均可支配收入6860元，比上年增长9.2%，扣除价格影响实际增长8.5%。

过去一年中，各级政府更加重视提高居民收入水平和生活质量，城市居民收入水平又上新台阶。经济发展较快的几个省市居民人均可支配收入已超过万元，它们是：上海12883元，北京11578元，浙江10465元和广东10415元。经济欠发达的省、区也在奋起直追，发展经济，提高居民收入。中西部地区的城市居民收入水平有了大幅度的提高，2001年全国城市居民可支配收入增长幅度排在前五位的全部是边远地区和中西部地区：广西14.3%，山西14.1%，新疆13.3%，青海13.2%，宁夏12.9%。地区间收入差距不断拉大的趋势得到一定控制。

调查反映，山西、天津等省市的政府和主要领导加大力度关心城市弱势群体的社会保障问题，努力提高中低收入阶层的收入水平，取得良好社会效果。

从居民家庭收入来源看：

1.来自国有经济单位的收入增长在城市家庭收入增量中仍占相当地位。2001年城市家庭中人均来自国有经济单位的收入3746元，比上年增长7%，增加额占全部收入增加额的41.5%。

2.来自个体被雇者、个体经营者和其他经济类型收入大幅度增长。2001年城市居民家庭收入中增长最明显的是个体被雇者收入，比上年增长23.9%，其次是其他经济类型职工的收入，增长16.4%，个体经营者收入增幅也较高，为11.3%，都高于国有经济单位收入增长水平。

二、随着城市居民家庭人口结构逐年变动，家庭收入构成相应发生变化

改革以来，城市居民生活水平发生了巨大变化，家庭人口结构、收入构成也都在逐年变化。具体表现如下：

(一)户均就业人数逐年减少，离退休人口不断增加

2001年全国城市居民家庭户均就业人数1.65人，比上年减少0.02人；户均离退休人数0.45人，同比增长0.01人。从两年的数字看，变化比较小，但从长期资料观察，可以更明显的看出这个变化：1985年城市居民家庭户均就业人口2.2人，退休人数0.24人；到2001年，城市居民家庭户均就业人口下降到1.65人，退休人数上升到0.45人。就业人口减少了0.55人，退休人口增加了0.2人。城市家庭收入中，离退休金比重越来越高，从1985年的6.1%上升到2001年的18.4%，增加了12.3个百分点。

表1　城市家庭人口结构和收入构成情况表

年　份	就业人口 人/户	离退休人口 人/户	全部收入 元/人	离退休金 元/人	离退休金 比重%
1985	2.20	0.24	821	50	6.1
1990	1.98	0.25	1523	137	9.0
1995	1.92	0.29	4288	530	12.4
2000	1.68	0.44	6317	1136	18.0
2001	1.65	0.45	6907	1273	18.4

导致就业人口减少的原因除了企业改革和产业结构调整的影响外，另一个主要原因是家庭规模不断缩小，据调查，1985年城市家庭户均人口3.82人，2001年减少到3.1人，减少了近1/5。2001年城市居民家庭收入中，离退休金收入家庭总收入的比重已将近达到二成。

(二)国有经济单位职工人数减少，其他类型就业人数增加，来自国有单位的收入比重下降

2001年，城市家庭中平均每户有国有单位职工1.17人，比上年减少0.04人。按家庭人口平均国有单位收入3746元，比上年增长7%，占全部家庭收入的比重为54.2%，比上年减少1.2个百分点。从长期趋势观察更为明显(见下表)。

表2　城市家庭就业结构和收入结构表

年　份	就业人口 人/户	国有职工 人/户	全部收入 元/人	国有单位收入 元/人	国有收入 比重%
1985	2.20	1.62	821	510	62.1
1990	1.98	1.50	1523	858	56.3
1995	1.87	1.47	4288	2590	60.4
2000	1.68	1.21	6317	3501	55.4
2001	1.65	1.17	6907	3746	54.2

以上资料表明，城市家庭就业人口中，国有职工人数逐年减少，家庭收

入中来自国有单位的收入比重也在逐年下降，从 1985 年的 62.1%减少到 2001 年的 54.2%，今后这种趋势还会继续发展下去。

三、地区间收入差距得到一定控制

2001 年，反映城市居民收入差距的基尼系数为 0.323，比上年的 0.319 略有增加。从收入差距构成分解看，省际间的基尼系数为 0.156 比上年略有下降，各省间收入差距扩大的趋势得到一定控制。居民收入最高的省与最低的省人均收入之比从上年的 1∶2.48(上海:山西)下降到 1∶2.45(上海:河南)。从地区比较来看，城市居民收入增长最快的地区是西北地区，比上年增长 11.2%，其中新疆、青海、宁夏增幅进入前五位，说明国家开发大西北的战略已初见成效。但是值得注意的是，西南部地区城市居民收入增长较为缓慢，仅为 7.3%，比全国的增幅还低约 2 个百分点。

调查资料表明，不同收入阶层之间收入差距仍在继续拉大，占全部调查户 10%的最高收入户人均可支配收入比上年增长 13.5%，而同样数量的最低收入户仅增长 5.7%，比最高收入户组低 7.8 个百分点。最低与最高收入户组人均收入之比从 2000 年的 1∶5 扩大到 1∶5.4。

表 3　城市居民基尼系数变化情况

年　　份	基尼系数
1978	0.16
1981	0.15
1985	0.19
1990	0.23
1995	0.28
2000	0.319
2001	0.323

四、城市居民消费呈现出一些新特点

2001 年城市居民人均消费支出 5309 元，比上年增长 6.2%。城市居民消费呈现以下特点：

(一)恩格尔系数继续下降，食品消费追求营养、便捷

2001 年城市居民家庭人均购买食品支出 2014 元，比上年增长 2.8%，恩格尔系数(即食品支出占全部消费支出的比重)继续下降，从上年的 39.2%下降到 37.9%，反映出居民生活水平不断提高。

食品消费中，营养结构更加合理，消费方式更加便捷。粮、油、肉、禽、蛋类的消费量比上年都有不同程度的下降，但是分品种观察，种类更加多

样化,主要品种购买量逐年减少,加工制成品购买量持续上升。2001年,城市居民人均购买粮食79.7公斤,比上年减少3.2%,其中细粮购买量下降3.4%,粗粮购买量上升2.6%;人均购买油脂类8.5公斤,下降1.6%,其中花生油下降1.9%,菜籽油下降7.7%,豆油下降3.8%,而芝麻油和其他植物油却分别上升7%和11.5%;人均购买肉类21.6公斤,比上年减少0.8公斤,下降3.7%,其中购买其他肉及肉制品2.5公斤,比上年增长4.4%;人均购买禽类7.3公斤,下降1%,其中购买其他禽类及制成品2公斤,增长4%;人均购买蛋类11.1公斤,下降6.7%。

2001年,城市居民食品消费中水产品、蔬菜、水果以及乳品类都有不同程度的增长,其中人均购买蔬菜118公斤,比上年增长1%;购买鱼虾5.6公斤,增长6.1%;购买干鲜瓜果60.4公斤,增长4.1%;人均购买鲜奶、酸奶及奶粉13.8公斤,增长19.1%。

在外饮食消费支出依然保持强劲增长势头,2001年人均支出314元,比上年增长9.2%。

食品消费中营养结构较为均衡合理,只是奶及奶制品的消费量相对较低,有待于进一步改善提高。

表4　城市居民人均购买主要食品数量变化情况

	单位	2001年	2000年	增长%
粮　食	千克	79.69	82.31	−3.19
油脂类	千克	8.47	8.61	−1.60
肉　类	千克	21.63	22.47	−3.74
禽　类	千克	7.31	7.38	−0.95
蛋　类	千克	11.10	11.89	−6.72
鱼　虾	千克	5.58	5.26	6.08
蔬　菜	千克	117.95	116.82	0.97
瓜　果	千克	60.44	58.05	4.13
乳品类	千克	13.76	11.65	18.11

(二)衣着消费平稳增长,消费结构变化不大

近年来,城市居民衣着消费保持平稳增长态势,消费比重平缓下滑。2001年,全国城市居民人均购买衣着消费534元,比上年增长6.6%;占消费支出的比重为10%,与上年基本持平。随着市场繁荣和服装工业的发展以及城市居民生活水平的提高,城市居民在衣着消费中成衣化倾向更为明显。2001年,人均购买服装支出364元,比上年增长8%;购买鞋、袜、帽等消费支出141元,增长7.5%;而购买布料等衣着材料支出仅21元,比上年下降10.6%;衣着加工服务支出8元,下降12.8%。

(三)住房条件不断改善,水、电、燃料等消费明显增加

近年来城市居民住房条件不断改善,住房设施、家用设备日趋齐全,带

动了家庭中水、电、燃料等消费支出的增加。2001年人均居住支出548元，比上年增长9.5%，其中人均住房支出217元，增长7.6%；水、电、燃料支出331元，增长10.7%，占居住支出的比重超出一半以上，达到60.4%。

2001年，城市居民人均消费自来水31.4吨，与上年基本持平；消费电299度，增长9.1%；消费煤炭129.5公斤，液化石油气17公斤，管道煤气30.7立方米，比上年都有不同程度的增加。

（四）交通通信消费支出增长保持强劲势头

2001年城市居民人均交通通信支出457元，比上年增长15.7%，占消费支出的比重上升到8.6%。由于近年来网络通信技术发展迅速，计算机、电话普及率提高，城市居民家庭消费中通信支出比上年增长20.9%，成为城市居民家庭消费支出中增长最快的项目。

到2001年末，城市居民平均每百户拥有移动电话34部，比上年增加了15部，增长74.3%；家用电脑13台，增加4台，增长37%；有80%的居民家中装有电话。

（五）医疗保健支出继续增长，滋补保健品消费有所降温

2001年，城市居民人均医疗保健品支出343元，比上年增长7.9%，其中人均医药费支出261元，增长7.4%；购买医疗器具支出4元，增长65.6%；购买保健用品支出5元，增长12.5%；医疗保健服务支出49元，增长18.5%。值得注意的是，随着滋补保健品市场的降温，城市居民购买滋补保健品支出明显减少，2001年人均支出23元，比上年下降7%。

（六）教育支出显著增长

我国居民历来重视教育，特别是对独生子女的教育更是寄托着城市家庭的未来和希望。近年来高校持续扩大招生，教育费用逐年增加。同时为了提高自身的竞争能力，正常的学杂费以外的教育支出也不断增加，择校费、赞助费、家教费、兴趣班学费等等五花八门数不胜数。2001年城市居民家庭人均教育支出428元，比上年同期增长17.7%，增长幅度仅次于通信支出。

（七）旅游消费持续增长，发展潜力巨大

近年来，国家实行了“春节”、“五一”、“十一”放长假的举措，促进了城市居民旅游消费的持续增长。2001年人均旅游支出100元，比上年增长13.6%。其中旅游交通费支出37元，增长8.8%；住宿费支出13元，增长15.8%；旅游中伙食消费支出14元，增长7.8%；游览门票和纪念品等其他支出36元，增长12.5%。各项支出中，住宿费和包括门票纪念品等在内的其他支出增幅最快，说明城市居民外出旅游时，走亲访友的比重在减少，外出游玩的比重在不断增加。

（八）购买各种家用电器、耐用消费品等支出开始下降

改革开放以来，购买各种家用电器一直是居民消费支出的增长点，但是随着家庭各种耐用消费品的逐渐饱和，购买支出开始减少。2001年城市居民人均购买家庭日用耐用消费品支出251元，比上年同期下降3.3%；购

买文娱用耐用消费品支出139元，下降5.2%。其中平均每百户购买彩色电视机5.1台，比上年下降9.7%；影碟机2.9台，下降13.7%；组合音响0.7台，下降11%。

五、收入持续增长，消费相对不足

调查资料表明，城市居民的收入增长高于同期国内生产总值的增长，但消费支出的增长却低于国内生产总值增长水平。

为了扩大内需，促进生产，国家今年又出台了调资政策，城市居民收入明显增加，但是消费水平却没有相应提高。2001年城市居民消费倾向（即消费支出占收入总量的比重）从上年的79.5%下降到77.4%，减少2.1个百分点。边际消费倾向（即消费增量占收入增量的比重）更低，仅为53.7%，这就是说，增加的收入部分，只有约一半用来消费，而近一半被沉淀下来。

造成城市居民消费不足的原因是：

1.社会保障制度还不够完善，居民对未来改革的收入预期心理信心不足，支出预期却成刚性上升。随着改革的深入，社会保障制度正在逐步建立，最低生活保障线、最低工资标准、养老制度社会化等等刚刚开始实行，大多数居民只是在付出，还没有得到回报。而在过去的住房制度改革、医疗制度改革、教育制度改革等各项改革中，居民感觉到的也是增加支出，不见受益。

2.中国加入WTO以后，人们担心外国企业和资本的冲击，对未来的工作和收入水平缺乏安全感，因此希望多存钱，以应对不测。

3.目前城市居民生活从总体上已达到小康水平，家庭消费已基本得到满足。主要食品消费量由于品种的多样化而逐年减少。家用电器更是如此，城市居民家庭百户拥有量已饱和，如平均每百户彩电拥有量121台、电风扇171台，都已超过100%；电冰箱、冰柜88台、洗衣机92台，也接近100%；80%以上的家庭安装了电话，另外还有34%的家庭拥有移动电话，13%的家庭拥有家用电脑；北方地区过去不常使用的空调也已达到每百户36台。近年来，81%的家庭已经陆续购买了自己的住房。在现有水平上很难找到新的消费热点，许多人希望在家用汽车的购买上有一个突破，但按照中国的人口数量和道路发展状况，私家车是不可能达到其他家用电器那样的普及程度。

六、更新消费理念，提高全民素质

根据经济学理论，人们的消费分为生活、享受和发展三个层次，同时也分为物质消费和精神消费两大部分。从目前城市居民的消费现状来看，生存消费早已得到满足，正处在享受层次上，由于过分注重物质消费，而忽视了精神方面的消费，消费层次还相对较低。

在消费理念上，不少人走入一个误区，强身健体只知道买营养保健品，却不愿意参加体育锻炼。这几年球市很火爆，但都是看球的人，很少有踢球的人。住在北京的人对新建的大商场知道和去过的人很多，但对全市200多个博物馆知之甚少，能数出20个的人为数不多；花几百元下饭馆认为很平常，但花几十元听一次音乐会，参观一次博物馆，觉得划不来。

媒体上一篇题为“收入越来越高，我们的生活却越来越……”的文章，写道：“我们的财富在成倍增长，但自身价值却越来越模糊；我们的开销越来越大，但快乐的获得却越来越不易；我们拥有的知识越来越多，但判断力却越来越弱……”。这反映了一种心态，反映出物质生活满足以后，对精神生活渴求的现状。

根据消费需求的边际效应，在居民消费中，消费数量低的时候，每增加一个消费单位，需求的效应也在相应的增加。但是消费数量达到一定程度以后，消费数量增加，需求效应则在递减，甚至达到负效应。从多年来城市居民的许多消费品特别是食品消费数量的变化可以看出，改革初期由于从票证限制到市场放开，随着收入的增长，消费品种类增多，消费数量有一个从增加到减少的过程。例如，城市居民人均猪肉消费量，五、六十年代平均每人每年仅有7公斤左右，改革以后，消费量逐年增加，最高是1983年，达到18公斤之后就开始下降，2001年城市居民人均购买猪肉16公斤，甚至低于1981年的消费水平。著名的恩格尔系数反映的也是这个道理，收入水平提高以后，基本生活消费品的需求就会下降，而转向高层次的消费需求上。改革以后，我国居民生活从温饱到小康，正在迈向富裕。发展居民消费，确实也应该转变观念，不能仅仅局限在过去的消费模式上，应该要有发展的眼光和策略。

从现有的消费市场来看，旅游市场、文化娱乐市场、体育消费市场等非商品服务市场还有很大的发展空间，医疗服务领域、教育领域等行业与国外发达国家相比还有很大的差距，城市居民的生活质量还有待于进一步的提高。

更新消费理念，提高消费层次，扩大消费需求，促进经济发展，需要各级政府和有关部门加强引导和营造好的消费环境。扩大精神文化方面的消费是亟待开拓的一个大市场，同时也是利国利民的好事。

价格调查资料

1978—2001 年全国价格总指数

（上年价格＝100）

年份	商品零售价格指数	城市	农村	居民消费价格指数	城市	农村	农业生产资料价格指数
1978	100.7	102.5	100.1		100.7		99.9
1979	102.0	101.9	102.0		101.9		100.4
1980	106.0	108.1	104.4		107.5		101.0
1981	102.4	102.7	102.1		102.5		101.7
1982	101.9	102.1	101.7		102.0		101.9
1983	101.5	101.9	101.2		102.0		103.0
1984	102.8	102.5	103.0		102.7		108.9
1985	108.8	112.2	107.0	109.3	111.9	107.6	104.8
1986	106.0	107.0	105.0	106.5	107.0	106.1	101.1
1987	107.3	109.1	106.3	107.3	108.8	106.2	107.0
1988	118.5	121.3	117.1	118.8	120.7	117.5	116.2
1989	117.8	116.0	118.8	118.0	116.3	119.3	118.9
1990	102.1	100.2	103.2	103.1	101.3	104.5	105.5
1991	102.9	104.5	102.0	103.4	105.1	102.3	102.9
1992	105.4	107.7	103.9	106.4	108.6	104.7	103.7
1993	113.2	114.2	112.6	114.7	116.1	113.7	114.1
1994	121.7	120.9	122.9	124.1	125.0	123.4	121.6
1995	114.8	113.5	116.4	117.1	116.8	117.5	127.4
1996	106.1	105.8	106.4	108.3	108.8	107.9	108.4
1997	100.8	100.8	100.7	102.8	103.1	102.5	99.5
1998	97.4	97.4	97.6	99.2	99.4	99.0	94.5
1999	97.0	97.0	97.1	98.6	98.7	98.5	95.8
2000	98.5	98.5	98.5	100.4	100.8	99.9	99.1
2001	99.2	98.9	99.6	100.7	100.7	100.8	99.1

1978—2001 年全国价格总指数

（1978 年价格＝100）

年份	商品零售价格指数	城市	农村	居民消费价格指数（1985 年＝100）	城市	农村（1985 年＝100）	农业生产资料价格指数
1978	100.0	100.0	100.0		100.0		100.0
1979	102.0	101.9	102.0		101.9		100.4
1980	108.1	110.2	106.5		109.5		101.4
1981	110.7	113.2	108.7		112.2		103.1
1982	112.8	115.6	110.5		114.4		105.1
1983	114.5	117.8	111.8		116.7		108.3
1984	117.7	120.7	115.2		119.9		117.9
1985	128.1	135.4	123.3	100.0	134.2	100.0	123.6
1986	135.8	144.9	129.5	106.5	143.6	106.1	125.0
1987	145.7	158.1	137.7	114.3	156.2	112.7	133.8
1988	172.7	191.8	161.2	135.8	188.5	132.4	155.5
1989	203.4	222.5	191.5	160.2	219.2	157.9	184.9
1990	207.7	222.9	197.6	165.2	222.0	165.1	195.1
1991	213.7	232.9	201.6	170.8	233.3	168.9	200.8
1992	225.2	250.8	209.5	181.7	253.4	176.8	208.2
1993	254.9	286.4	235.9	208.4	294.2	201.0	237.6
1994	310.2	346.3	289.9	258.6	367.8	248.0	288.9
1995	356.1	393.1	337.4	302.8	429.6	291.4	368.1
1996	377.8	415.9	359.0	327.9	467.4	314.4	399.0
1997	380.8	419.2	361.5	337.1	481.9	322.3	397.0
1998	370.9	408.3	352.8	334.4	479.0	319.1	375.2
1999	359.8	396.1	342.6	329.7	472.8	314.3	359.4
2000	354.4	390.2	337.5	331.0	476.6	314.0	356.2
2001	351.6	385.9	336.2	333.3	479.9	316.5	353.0

2001 年各地区居民消费价格指数和商品零售价格指数

（上年价格＝100）

	居民消费价格指数			商品零售价格指数		
	省（区、市）	城市	农村	省（区、市）	城市	农村
全国平均	**100.7**	**100.7**	**100.8**	**99.2**	**98.9**	**99.6**
北京	103.1	103.1		98.8	98.8	
天津	101.2	101.2		98.6	98.6	
河北	100.5	100.4	100.6	99.8	99.4	100.2
山西	99.8	99.5	100.4	99.0	98.6	99.5
内蒙古	100.6	100.6	100.5	100.0	100.0	99.9
辽宁	100.0	99.9	100.2	99.4	99.2	100.4
吉林	101.3	101.5	100.5	100.9	100.8	101.5
黑龙江	100.8	100.8	100.4	100.4	100.3	101.2
上海	100.0	100.0		98.6	98.6	
江苏	100.8	100.1	101.5	98.9	98.6	99.3
浙江	99.8	99.6	100.0	98.1	97.4	99.0
安徽	100.5	100.0	101.3	99.6	98.5	100.6
福建	98.7	98.3	99.3	98.0	97.6	98.4
江西	99.5	99.8	99.2	98.4	98.3	98.4
山东	101.8	101.1	102.4	100.0	99.5	100.7
河南	100.7	100.7	100.7	99.8	99.5	100.1
湖北	100.3	100.4	99.8	97.4	97.0	98.0
湖南	99.1	98.9	99.3	98.8	98.1	99.4
广东	99.3	99.2	99.6	98.7	98.6	98.9
广西	100.6	101.3	99.6	97.8	97.3	99.0
海南	98.5	98.8	98.3	97.7	97.6	97.8
重庆	101.7	101.7		99.0	99.0	
四川	102.1	101.8	102.7	100.8	100.5	101.2
贵州	101.8	102.4	101.1	98.4	97.8	99.1
云南	99.1	98.1	100.6	98.4	98.0	98.7
西藏	100.1	99.1	100.9	99.6	99.6	99.4
陕西	101.0	100.1	102.9	99.1	98.9	99.6
甘肃	104.0	103.0	105.5	99.6	99.2	100.5
青海	102.6	103.0	101.2	99.9	99.9	99.9
宁夏	101.6	101.3	102.2	100.0	100.3	99.6
新疆	104.0	104.0	103.8	102.5	102.7	102.3

2001 年全国居民消费价格分类指数(一)

(上年价格=100)

	全 国	城 市	其中:36 个大中城市	农村
居民消费价格总指数	**100.7**	**100.7**	**100.7**	**100.8**
一、食品	**100.0**	**100.1**	**100.3**	**99.8**
1.粮食	99.3	99.2	98.6	99.7
2.淀粉及薯类	99.5	100.3	101.4	96.7
3.干豆类及豆制品	99.0	98.7	98.4	99.6
4.油脂	91.7	90.9	89.2	92.9
5.肉禽及其制品	101.6	101.7	101.5	101.4
(1)食用畜肉及副产品	102.6	102.8	103.0	102.1
(2)禽	100.2	99.6	98.4	101.4
(3)肉禽加工制品	99.4	99.7	99.4	99.2
6.蛋	106.0	106.3	106.0	105.3
7.水产品	97.1	96.9	98.6	97.8
(1)鱼	97.4	96.9	97.0	98.2
(2)其他水产品	96.7	96.7	99.7	96.3
8.菜	100.9	101.2	102.8	100.0
9.调味品	102.2	102.3	101.7	102.0
10.糖	104.6	103.9	102.7	105.4
11.茶及饮料	99.1	99.1	99.1	99.3
(1)茶叶	101.0	101.2	101.4	100.6
(2)饮料	98.3	98.3	98.3	98.3
12.干鲜瓜果	99.9	100.2	101.4	98.8
13.糕点饼干面包	98.9	99.0	99.0	98.7
14.奶及奶制品	99.1	99.0	99.0	99.7
15.在外用膳食品	100.2	100.4	100.2	99.6
16.其他食品及食品加工服务	98.9	98.4	98.8	99.3
二、烟酒及用品	**99.7**	**99.7**	**99.6**	**99.6**
1.烟草	99.6	99.4	99.1	99.7
2.酒	99.9	100.4	100.6	99.4
3.吸烟饮酒用品	99.7	99.5	99.4	100.8
三、衣着	**98.1**	**97.8**	**97.3**	**98.9**
1.服装	97.6	97.4	96.6	98.2
(1)男式服装	97.4	97.2	96.9	98.3
(2)女式服装	97.5	97.4	96.3	97.8
(3)儿童服装	98.6	98.4	96.9	98.8
2.衣着材料	98.8	98.2	98.2	99.8
3.鞋袜帽	99.0	98.6	98.9	99.8
(1)鞋	98.9	98.6	99.0	99.8
(2)袜子	99.4	98.4	98.2	100.2
(3)帽子	99.1	99.3	99.3	99.1
4.衣着加工服务费	100.3	100.3	100.4	100.4

2001年全国居民消费价格分类指数(二)

(上年价格=100)

	全国	城市	其中:36个大中城市	农村
四、家庭设备用品及服务	**97.7**	**97.5**	**96.7**	**98.4**
1. 耐用消费品	96.1	95.7	94.9	97.5
(1)家具	98.0	97.9	97.8	98.4
(2)家庭设备	95.1	94.8	93.7	96.8
2. 室内装饰品	98.3	98.4	97.8	97.8
3. 床上用品	99.3	99.6	98.7	98.8
4. 家庭日用杂品	98.6	98.4	98.4	99.1
5. 家庭服务及加工维修服务	101.5	101.7	100.4	100.7
五、医疗保健和个人用品	**100.0**	**99.3**	**99.2**	**101.1**
1. 医疗保健	100.3	99.2	99.2	102.1
(1)医疗器具及用品	98.3	98.9	98.5	98.0
(2)中药材及中成药	101.4	101.1	102.6	102.1
(3)西药	94.8	94.3	94.2	96.0
(4)保健器具及用品	97.3	96.8	96.3	99.2
(5)医疗保健服务	110.5	113.0	110.6	108.9
2. 个人用品及服务	99.5	99.4	99.5	99.5
(1)化妆美容用品	99.8	100.3	101.1	98.2
(2)卫生用品	97.9	97.6	97.3	98.4
(3)个人饰品	97.8	96.9	96.5	98.8
(4)个人服务	101.7	103.1	103.9	100.8
六、交通和通信	**99.0**	**99.1**	**99.4**	**98.7**
1. 交通	101.0	101.8	102.6	99.7
(1)交通工具	96.4	96.2	96.2	96.6
(2)车用燃料及零配件	99.0	99.8	100.8	97.9
(3)车辆使用及维修	100.4	100.9	101.7	99.3
(4)市区公共交通	105.8	106.5	106.3	102.0
(5)城市间交通	104.0	102.9	102.6	104.9
2. 通信	96.8	97.0	96.7	96.5
(1)通信工具	80.5	78.2	74.2	89.1
(2)通信服务	101.1	101.7	102.1	98.6
七、娱乐教育文化	**106.6**	**106.7**	**106.3**	**106.4**
1. 文娱用耐用消费品及服务	91.2	89.8	88.8	94.1
2. 教育	113.6	116.5	118.4	109.8
(1)教材及参考书	106.1	105.8	104.2	106.8
(2)学杂托幼费	114.1	117.5	119.9	109.9
3. 文化娱乐用品	101.7	102.2	104.5	100.2
(1)文化娱乐	99.4	99.4	99.2	99.3
(2)书报杂志	101.9	102.0	102.1	101.6
(3)文娱费	104.4	105.0	111.1	100.1
4. 旅游	100.3	100.3	97.9	100.8
八、居住	**101.2**	**101.7**	**102.6**	**100.3**
1. 建房及装修材料	98.8	98.3	98.0	99.1
2. 租房	108.6	109.4	110.7	102.8
3. 自有住房	100.0	100.0	100.1	100.2
4. 水、电、燃料	102.5	102.2	103.1	103.0

2001年各地区居民消费价格指数(一)

(上年价格=100)

	居民消费价格指数	一、食　品	1.粮　食	2.淀粉及薯类	3.干豆类及豆制品	4.油脂
全国平均	**100.7**	**100.0**	**99.3**	**99.5**	**99.0**	**91.7**
北　京	103.1	101.5	95.0	100.7	98.6	87.5
天　津	101.2	100.8	103.6	97.6	96.2	83.6
河　北	100.5	100.8	101.4	99.6	100.3	92.4
山　西	99.8	99.4	98.7	94.8	98.6	87.8
内蒙古	100.6	101.8	101.1	101.1	103.9	93.4
辽　宁	100.0	101.8	100.1	98.4	99.1	90.5
吉　林	101.3	101.3	98.1	96.6	98.7	91.9
黑龙江	100.8	101.9	98.5	102.0	98.4	93.7
上　海	100.0	100.3	102.9	103.6	95.6	84.5
江　苏	100.8	99.3	102.5	100.4	99.4	92.6
浙　江	99.8	98.7	104.1	101.4	100.4	91.1
安　徽	100.5	99.7	107.1	96.4	97.1	91.7
福　建	98.7	97.6	97.3	103.0	96.9	92.3
江　西	99.5	98.0	94.6	96.3	98.9	90.5
山　东	101.8	101.1	98.9	99.9	98.5	92.8
河　南	100.7	100.4	100.7	105.9	98.4	92.0
湖　北	100.3	99.3	94.1	99.3	100.2	90.4
湖　南	99.1	98.6	98.6	100.5	99.7	91.1
广　东	99.3	98.2	97.6	99.4	99.5	94.5
广　西	100.6	98.5	92.5	97.0	97.9	87.8
海　南	98.5	98.4	100.5	102.3	95.5	98.1
重　庆	101.7	99.2	96.3	92.7	95.9	91.7
四　川	102.1	101.3	100.7	98.7	103.3	93.8
贵　州	101.8	98.5	95.6	83.4	100.4	86.6
云　南	99.1	98.3	103.6	96.8	94.9	94.3
西　藏	100.1	99.3	99.9	98.0	99.3	97.3
陕　西	101.0	99.2	96.3	94.9	99.6	92.0
甘　肃	104.0	100.0	99.8	97.9	100.5	94.7
青　海	102.6	102.2	95.8	113.4	99.1	93.6
宁　夏	101.6	100.1	102.9	98.0	101.7	90.7
新　疆	104.0	104.3	99.1	102.6	95.9	93.9

2001 年各地区居民消费价格指数(二)

(上年价格=100)

	5.肉禽及其制品	(1)食用畜肉及副产品	(2)禽	(3)加工肉禽	6.蛋	7.水产品
全国平均	**101.6**	**102.6**	**100.2**	**99.4**	**106.0**	**97.1**
北　京	102.6	105.0	96.4	100.0	109.0	96.9
天　津	102.7	104.9	99.4	95.8	106.1	101.0
河　北	104.3	106.1	104.1	99.2	110.6	97.5
山　西	104.0	105.2	100.6	100.4	107.9	96.5
内蒙古	105.0	107.2	102.3	98.7	106.3	101.1
辽　宁	106.7	107.9	105.9	101.2	106.7	98.2
吉　林	109.0	110.6	105.1	102.4	108.0	96.4
黑龙江	108.7	111.1	101.7	103.9	109.1	99.5
上　海	99.3	101.4	95.1	99.8	102.4	100.1
江　苏	100.8	102.0	98.0	99.2	105.0	97.2
浙　江	100.3	100.5	99.5	100.8	106.6	94.3
安　徽	101.1	101.6	101.0	99.1	103.6	98.1
福　建	98.4	96.9	102.7	98.3	105.2	95.5
江　西	99.9	99.8	100.8	98.7	102.4	95.7
山　东	103.2	104.7	103.0	98.8	109.2	101.4
河　南	104.6	105.5	105.7	100.9	105.9	97.5
湖　北	101.5	101.9	101.0	100.5	107.8	97.4
湖　南	99.2	99.2	99.2	99.2	107.5	96.7
广　东	98.2	98.1	99.0	97.5	100.8	93.5
广　西	98.8	96.7	102.9	99.7	101.7	96.0
海　南	100.9	102.5	98.2	99.0	100.1	90.6
重　庆	97.8	99.2	95.1	94.7	104.2	98.4
四　川	101.7	103.6	96.8	99.2	100.4	99.0
贵　州	97.8	98.3	97.2	96.5	107.8	95.8
云　南	94.6	93.7	95.1	97.9	102.3	97.8
西　藏	102.4	103.9	96.5	100.2	96.9	100.8
陕　西	103.4	105.3	102.0	99.0	108.7	95.0
甘　肃	102.3	103.5	99.3	100.4	105.3	93.3
青　海	112.7	114.7	104.3	105.9	110.7	98.2
宁　夏	105.7	107.3	102.7	99.0	105.3	94.7
新　疆	113.6	119.7	104.1	100.2	107.6	100.1

2001年各地区居民消费价格指数(三)

(上年价格=100)

	(1)鱼	(2)其他水产品	8.菜	9.调味品	10.糖	11.茶及饮料
全国平均	**97.4**	**96.7**	**100.9**	**102.2**	**104.6**	**99.1**
北京	100.9	92.2	100.3	101.7	99.5	99.8
天津	94.9	103.9	97.3	103.3	111.5	99.0
河北	97.5	97.6	99.9	99.4	104.0	97.7
山西	95.7	98.7	98.9	101.5	105.6	99.3
内蒙古	102.7	94.8	99.2	101.6	105.6	98.7
辽宁	98.8	97.6	103.7	103.7	107.6	97.4
吉林	95.7	100.6	96.4	108.4	106.2	99.1
黑龙江	99.0	100.3	100.1	103.2	102.3	98.9
上海	95.2	102.6	108.9	99.2	101.4	98.4
江苏	97.9	95.0	95.9	101.2	105.1	99.3
浙江	96.8	88.2	94.9	101.3	105.6	98.8
安徽	99.6	94.4	95.6	101.8	106.0	101.0
福建	95.9	94.9	96.5	99.0	106.1	99.1
江西	94.0	102.7	92.9	106.2	109.4	99.0
山东	96.1	107.8	104.0	108.7	102.4	98.1
河南	96.9	98.9	95.5	106.2	103.8	98.2
湖北	96.9	98.0	97.2	98.8	105.0	97.9
湖南	96.8	96.4	95.1	99.3	104.4	98.6
广东	97.6	86.5	102.8	100.7	104.4	100.9
广西	94.9	98.9	104.4	107.0	108.1	100.9
海南	92.5	85.7	100.8	92.1	106.2	102.5
重庆	101.7	91.5	108.9	97.1	102.3	96.3
四川	98.1	101.1	107.9	99.6	105.5	99.9
贵州	96.5	92.6	99.6	113.9	104.9	98.9
云南	97.2	99.1	95.7	102.0	106.8	100.7
西藏	101.2	99.9	92.3	99.8	98.8	100.4
陕西	93.6	98.0	94.3	103.2	105.6	98.7
甘肃	91.4	99.2	100.2	103.5	101.4	97.2
青海	94.5	102.6	96.4	106.5	104.2	96.2
宁夏	95.6	92.5	95.8	111.6	107.3	96.7
新疆	102.5	93.5	107.0	100.4	99.6	100.8

2001年各地区居民消费价格指数(四)

(上年价格=100)

	(1)茶叶	(2)饮料	12.干鲜瓜果	13.糕点饼干	14.奶及奶制品	15.在外用膳食品
全国平均	**101.0**	**98.3**	**99.9**	**98.9**	**99.1**	**100.2**
北京	106.9	96.1	101.1	97.2	100.0	106.1
天津	100.0	98.6	105.3	99.2	96.9	100.3
河北	100.4	96.5	100.3	99.3	98.1	99.7
山西	101.8	98.6	100.9	98.5	100.1	97.2
内蒙古	99.5	98.4	103.7	101.1	102.2	100.3
辽宁	99.4	96.9	101.4	98.4	99.2	99.8
吉林	103.5	97.6	103.0	101.2	101.0	100.5
黑龙江	100.0	98.7	103.2	100.8	99.5	100.3
上海	99.4	98.3	104.3	100.5	100.8	98.0
江苏	100.7	98.6	95.6	99.8	100.9	99.1
浙江	100.8	98.0	95.8	98.9	94.0	99.8
安徽	102.3	99.7	97.4	97.5	99.4	99.1
福建	100.0	98.3	96.8	100.7	97.1	98.7
江西	101.0	98.4	99.9	99.8	99.3	99.5
山东	99.6	97.3	99.4	98.0	98.1	99.9
河南	99.5	97.8	96.2	99.2	98.3	100.0
湖北	97.5	98.1	107.5	95.7	100.3	100.0
湖南	98.0	98.9	99.4	99.6	101.2	100.0
广东	102.2	99.9	96.1	99.3	98.5	99.3
广西	102.4	100.1	96.9	99.7	100.0	100.0
海南	116.0	98.2	101.1	99.3	95.6	98.7
重庆	97.6	95.7	103.1	104.4	95.1	98.2
四川	102.5	98.2	101.9	99.9	99.2	100.9
贵州	99.2	98.8	99.2	100.8	100.4	100.2
云南	101.0	100.5	101.7	99.2	99.8	98.7
西藏	101.4	99.6	101.3	98.9	100.1	99.8
陕西	99.7	98.3	98.9	99.2	100.1	100.1
甘肃	96.0	97.9	100.1	99.0	99.1	100.7
青海	100.2	94.3	99.1	96.8	100.2	102.5
宁夏	98.7	95.8	98.1	99.8	97.0	98.0
新疆	103.8	99.8	99.8	98.7	99.4	99.8

2001 年各地区居民消费价格指数(五)

(上年价格=100)

	16.其他食品及加工服务费	二、烟 酒及用品	1.烟 草	2.酒	3.吸烟、饮酒用品	三、衣 着
全国平均	**98.9**	**99.7**	**99.6**	**99.9**	**99.7**	**98.1**
北 京	99.6	101.5	102.2	103.3	97.0	100.4
天 津	101.7	99.2	99.3	98.8	100.0	93.5
河 北	98.0	99.1	98.9	99.3	99.3	97.4
山 西	98.2	98.1	97.6	97.5	103.7	96.0
内 蒙 古	99.6	99.2	99.9	98.1	100.5	97.7
辽 宁	97.9	98.0	95.9	100.5	98.9	96.8
吉 林	99.6	98.4	97.7	98.4	101.6	98.2
黑 龙 江	99.4	99.9	102.2	98.4	96.9	100.0
上 海	99.2	98.9	99.2	98.2	100.0	98.9
江 苏	99.8	99.3	98.7	100.2	100.7	97.7
浙 江	99.3	99.4	99.2	100.1	98.0	98.4
安 徽	98.9	101.2	100.6	102.2	99.1	97.7
福 建	98.2	100.5	101.1	99.9	99.2	96.5
江 西	99.3	99.0	98.9	98.8	99.9	98.4
山 东	97.8	101.5	103.1	100.2	100.5	98.6
河 南	99.3	99.5	98.8	100.1	102.2	98.6
湖 北	100.1	99.5	99.4	100.0	99.1	96.9
湖 南	98.3	99.3	100.1	97.1	100.5	97.4
广 东	97.3	100.0	100.1	99.2	102.2	98.2
广 西	99.2	99.2	98.8	99.9	98.8	96.3
海 南	94.5	100.7	101.9	100.4	94.9	99.2
重 庆	98.6	96.8	95.4	99.9	97.1	97.4
四 川	100.2	99.3	98.8	100.4	99.1	97.9
贵 州	96.9	100.2	100.2	99.8	101.3	97.8
云 南	97.5	98.9	98.3	100.4	100.0	96.3
西 藏	99.2	99.6	99.1	100.3	100.1	101.1
陕 西	102.0	100.0	100.7	97.9	100.8	97.3
甘 肃	98.1	100.0	100.0	101.3	95.2	99.9
青 海	100.5	98.6	98.6	99.0	96.9	99.4
宁 夏	102.3	97.9	96.0	100.6	102.4	99.4
新 疆	99.8	98.8	98.6	98.8	99.9	98.7

2001年各地区居民消费价格指数(六)

(上年价格=100)

	1.服　装	(1)男式服装	(2)女式服装	(3)儿童服装	2.衣着材料	3.鞋袜帽
全国平均	**97.6**	**97.4**	**97.5**	**98.6**	**98.8**	**99.0**
北　京	100.0	101.3	99.5	96.0	97.4	102.0
天　津	93.1	96.4	90.0	95.4	98.6	92.7
河　北	97.0	96.8	96.8	98.2	98.5	97.9
山　西	95.6	96.7	94.0	99.2	96.0	97.2
内蒙古	97.1	97.6	95.9	100.4	98.9	98.3
辽　宁	96.3	97.3	94.9	99.4	98.9	97.4
吉　林	98.5	98.3	98.0	100.4	97.7	97.7
黑龙江	100.0	98.9	100.8	100.2	97.7	100.5
上　海	96.4	99.0	94.7	95.4	98.7	106.2
江　苏	97.7	97.1	97.8	98.6	99.0	97.2
浙　江	96.4	97.5	95.6	96.0	99.0	102.8
安　徽	97.0	96.7	97.6	96.1	99.0	98.7
福　建	95.8	94.8	94.6	100.8	100.2	97.6
江　西	98.1	97.2	98.6	99.1	99.5	98.1
山　东	97.9	98.0	97.4	99.5	100.1	99.1
河　南	98.6	98.4	98.4	99.7	98.8	98.6
湖　北	95.7	94.7	95.8	98.3	100.5	99.0
湖　南	98.2	96.7	98.9	99.4	98.8	95.1
广　东	97.4	97.0	97.0	99.4	99.7	100.4
广　西	95.2	94.9	95.8	94.2	100.1	97.9
海　南	99.5	97.8	100.7	99.4	99.9	98.5
重　庆	98.2	96.2	100.0	93.0	101.0	94.8
四　川	97.3	97.9	96.7	97.7	100.2	99.3
贵　州	95.8	86.1	99.1	105.3	99.2	101.3
云　南	95.1	94.5	94.0	98.9	98.4	98.9
西　藏	100.4	100.2	99.9	102.0	100.9	102.8
陕　西	98.1	96.9	99.1	98.2	95.8	95.9
甘　肃	100.6	100.0	101.0	100.1	97.8	99.1
青　海	98.9	99.1	98.6	99.1	101.8	100.5
宁　夏	98.7	98.6	99.2	97.0	96.8	102.0
新　疆	98.2	98.1	97.5	100.7	100.2	99.5

2001年各地区居民消费价格指数(七)

(上年价格=100)

	(1)鞋	(2)袜　子	(3)帽　子	4.衣着加工服务费	四、家庭设备用品及服务	1.耐用消费品
全国平均	**98.9**	**99.4**	**99.1**	**100.3**	**97.7**	**96.1**
北　京	102.0	103.1	98.5	101.1	97.0	96.0
天　津	91.8	100.0	108.2	100.0	95.9	94.4
河　北	97.9	98.0	98.5	99.4	98.2	97.1
山　西	97.2	96.9	101.0	96.9	98.2	96.5
内蒙古	98.3	98.1	99.7	99.0	99.0	97.9
辽　宁	97.3	98.5	95.5	99.8	96.4	94.0
吉　林	97.8	96.9	95.5	100.1	99.4	97.9
黑龙江	100.5	100.4	99.2	99.6	98.4	95.8
上　海	106.6	100.9	101.0	100.0	97.2	94.7
江　苏	96.9	99.5	99.2	99.9	97.6	95.9
浙　江	103.2	101.3	98.4	100.8	97.0	95.7
安　徽	98.5	100.3	100.1	99.4	98.0	96.5
福　建	97.0	100.1	102.5	99.9	97.6	96.5
江　西	98.1	97.7	98.5	103.7	97.1	96.1
山　东	98.7	103.0	99.4	102.4	98.7	98.5
河　南	98.6	98.8	98.2	99.7	98.0	96.7
湖　北	99.7	92.0	100.6	102.4	94.0	91.3
湖　南	94.8	97.2	96.9	100.6	96.4	94.9
广　东	100.1	102.8	97.4	100.0	99.4	97.1
广　西	97.1	102.5	99.8	99.9	97.0	94.6
海　南	98.5	98.3	100.1	102.0	98.1	95.3
重　庆	94.5	98.4	93.3	100.0	95.7	92.6
四　川	99.2	100.3	99.6	100.0	99.2	98.4
贵　州	102.0	96.4	99.0	103.2	94.6	90.4
云　南	98.9	98.3	102.9	99.9	98.5	95.5
西　藏	103.3	100.8	102.9	100.2	99.4	98.9
陕　西	95.7	98.1	94.7	94.4	96.2	95.0
甘　肃	99.0	99.5	100.4	101.0	98.2	98.0
青　海	101.0	98.0	94.7	95.7	96.2	95.4
宁　夏	101.9	102.0	104.6	96.8	97.4	95.5
新　疆	99.1	101.6	101.8	100.1	100.2	99.6

2001年各地区居民消费价格指数(八)

(上年价格=100)

	(1)家　具	(2)家庭设备	2.室　内装饰品	3.床上用品	4.家庭日用杂品	5.家庭服务及加工维修服务
全国平均	**98.0**	**95.1**	**98.3**	**99.3**	**98.6**	**101.5**
北　京	99.8	94.5	95.6	100.9	97.6	100.0
天　津	99.6	93.3	92.9	100.1	97.9	100.5
河　北	98.7	96.3	99.9	98.8	98.9	100.1
山　西	97.9	95.5	98.2	100.3	99.4	100.8
内蒙古	99.1	97.2	100.1	99.7	99.0	103.5
辽　宁	96.0	93.0	99.0	98.3	98.1	98.5
吉　林	98.8	97.3	98.7	101.1	100.7	100.6
黑龙江	97.0	95.1	98.5	100.1	99.4	101.4
上　海	93.7	95.1	101.0	100.5	98.6	100.0
江　苏	97.4	95.3	98.5	100.6	99.7	99.7
浙　江	96.2	95.5	97.5	100.9	97.9	98.3
安　徽	96.7	96.5	97.8	99.2	98.3	101.9
福　建	97.4	96.1	98.1	96.5	99.3	98.2
江　西	98.8	94.8	97.7	99.6	97.0	99.8
山　东	101.0	96.9	100.2	98.8	98.2	100.9
河　南	98.4	95.5	98.2	98.1	98.6	101.8
湖　北	94.2	89.6	93.6	96.6	96.3	100.2
湖　南	97.9	93.6	96.8	98.3	97.8	101.4
广　东	99.0	96.0	97.8	99.7	100.2	107.5
广　西	95.1	94.2	99.4	98.5	98.1	101.6
海　南	91.3	98.3	97.6	99.6	98.6	101.5
重　庆	97.5	90.8	91.5	99.7	98.8	101.7
四　川	99.8	97.6	99.7	99.5	99.3	102.1
贵　州	93.7	87.4	92.8	95.8	98.7	100.2
云　南	98.2	92.4	105.0	102.2	99.6	100.8
西　藏	97.9	100.0	99.8	99.9	99.4	102.0
陕　西	98.2	92.2	94.8	99.1	96.0	100.2
甘　肃	97.7	98.3	100.4	99.2	97.7	99.8
青　海	92.9	97.8	95.6	98.4	94.2	104.4
宁　夏	95.3	95.7	95.7	98.2	98.7	102.9
新　疆	102.5	97.6	99.9	100.1	99.1	104.3

2001年各地区居民消费价格指数(九)

(上年价格=100)

	五、医疗保健和个人用品	1.医疗保健	(1)医疗器具及用品	(2)中药材及中成药	(3)西药	(4)保健器具及用品
全国平均	**100.0**	**100.3**	**98.3**	**101.4**	**94.8**	**97.3**
北京	98.7	98.1	98.0	103.9	94.5	95.1
天津	100.7	101.5	99.2	107.1	97.2	100.8
河北	98.2	97.5	94.9	101.5	93.3	96.6
山西	97.8	97.6	98.9	102.1	93.9	99.0
内蒙古	98.1	97.7	97.4	100.1	94.5	97.0
辽宁	92.7	90.3	94.5	91.7	85.8	93.4
吉林	103.7	105.8	97.9	106.2	95.4	99.3
黑龙江	96.9	95.2	93.3	100.9	89.7	94.6
上海	97.4	96.5	99.8	105.5	92.0	95.4
江苏	101.1	101.9	100.4	101.7	95.4	98.1
浙江	99.6	100.7	104.8	102.7	97.5	99.7
安徽	99.3	98.4	99.5	98.5	94.7	96.0
福建	102.5	104.3	97.4	103.6	95.8	96.4
江西	100.5	101.1	100.2	105.1	98.1	98.6
山东	102.4	103.6	98.7	101.9	95.3	97.5
河南	100.7	101.9	96.1	99.7	96.4	98.9
湖北	98.1	98.4	96.5	100.2	94.7	98.0
湖南	99.8	100.2	98.8	105.1	96.4	97.5
广东	99.3	99.3	101.0	98.7	98.4	98.5
广西	97.7	97.2	98.5	91.9	93.0	98.2
海南	100.2	101.6	98.8	108.0	97.1	99.6
重庆	98.9	98.7	100.0	106.2	93.7	99.8
四川	98.8	98.5	99.3	101.3	95.4	99.1
贵州	102.4	99.0	100.0	101.1	94.2	92.3
云南	106.2	109.5	92.5	95.0	92.7	95.0
西藏	100.1	100.1	100.2	100.7	99.8	99.7
陕西	99.7	99.9	93.7	103.8	96.2	99.3
甘肃	98.3	98.3	97.7	101.9	92.2	99.5
青海	98.6	98.6	97.8	99.4	96.2	101.8
宁夏	99.8	99.7	99.4	106.0	94.6	101.7
新疆	116.1	124.7	100.5	101.6	100.7	99.6

2001年各地区居民消费价格指数(十)

(上年价格=100)

	(5)医疗保健服务费	2.个人用品及服务	(1)化妆美容用品	(2)卫生用品	(3)个人饰品	(4)个人服务
全国平均	**110.5**	**99.5**	**99.8**	**97.9**	**97.8**	**101.7**
北京	100.0	100.5	106.7	94.3	97.2	109.1
天津	105.0	98.2	100.1	99.4	94.2	100.0
河北	100.6	99.8	98.5	96.2	98.6	102.7
山西	100.4	98.3	96.3	96.8	95.9	101.3
内蒙古	101.0	98.9	100.3	97.8	96.5	100.7
辽宁	103.0	98.5	98.6	98.1	94.3	101.3
吉林	138.0	99.7	100.4	99.1	98.7	100.2
黑龙江	100.5	101.6	102.5	96.4	96.1	108.6
上海	100.0	99.8	101.9	98.9	99.0	100.2
江苏	112.9	99.5	99.2	98.7	96.3	101.8
浙江	103.6	97.7	99.7	97.2	97.7	97.0
安徽	104.9	100.6	100.0	98.8	97.0	102.9
福建	121.0	99.9	98.1	98.8	96.8	103.4
江西	102.9	99.6	100.5	98.2	97.9	102.1
山东	122.7	99.7	98.9	97.7	99.3	101.5
河南	111.5	98.5	97.8	96.7	98.7	99.5
湖北	103.3	97.4	98.7	94.7	97.6	100.2
湖南	101.8	99.0	98.4	99.4	97.0	100.6
广东	101.9	99.3	99.4	98.6	98.4	100.9
广西	110.9	98.6	101.0	97.0	96.7	100.9
海南	102.2	98.3	99.9	98.1	96.7	99.5
重庆	100.0	99.3	96.5	98.6	96.9	105.1
四川	101.0	99.5	99.9	99.5	98.1	100.4
贵州	107.5	107.7	99.4	98.1	107.1	115.4
云南	160.9	99.3	102.8	99.7	99.0	98.2
西藏	100.2	100.1	99.3	100.5	99.5	101.4
陕西	102.2	98.8	95.0	96.1	96.2	105.3
甘肃	103.9	98.1	96.8	97.0	94.9	102.2
青海	103.3	98.6	95.6	95.4	96.5	102.3
宁夏	102.2	99.9	99.6	98.6	96.9	104.0
新疆	215.6	99.7	99.7	98.7	97.3	103.0

2001年各地区居民消费价格指数(十一)

(上年价格=100)

	六、交通和通信	1.交通	(1)交通工具	(2)车用燃料及零配件	(3)车辆使用及维修费	(4)市区公共交通费
全国平均	**99.0**	**101.0**	**96.4**	**99.0**	**100.4**	**105.8**
北京	100.8	102.5	96.6	112.6	108.3	100.0
天津	106.7	111.7	99.9	89.0	98.5	126.4
河北	99.5	100.4	97.9	97.3	100.1	105.5
山西	99.1	99.1	96.6	98.3	99.4	99.1
内蒙古	98.4	101.5	97.4	97.5	100.1	108.4
辽宁	99.6	101.6	94.5	99.8	100.9	105.1
吉林	98.7	99.9	98.6	100.8	100.2	100.8
黑龙江	102.7	103.1	97.3	99.5	99.9	110.0
上海	98.1	102.3	97.9	101.2	104.5	103.6
江苏	96.8	100.6	96.4	97.7	101.1	104.0
浙江	95.6	98.4	96.1	98.9	98.0	102.7
安徽	97.3	101.4	96.8	98.5	99.7	102.8
福建	97.2	98.4	94.0	98.3	101.5	100.7
江西	101.4	101.6	94.3	97.4	100.1	112.6
山东	96.9	100.8	98.2	97.9	99.3	109.6
河南	99.4	100.8	98.6	98.5	100.2	103.4
湖北	99.7	104.3	95.4	97.6	99.6	110.5
湖南	97.4	101.1	94.9	98.5	100.0	106.8
广东	99.7	98.6	95.5	98.6	99.3	100.3
广西	98.7	99.3	94.4	98.2	97.9	107.6
海南	98.0	98.2	94.9	99.3	98.5	100.0
重庆	102.4	106.7	96.6	96.6	93.6	120.8
四川	105.4	103.3	98.6	98.0	99.7	101.8
贵州	107.0	107.0	98.9	99.0	103.4	124.6
云南	92.5	96.6	93.2	93.5	96.8	99.7
西藏	103.6	101.6	98.2	103.2	99.9	100.0
陕西	98.2	102.6	95.7	99.6	100.5	112.5
甘肃	103.6	106.5	97.5	103.0	97.8	109.3
青海	102.4	106.1	97.3	96.7	100.0	100.5
宁夏	100.6	101.9	96.0	97.5	101.0	105.1
新疆	105.2	105.9	97.8	102.7	100.7	111.7

2001年各地区居民消费价格指数(十二)

(上年价格=100)

	(5)城市间交通费	2.通信	(1)通信工具	(2)通信服务	七、娱乐教育文化	1.文娱用耐用消费品及服务
全国平均	**104.0**	**96.8**	**80.5**	**101.1**	**106.6**	**91.2**
北京	103.2	99.4	66.9	109.8	114.2	88.9
天津	102.3	102.8	75.5	105.7	104.3	88.3
河北	104.3	98.2	84.2	101.4	103.6	94.0
山西	106.3	99.0	84.3	100.9	98.3	87.0
内蒙古	107.6	94.2	83.9	97.0	102.0	93.2
辽宁	105.5	98.1	77.3	102.6	101.3	88.9
吉林	100.7	97.6	81.9	105.0	101.4	93.1
黑龙江	101.3	102.4	84.5	104.9	100.3	89.2
上海	104.4	94.4	69.7	103.1	102.1	91.2
江苏	105.3	92.3	82.2	95.1	110.1	89.3
浙江	102.2	92.4	86.6	94.6	107.2	91.0
安徽	104.3	93.3	85.3	95.0	104.1	92.2
福建	105.3	96.4	76.4	100.4	100.6	92.0
江西	105.7	101.0	83.7	104.1	103.0	89.2
山东	101.6	91.3	81.4	94.6	108.2	92.6
河南	105.7	97.5	88.6	99.0	102.4	95.5
湖北	106.4	93.3	77.8	95.8	109.0	91.3
湖南	102.5	93.4	81.4	97.5	102.1	91.9
广东	102.3	100.8	82.2	105.0	101.5	92.7
广西	101.3	98.0	82.8	102.0	112.6	89.2
海南	101.8	97.7	73.2	101.0	98.2	93.2
重庆	101.4	99.5	76.4	103.6	114.8	91.2
四川	108.8	107.6	87.7	113.7	111.9	92.2
贵州	96.7	107.0	81.4	113.1	115.0	91.1
云南	101.9	87.2	81.8	89.0	98.6	90.0
西藏	105.0	106.2	98.4	107.8	98.7	94.8
陕西	103.0	93.1	87.6	94.3	112.6	88.5
甘肃	119.7	98.6	88.9	100.7	123.2	94.0
青海	122.3	97.3	79.5	101.8	115.3	87.0
宁夏	111.6	99.1	82.5	102.9	112.4	89.9
新疆	103.0	103.1	92.6	105.3	101.6	95.6

2001年各地区居民消费价格指数(十三)

(上年价格=100)

	2.教　育	(1)教材及参考书	(2)学　杂托幼费	3.文化娱乐用品	(1)文化娱乐	(2)书报杂志
全国平均	**113.6**	**106.1**	**114.1**	**101.7**	**99.4**	**101.9**
北　京	133.2	104.4	135.4	115.1	99.6	105.2
天　津	116.9	97.6	120.0	100.2	100.0	100.0
河　北	107.8	104.7	108.0	100.2	98.7	101.6
山　西	100.5	96.8	100.7	99.8	98.4	101.3
内蒙古	104.8	99.5	105.5	100.4	98.6	100.0
辽　宁	104.7	107.0	104.5	101.8	98.4	103.0
吉　林	104.0	111.1	103.3	100.0	99.0	100.8
黑龙江	102.2	103.3	102.1	101.1	99.0	103.5
上　海	109.6	99.6	111.1	105.2	97.7	99.9
江　苏	117.9	111.6	118.1	101.8	99.8	102.6
浙　江	115.2	108.5	115.5	99.4	98.5	100.9
安　徽	107.9	102.5	108.1	99.8	99.6	100.6
福　建	103.1	100.2	103.2	100.2	98.7	103.2
江　西	106.1	99.6	106.4	100.7	99.0	100.2
山　东	114.1	104.2	114.6	100.7	99.3	101.8
河　南	105.3	103.3	105.4	100.1	99.7	100.5
湖　北	115.0	108.5	115.4	101.3	100.1	101.0
湖　南	105.4	114.0	104.8	99.7	99.4	100.7
广　东	106.0	102.9	106.4	102.8	100.2	103.7
广　西	124.0	106.5	125.3	102.2	100.1	100.5
海　南	98.4	98.8	98.4	104.2	100.0	102.0
重　庆	133.5	110.5	135.8	104.0	99.6	100.8
四　川	123.1	116.8	123.5	99.5	100.1	101.4
贵　州	124.9	96.8	126.4	106.3	106.9	104.7
云　南	102.7	113.1	102.1	101.0	98.6	101.1
西　藏	100.5	100.0	100.6	103.6	98.6	107.6
陕　西	122.9	111.4	124.2	100.1	97.0	101.5
甘　肃	139.4	101.6	140.5	99.7	98.9	100.1
青　海	130.0	108.4	130.7	102.6	99.1	100.7
宁　夏	131.1	106.2	135.7	102.6	97.8	104.3
新　疆	102.9	104.1	102.8	100.6	98.1	102.1

2001年各地区居民消费价格指数(十四)

(上年价格=100)

	(3)文娱费	4.旅　游	八、居　住	1.建房及装修材料	2.租　房	3.自有住房	4.水电燃料
全国平均	**104.4**	**100.3**	**101.2**	**98.8**	**108.6**	**100.0**	**102.5**
北　京	135.2	100.6	104.2	97.0	114.3	100.1	109.0
天　津	100.6	91.9	106.4	99.6	115.8	100.0	106.2
河　北	101.0	100.1	102.4	101.0	102.7	98.8	106.0
山　西	99.8	97.9	104.3	102.3	112.1	100.1	105.2
内蒙古	103.3	102.3	103.7	99.5	108.5	100.6	108.3
辽　宁	104.9	101.5	103.4	99.1	112.6	100.2	105.1
吉　林	101.5	98.6	105.3	98.2	117.1	99.2	108.9
黑龙江	102.4	103.9	102.3	100.3	101.8	100.1	104.2
上　海	115.4	96.2	102.3	97.5	111.0	99.8	101.7
江　苏	104.0	101.1	100.4	98.2	109.7	99.4	102.7
浙　江	99.4	91.9	99.8	98.9	112.6	100.4	97.1
安　徽	99.5	100.6	102.7	97.8	127.6	100.1	105.8
福　建	100.2	98.5	99.9	98.0	102.1	100.0	101.4
江　西	103.1	101.2	99.9	96.6	107.4	100.2	102.7
山　东	101.8	102.7	101.7	99.2	104.0	100.5	105.8
河　南	100.5	102.8	103.3	99.4	117.0	100.8	106.7
湖　北	102.5	98.3	99.2	96.1	102.4	99.0	101.6
湖　南	99.4	101.4	100.0	99.4	101.1	99.8	100.5
广　东	104.9	96.8	99.9	98.6	104.5	100.0	99.1
广　西	105.7	99.7	100.4	96.6	106.1	100.2	103.6
海　南	108.5	99.6	97.8	98.4	96.0	99.6	96.3
重　庆	109.7	91.4	102.6	99.1	108.5	100.0	104.4
四　川	97.8	98.2	99.9	99.8	102.7	100.7	99.3
贵　州	107.1	107.1	99.5	99.0	105.9	100.0	99.3
云　南	105.6	96.5	101.6	99.1	143.1	99.4	100.3
西　藏	104.2	94.8	101.3	102.1	100.0	100.5	101.7
陕　西	102.2	99.6	100.5	100.4	98.9	100.0	101.8
甘　肃	100.8	104.0	102.8	98.6	115.5	100.1	106.1
青　海	105.3	105.6	101.2	100.0	100.0	101.2	102.5
宁　夏	108.5	103.2	102.5	96.0	105.8	100.8	109.9
新　疆	102.8	103.5	102.6	100.8	101.0	101.9	105.0

2001年各地区城市居民消费价格指数(一)

(上年价格=100)

	居民消费价格指数	一、食品	1.粮食	2.淀粉及薯类	3.干豆类及豆制品	4.油脂
全国平均	**100.7**	**100.1**	**99.2**	**100.3**	**98.7**	**90.9**
北京	103.1	101.5	95.0	100.7	98.6	87.5
天津	101.2	100.8	103.6	97.6	96.2	83.6
河北	100.4	101.1	102.8	100.3	100.6	91.6
山西	99.5	99.4	97.6	94.1	98.9	87.1
内蒙古	100.6	102.3	102.0	101.2	102.2	93.1
辽宁	99.9	102.0	100.2	99.4	99.4	89.7
吉林	101.5	101.3	98.4	96.4	98.2	91.1
黑龙江	100.8	102.2	99.0	102.0	98.7	90.4
上海	100.0	100.3	102.9	103.6	95.6	84.5
江苏	100.1	98.6	102.4	100.9	98.8	92.0
浙江	99.6	98.6	105.8	105.2	101.7	87.3
安徽	100.0	99.1	108.2	97.0	96.1	90.8
福建	98.3	96.9	95.8	103.2	99.5	92.9
江西	99.8	98.0	95.6	96.0	98.1	91.0
山东	101.1	101.5	98.1	100.2	97.7	94.0
河南	100.7	100.4	100.9	105.4	98.1	91.8
湖北	100.4	99.5	92.8	101.2	100.0	88.7
湖南	98.9	98.3	99.1	99.9	100.5	90.3
广东	99.2	98.0	96.6	98.2	98.9	94.8
广西	101.3	98.6	91.1	97.3	98.8	89.5
海南	98.8	99.0	100.4	97.1	96.0	97.1
重庆	101.7	99.2	96.3	92.7	95.9	91.7
四川	101.8	101.3	100.7	97.0	102.7	92.7
贵州	102.4	98.6	95.5	101.1	95.0	77.7
云南	98.1	97.5	103.6	94.8	92.1	96.1
西藏	99.1	96.6	98.2	90.3	95.2	97.0
陕西	100.1	99.3	95.8	97.2	100.0	91.6
甘肃	103.0	100.0	100.0	97.3	100.9	92.3
青海	103.0	102.5	94.9	114.3	99.7	87.8
宁夏	101.3	99.7	103.0	97.3	102.2	88.4
新疆	104.0	103.0	95.9	103.7	95.5	91.6

2001年各地区城市居民消费价格指数(二)

(上年价格=100)

	5.肉禽及其制品	(1)食用畜肉及副产品	(2)禽	(3)加工肉禽	6.蛋	7.水产品
全国平均	**101.7**	**102.8**	**99.6**	**99.7**	**106.3**	**96.9**
北京	102.6	105.0	96.4	100.0	109.0	96.9
天津	102.7	104.9	99.4	95.8	106.1	101.0
河北	104.8	106.0	104.4	98.3	112.1	97.5
山西	105.1	106.4	100.7	100.5	107.7	96.3
内蒙古	106.0	107.8	103.6	98.5	108.9	99.9
辽宁	106.9	108.0	106.9	101.2	106.9	97.8
吉林	109.1	111.0	103.8	102.1	107.3	96.1
黑龙江	109.2	111.1	101.2	104.6	109.7	99.5
上海	99.3	101.4	95.1	99.8	102.4	100.1
江苏	99.5	100.1	97.3	99.0	106.3	95.4
浙江	99.3	99.4	96.7	102.5	106.5	94.3
安徽	99.6	100.1	99.4	97.8	103.2	97.2
福建	98.4	97.5	102.6	96.9	106.4	94.0
江西	99.8	99.5	101.0	99.3	101.7	97.9
山东	104.0	106.1	103.2	98.5	110.4	103.3
河南	104.2	104.4	106.8	101.0	107.2	97.9
湖北	102.0	102.4	100.8	100.7	108.3	97.5
湖南	98.9	99.4	96.4	100.8	105.7	96.2
广东	98.7	99.0	98.3	98.2	101.5	91.4
广西	99.6	97.3	104.1	100.4	100.7	95.2
海南	101.1	103.1	97.6	99.5	102.5	93.7
重庆	97.8	99.2	95.1	94.7	104.2	98.4
四川	101.4	103.2	96.0	99.4	100.3	98.8
贵州	97.9	97.3	97.8	104.7	109.5	94.6
云南	93.1	91.7	95.8	95.7	103.7	96.6
西藏	100.9	101.8	96.6	102.1	94.3	98.1
陕西	104.5	105.5	104.5	99.4	109.8	94.1
甘肃	101.5	102.2	98.0	101.2	106.0	93.0
青海	112.9	114.2	103.9	108.9	111.5	98.3
宁夏	105.3	107.1	102.6	98.5	106.4	94.6
新疆	113.1	119.0	105.3	99.7	107.3	99.8

2001年各地区城市居民消费价格指数(三)

(上年价格=100)

	(1)鱼	(2)其他水产品	8.菜	9.调味品	10.糖	11.茶及饮料
全国平均	**96.9**	**96.7**	**101.2**	**102.3**	**103.9**	**99.1**
北京	100.9	92.2	100.3	101.7	99.5	99.8
天津	94.9	103.9	97.3	103.3	111.5	99.0
河北	97.5	97.4	100.0	98.9	104.7	97.6
山西	95.5	98.8	99.7	101.4	103.0	97.6
内蒙古	101.4	94.3	99.7	100.1	103.4	98.9
辽宁	98.5	97.3	104.1	104.6	107.5	97.2
吉林	95.2	100.8	95.8	109.5	106.7	99.2
黑龙江	98.5	100.9	100.4	103.3	102.0	98.7
上海	95.2	102.6	108.9	99.2	101.4	98.4
江苏	96.0	94.5	95.7	100.4	105.6	98.9
浙江	97.4	89.2	94.9	99.3	105.6	99.2
安徽	98.6	94.8	93.9	100.5	104.6	99.7
福建	93.5	94.3	95.8	95.6	108.4	98.8
江西	96.1	103.6	93.8	105.6	105.8	98.7
山东	92.8	108.8	105.4	108.8	101.1	97.8
河南	97.4	98.8	93.9	110.2	104.2	98.1
湖北	97.5	97.5	97.4	99.8	105.4	98.2
湖南	95.4	97.9	95.3	99.0	104.8	98.5
广东	96.7	84.5	102.7	101.8	104.2	101.3
广西	93.9	97.6	105.1	105.9	105.4	100.9
海南	97.0	87.7	97.5	97.9	114.8	103.1
重庆	101.7	91.5	108.9	97.1	102.3	96.3
四川	97.8	100.6	108.1	100.1	103.4	100.0
贵州	95.3	90.6	99.7	118.4	101.1	99.0
云南	95.1	98.8	93.5	102.0	107.1	101.2
西藏	97.0	101.0	82.3	100.2	97.0	100.2
陕西	92.4	97.7	93.9	102.9	106.2	99.2
甘肃	90.9	99.0	101.0	102.4	101.5	97.2
青海	94.4	102.7	96.7	111.9	104.8	95.7
宁夏	95.6	92.3	96.4	110.3	105.7	95.9
新疆	102.5	93.3	105.1	100.6	99.3	100.3

2001年各地区城市居民消费价格指数(四)

(上年价格=100)

	(1)茶叶	(2)饮料	12.干鲜瓜果	13.糕点饼干	14.奶及奶制品	15.在外用膳食品
全国平均	**101.2**	**98.3**	**100.2**	**99.0**	**99.0**	**100.4**
北京	106.9	96.1	101.1	97.2	100.0	106.1
天津	100.0	98.6	105.3	99.2	96.9	100.3
河北	100.8	96.6	98.9	99.4	98.1	99.6
山西	99.9	97.2	100.3	98.3	100.2	96.4
内蒙古	99.0	98.9	105.1	100.2	102.7	100.6
辽宁	99.4	96.8	100.5	98.2	99.2	100.1
吉林	104.5	97.3	101.6	100.9	101.0	100.4
黑龙江	99.3	98.6	103.6	101.0	99.4	100.4
上海	99.4	98.3	104.3	100.5	100.8	98.0
江苏	100.5	98.5	96.2	99.7	100.7	98.6
浙江	104.8	98.0	96.9	98.9	91.3	100.4
安徽	99.9	99.7	96.9	97.9	100.0	99.5
福建	99.1	98.4	95.5	102.0	97.0	98.8
江西	102.5	98.2	100.5	100.4	99.3	99.2
山东	98.4	97.6	99.3	99.3	98.2	100.0
河南	99.7	97.8	97.4	99.2	98.3	100.4
湖北	98.1	98.2	109.5	95.5	100.4	100.0
湖南	97.8	98.6	98.1	100.4	101.5	99.2
广东	102.2	100.6	95.8	99.4	97.7	99.4
广西	102.6	100.1	96.7	100.3	100.1	100.3
海南	124.8	98.1	101.7	99.8	95.0	98.4
重庆	97.6	95.7	103.1	104.4	95.1	98.2
四川	102.8	98.1	102.2	100.1	99.2	101.3
贵州	99.7	98.7	98.7	101.3	100.4	100.3
云南	102.6	100.4	102.2	99.0	99.8	98.8
西藏	102.0	98.7	98.1	99.2	99.9	99.2
陕西	100.2	98.7	98.7	99.2	100.2	99.9
甘肃	97.0	97.3	102.0	99.7	99.7	100.4
青海	101.0	93.7	99.2	96.9	100.2	102.8
宁夏	98.5	95.2	95.9	100.0	96.7	97.4
新疆	100.8	100.2	99.6	98.3	99.2	99.8

2001年各地区城市居民消费价格指数(五)

(上年价格=100)

	16.其他食品及加工服务费	二、烟 酒及用品	1.烟 草	2.酒	3.吸烟、饮酒用品	三、衣 着
全国平均	**98.4**	**99.7**	**99.4**	**100.4**	**99.5**	**97.8**
北 京	99.6	101.5	102.2	103.3	97.0	100.4
天 津	101.7	99.2	99.3	98.8	100.0	93.5
河 北	98.1	99.1	98.1	100.0	99.4	96.3
山 西	96.9	98.5	96.9	98.9	104.3	94.3
内 蒙 古	99.2	98.9	99.1	98.4	100.0	97.1
辽 宁	98.1	97.6	95.1	100.8	99.9	96.8
吉 林	99.8	98.8	99.4	97.4	100.2	98.3
黑 龙 江	99.0	99.5	101.4	98.4	96.6	99.9
上 海	99.2	98.9	99.2	98.2	100.0	98.9
江 苏	99.7	99.3	98.3	100.7	100.8	96.9
浙 江	96.7	99.1	98.9	100.4	97.8	96.6
安 徽	100.4	101.3	100.8	102.4	100.0	97.9
福 建	96.0	101.9	103.6	100.5	99.3	93.7
江 西	99.0	99.4	99.1	99.6	99.9	98.2
山 东	96.8	102.5	104.3	101.6	99.8	97.7
河 南	97.5	99.2	97.3	100.9	102.9	98.4
湖 北	101.2	99.9	99.2	102.0	99.1	96.6
湖 南	99.0	99.8	100.4	98.6	100.0	96.4
广 东	97.1	100.5	101.1	99.0	101.5	98.2
广 西	98.7	98.7	98.2	99.9	97.1	95.8
海 南	101.9	101.1	101.3	104.5	91.4	98.9
重 庆	98.6	96.8	95.4	99.9	97.1	97.4
四 川	99.1	98.9	98.6	99.6	99.0	97.8
贵 州	99.1	99.7	99.3	99.9	101.0	97.8
云 南	94.6	98.0	97.6	99.1	100.0	96.5
西 藏	100.0	99.8	100.0	99.6	100.0	100.4
陕 西	98.2	100.1	100.6	98.4	100.9	97.6
甘 肃	95.9	99.7	97.3	105.1	94.4	99.8
青 海	100.8	98.0	98.6	97.5	97.1	100.6
宁 夏	102.0	98.7	95.6	103.2	103.1	99.9
新 疆	98.5	99.1	98.4	99.7	99.7	98.3

2001年各地区城市居民消费价格指数(六)

(上年价格=100)

	1.服 装	(1)男式服装	(2)女式服装	(3)儿童服装	2.衣着材料	3.鞋袜帽
全国平均	**97.4**	**97.2**	**97.4**	**98.4**	**98.2**	**98.6**
北 京	100.0	101.3	99.5	96.0	97.4	102.0
天 津	93.1	96.4	90.0	95.4	98.6	92.7
河 北	96.0	95.9	95.5	99.7	96.8	96.8
山 西	93.4	94.3	91.6	99.7	94.1	96.7
内 蒙 古	96.3	97.0	95.3	99.3	99.1	98.3
辽 宁	96.4	97.4	95.2	99.2	99.0	97.3
吉 林	98.4	98.3	98.1	99.7	98.4	98.1
黑 龙 江	99.8	98.2	100.9	99.4	96.3	100.8
上 海	96.4	99.0	94.7	95.4	98.7	106.2
江 苏	97.2	97.0	97.3	97.9	97.1	95.4
浙 江	96.3	97.1	95.6	96.3	98.3	96.6
安 徽	97.5	96.7	97.7	100.1	99.4	98.5
福 建	93.3	93.5	92.2	97.0	99.9	93.8
江 西	97.8	96.4	98.7	98.7	98.6	98.1
山 东	97.2	97.5	96.6	99.5	99.0	98.1
河 南	98.6	98.7	98.6	97.7	97.9	97.9
湖 北	95.5	94.4	95.8	98.1	100.9	98.6
湖 南	97.3	95.7	98.6	97.5	99.0	93.6
广 东	97.2	96.5	96.9	100.4	100.6	100.8
广 西	95.0	95.2	94.4	96.8	99.9	97.0
海 南	98.7	97.6	99.6	98.3	99.9	99.2
重 庆	98.2	96.2	100.0	93.0	101.0	94.8
四 川	97.2	97.9	96.6	97.9	99.5	99.3
贵 州	94.6	82.6	99.4	105.6	99.9	105.0
云 南	95.9	96.2	94.6	99.7	97.2	98.3
西 藏	100.7	100.0	100.2	104.1	101.1	99.5
陕 西	98.8	96.8	100.1	100.1	94.8	95.7
甘 肃	100.5	99.4	101.5	98.5	97.1	98.7
青 海	100.6	100.2	100.2	103.5	104.9	100.2
宁 夏	99.4	99.4	100.5	93.8	97.9	102.2
新 疆	97.7	97.9	96.8	100.4	99.7	99.4

2001年各地区城市居民消费价格指数(七)

(上年价格=100)

	(1)鞋	(2)袜 子	(3)帽 子	4.衣着加工服务费	四、家庭设备用品及服务	1.耐用消费品
全国平均	**98.6**	**98.4**	**99.3**	**100.3**	**97.5**	**95.7**
北 京	102.0	103.1	98.5	101.1	97.0	96.0
天 津	91.8	100.0	108.2	100.0	95.9	94.4
河 北	96.9	95.3	97.7	98.6	98.0	96.7
山 西	97.0	91.7	99.6	96.7	98.6	97.2
内 蒙 古	98.3	98.0	98.9	99.1	99.2	98.0
辽 宁	97.3	98.3	95.3	101.2	95.6	93.4
吉 林	98.2	96.7	98.6	99.7	99.4	97.7
黑 龙 江	100.8	100.6	97.5	99.5	98.3	95.3
上 海	106.6	100.9	101.0	100.0	97.2	94.7
江 苏	95.0	100.2	102.3	100.0	97.6	95.5
浙 江	96.2	103.6	88.9	100.1	96.6	95.6
安 徽	98.5	98.4	99.8	99.1	97.9	96.3
福 建	93.1	101.1	104.7	99.5	97.6	96.9
江 西	98.2	96.8	99.7	105.0	96.8	95.6
山 东	98.0	98.5	101.0	102.6	98.5	98.3
河 南	97.9	96.9	101.2	99.2	97.9	96.2
湖 北	99.6	85.1	102.9	102.8	93.3	90.4
湖 南	93.4	95.2	100.4	100.9	95.8	93.8
广 东	100.8	101.9	97.9	100.3	99.6	96.8
广 西	96.7	99.7	100.4	97.7	96.5	94.1
海 南	99.1	100.0	100.4	100.5	96.9	95.1
重 庆	94.5	98.4	93.3	100.0	95.7	92.6
四 川	99.2	100.3	97.6	99.8	99.3	98.4
贵 州	105.7	97.6	91.0	103.8	92.5	88.1
云 南	98.5	95.2	96.5	100.2	98.1	93.8
西 藏	99.3	100.2	99.9	100.1	98.9	98.2
陕 西	95.5	98.4	93.6	94.3	95.9	94.8
甘 肃	98.6	99.6	97.3	100.8	97.6	96.9
青 海	100.2	99.9	102.1	94.4	95.6	94.7
宁 夏	102.1	101.3	110.0	94.6	97.4	95.2
新 疆	99.1	102.7	100.5	99.7	100.2	99.7

2001年各地区城市居民消费价格指数(八)

(上年价格=100)

	(1)家　具	(2)家庭设备	2.室　内装饰品	3.床上用品	4.家庭日用杂品	5.家庭服务及加工维修服务
全国平均	**97.9**	**94.8**	**98.4**	**99.6**	**98.4**	**101.7**
北　京	99.8	94.5	95.6	100.9	97.6	100.0
天　津	99.6	93.3	92.9	100.1	97.9	100.5
河　北	98.7	96.0	100.6	98.9	98.7	100.5
山　西	99.6	95.7	99.4	100.4	99.5	101.0
内蒙古	100.1	96.8	100.1	99.1	99.0	103.8
辽　宁	95.0	92.7	99.2	97.9	97.0	98.1
吉　林	99.0	97.0	99.2	100.1	100.7	100.7
黑龙江	96.6	94.6	98.4	100.2	99.5	101.7
上　海	93.7	95.1	101.0	100.5	98.6	100.0
江　苏	100.3	93.7	97.9	100.6	99.9	99.6
浙　江	95.0	95.8	99.0	101.6	96.8	97.5
安　徽	97.3	96.1	99.5	99.1	98.3	102.1
福　建	96.8	96.9	100.1	97.9	98.9	97.6
江　西	98.9	94.4	97.8	99.8	96.9	99.3
山　东	101.0	97.0	99.9	98.5	97.7	100.9
河　南	98.1	95.2	98.7	99.2	98.4	102.2
湖　北	93.3	88.9	93.5	96.4	96.4	99.7
湖　南	97.3	92.5	97.3	97.8	97.8	102.1
广　东	99.2	95.6	96.8	100.1	100.1	109.6
广　西	94.5	93.7	101.4	98.9	97.0	101.7
海　南	90.1	98.7	97.9	99.3	96.6	101.1
重　庆	97.5	90.8	91.5	99.7	98.8	101.7
四　川	100.5	97.6	100.5	99.4	99.3	102.0
贵　州	90.8	85.8	92.2	94.6	96.8	100.2
云　南	96.7	90.8	105.5	105.3	100.7	100.2
西　藏	96.4	99.9	100.0	100.1	99.2	101.5
陕　西	98.5	91.8	94.0	100.1	94.9	100.1
甘　肃	95.4	98.0	100.8	99.6	97.1	99.3
青　海	90.9	97.9	95.1	98.1	93.2	105.2
宁　夏	93.3	96.6	96.0	98.8	99.2	102.3
新　疆	102.7	97.7	99.8	100.2	99.0	104.3

2001年各地区城市居民消费价格指数(九)

(上年价格=100)

	五、医疗保健和个人用品	1.医疗保健	(1)医疗器具及用品	(2)中药材及中成药	(3)西　药	(4)保健器具及用品
全国平均	**99.3**	**99.2**	**98.9**	**101.1**	**94.3**	**96.8**
北　　京	98.7	98.1	98.0	103.9	94.5	95.1
天　　津	100.7	101.5	99.2	107.1	97.2	100.8
河　　北	96.7	96.1	91.9	99.9	92.0	94.5
山　　西	98.0	97.6	98.4	101.4	94.7	99.0
内 蒙 古	98.0	97.8	97.7	99.6	95.9	93.6
辽　　宁	91.3	88.8	90.2	90.3	85.0	93.1
吉　　林	103.6	105.8	96.2	106.4	94.5	98.1
黑 龙 江	96.9	94.8	92.4	100.4	89.6	94.6
上　　海	97.4	96.5	99.8	105.5	92.0	95.4
江　　苏	99.6	99.8	100.5	102.4	94.9	98.1
浙　　江	99.2	99.5	101.9	102.6	97.2	99.3
安　　徽	98.0	97.3	99.8	97.8	94.5	95.6
福　　建	101.4	102.1	97.3	104.4	96.3	95.8
江　　西	100.8	101.3	101.1	104.8	97.9	97.8
山　　东	100.7	101.6	98.5	100.1	94.3	96.4
河　　南	101.6	102.9	98.6	99.4	96.4	98.5
湖　　北	97.3	97.2	96.4	100.0	94.4	97.8
湖　　南	98.9	99.2	100.8	104.3	95.9	97.1
广　　东	99.2	99.3	103.0	98.9	98.2	98.6
广　　西	96.2	95.4	95.3	89.6	91.8	97.5
海　　南	100.8	101.0	96.9	108.8	96.4	99.9
重　　庆	98.9	98.7	100.0	106.2	93.7	99.8
四　　川	98.2	97.9	99.9	101.6	94.3	99.1
贵　　州	99.7	96.7	97.9	101.1	92.9	88.8
云　　南	101.9	103.1	97.3	94.1	93.3	88.4
西　　藏	101.0	101.1	100.0	101.0	102.0	100.3
陕　　西	99.6	100.4	100.3	106.3	96.5	99.8
甘　　肃	96.3	96.1	98.8	100.7	91.7	99.2
青　　海	97.3	96.9	93.6	94.9	96.2	103.4
宁　　夏	100.0	100.5	97.9	106.4	95.2	102.0
新　　疆	120.2	130.0	99.9	100.8	101.2	99.8

2001年各地区城市居民消费价格指数(十)

(上年价格=100)

	(5)医疗保健服务费	2.个人用品及服务	(1)化妆美容用品	(2)卫生用品	(3)个人饰品	(4)个人服务
全国平均	**113.0**	**99.4**	**100.3**	**97.6**	**96.9**	**103.1**
北京	100.0	100.5	106.7	94.3	97.2	109.1
天津	105.0	98.2	100.1	99.4	94.2	100.0
河北	101.7	98.7	98.0	94.1	96.9	102.9
山西	100.2	99.2	97.3	98.0	98.1	102.2
内蒙古	101.2	98.6	100.0	98.2	95.7	100.0
辽宁	103.6	98.3	98.9	97.5	93.1	102.1
吉林	151.4	99.5	100.2	98.9	98.4	100.0
黑龙江	101.3	103.3	103.0	97.4	95.8	111.6
上海	100.0	99.8	101.9	98.9	99.0	100.2
江苏	112.2	99.2	99.3	98.1	95.4	104.1
浙江	100.4	98.5	99.8	96.8	96.7	100.8
安徽	117.1	99.2	100.1	98.0	96.7	100.4
福建	118.4	100.1	96.9	98.7	97.5	104.9
江西	107.3	100.0	104.4	97.8	97.8	100.2
山东	122.6	98.5	99.1	98.7	96.8	100.1
河南	123.6	98.3	97.8	96.5	97.5	101.4
湖北	102.7	97.5	99.5	94.5	97.4	100.1
湖南	102.1	98.3	98.5	97.5	94.5	102.0
广东	101.9	99.0	100.1	98.4	97.8	99.8
广西	115.6	98.3	102.0	95.4	94.9	101.8
海南	100.3	100.2	100.0	97.0	99.4	112.0
重庆	100.0	99.3	96.5	98.6	96.9	105.1
四川	101.3	99.2	99.8	99.3	96.8	100.9
贵州	102.0	106.2	99.7	97.7	99.9	118.5
云南	230.4	98.3	103.3	99.1	98.4	91.5
西藏	100.4	100.7	100.0	100.7	100.4	101.9
陕西	100.4	96.9	94.5	94.9	96.3	103.0
甘肃	100.7	96.6	97.0	96.6	93.3	100.9
青海	113.4	98.3	96.0	94.1	95.9	103.4
宁夏	104.0	98.5	99.8	97.9	97.9	98.0
新疆	246.9	99.7	99.7	98.7	96.9	103.1

2001年各地区城市居民消费价格指数(十一)

(上年价格=100)

	六、交通和通信	1.交通	(1)交通工具	(2)车用燃料及零配件	(3)车辆使用及维修费	(4)市区公共交通费
全国平均	**99.1**	**101.8**	**96.2**	**99.8**	**100.9**	**106.5**
北京	100.8	102.5	96.6	112.6	108.3	100.0
天津	106.7	111.7	99.9	89.0	98.5	126.4
河北	99.1	100.3	97.9	97.7	100.2	103.8
山西	100.0	99.4	97.7	98.9	100.0	98.6
内蒙古	97.4	101.5	98.2	98.1	100.1	108.2
辽宁	98.8	102.1	93.9	99.9	101.1	105.3
吉林	98.5	100.4	99.4	100.5	100.3	100.9
黑龙江	103.5	105.1	96.4	99.9	99.9	111.0
上海	98.1	102.3	97.9	101.2	104.5	103.6
江苏	94.7	100.5	95.7	98.0	102.0	107.5
浙江	95.1	100.1	98.1	99.6	100.2	103.2
安徽	95.5	100.9	95.7	98.7	99.8	103.7
福建	97.9	98.4	91.3	99.7	102.1	100.0
江西	103.1	102.7	92.8	95.3	100.4	118.1
山东	96.5	103.4	98.0	97.5	100.3	112.1
河南	99.2	100.9	98.2	99.0	100.0	103.6
湖北	99.1	105.2	96.1	97.9	99.0	110.7
湖南	98.2	104.0	93.4	97.7	100.5	107.6
广东	100.0	98.5	95.9	99.3	98.8	100.1
广西	99.6	100.7	93.9	98.8	97.0	110.3
海南	97.5	96.9	92.2	98.3	98.1	100.0
重庆	102.4	106.7	96.6	96.6	93.6	120.8
四川	105.8	102.1	98.5	98.1	99.7	102.6
贵州	109.5	112.5	94.7	97.9	104.8	130.4
云南	89.8	95.0	90.0	93.2	96.5	100.0
西藏	104.5	102.5	97.7	104.5	100.0	100.0
陕西	98.6	105.7	97.4	99.1	100.8	114.2
甘肃	103.8	109.1	96.3	99.4	98.3	112.5
青海	99.8	102.7	98.8	83.4	100.1	100.0
宁夏	102.1	103.7	95.6	97.2	101.6	105.8
新疆	106.3	107.3	97.9	105.2	101.1	111.8

2001年各地区城市居民消费价格指数(十二)

(上年价格=100)

	(5)城市间交通费	2.通　信	(1)通信工具	(2)通信服务	七、娱乐教育文化	1.文娱用耐用消费品及服务
全国平均	**102.9**	**97.0**	**78.2**	**101.7**	**106.7**	**89.8**
北　京	103.2	99.4	66.9	109.8	114.2	88.9
天　津	102.3	102.8	75.5	105.7	104.3	88.3
河　北	101.7	98.1	81.1	101.5	104.8	92.9
山　西	105.6	100.4	89.4	101.6	97.3	85.1
内蒙古	102.1	93.4	80.2	96.3	101.6	92.7
辽　宁	103.3	96.8	76.3	101.3	101.6	87.3
吉　林	100.9	97.2	81.4	105.2	101.3	92.6
黑龙江	102.4	102.6	83.8	105.2	99.9	86.3
上　海	104.4	94.4	69.7	103.1	102.1	91.2
江　苏	101.2	90.3	77.3	94.2	108.7	86.8
浙　江	100.5	91.3	84.7	93.9	106.2	89.4
安　徽	101.5	91.9	82.8	93.4	103.0	92.6
福　建	105.6	97.6	70.9	102.8	100.9	93.1
江　西	104.8	103.3	83.2	106.2	103.7	88.7
山　东	102.2	90.1	76.8	94.3	105.5	91.1
河　南	105.0	97.7	87.7	99.1	101.2	92.6
湖　北	106.2	93.1	77.0	95.7	111.3	91.0
湖　南	106.9	93.7	78.0	98.5	103.3	89.7
广　东	101.4	101.4	81.3	106.1	101.8	92.4
广　西	101.9	98.7	80.2	103.3	118.9	88.7
海　南	101.5	97.9	71.6	101.3	98.9	92.3
重　庆	101.4	99.5	76.4	103.6	114.8	91.2
四　川	105.8	108.4	86.3	115.0	109.2	90.2
贵　州	99.4	107.4	81.0	113.8	122.2	87.4
云　南	100.9	85.0	78.2	87.1	98.6	88.4
西　藏	110.6	107.0	98.9	108.6	97.3	92.1
陕　西	102.6	92.7	88.1	93.6	107.6	87.6
甘　肃	124.6	98.8	84.9	100.9	121.6	91.9
青　海	111.0	97.5	79.1	101.9	117.5	86.8
宁　夏	119.7	100.7	84.7	103.9	109.7	90.9
新　疆	102.7	103.9	92.4	106.4	101.7	95.1

2001 年各地区城市居民消费价格指数(十三)

(上年价格=100)

	2. 教 育	(1)教材及参考书	(2)学 杂托幼费	3. 文化娱乐用品	(1)文化娱乐	(2)书报杂志
全国平均	**116.5**	**105.8**	**117.5**	**102.2**	**99.4**	**102.0**
北 京	133.2	104.4	135.4	115.1	99.6	105.2
天 津	116.9	97.6	120.0	100.2	100.0	100.0
河 北	111.5	104.7	112.0	100.1	98.1	102.2
山 西	100.1	96.4	100.4	99.9	98.9	101.6
内 蒙 古	105.0	99.5	105.7	100.7	98.5	99.9
辽 宁	105.8	105.3	105.8	102.1	97.9	103.1
吉 林	103.9	112.6	102.8	100.9	100.4	100.9
黑 龙 江	101.7	103.2	101.5	101.4	99.3	103.8
上 海	109.6	99.6	111.1	105.2	97.7	99.9
江 苏	120.9	111.0	121.5	102.5	100.1	102.4
浙 江	120.8	108.5	122.3	99.4	97.8	100.6
安 徽	107.5	102.4	107.8	99.9	99.8	100.6
福 建	105.1	99.6	105.6	100.1	98.5	103.1
江 西	109.1	101.3	109.5	101.3	98.8	100.0
山 东	112.9	105.6	113.4	100.9	99.0	102.5
河 南	104.6	102.7	104.8	100.0	99.2	100.4
湖 北	120.5	108.5	121.3	101.7	100.2	101.5
湖 南	108.5	113.1	108.2	99.9	99.6	101.0
广 东	107.1	102.0	107.9	103.1	100.2	103.8
广 西	141.9	107.0	145.0	102.7	100.3	100.7
海 南	100.2	106.1	100.1	104.9	100.0	102.1
重 庆	133.5	110.5	135.8	104.0	99.6	100.8
四 川	121.8	115.6	122.3	99.5	100.2	101.7
贵 州	148.2	98.7	150.8	106.1	107.7	100.4
云 南	105.0	113.1	104.4	101.4	98.7	101.8
西 藏	100.0	100.0	100.0	105.6	98.1	115.2
陕 西	120.0	111.1	121.3	99.9	96.6	101.4
甘 肃	152.8	102.4	155.7	99.7	98.3	100.1
青 海	135.0	107.7	136.1	102.9	98.8	100.6
宁 夏	126.7	104.9	130.8	104.3	99.0	105.7
新 疆	103.3	104.5	103.2	100.6	98.0	102.0

2001年各地区城市居民消费价格指数(十四)

(上年价格=100)

	(3)文娱费	4.旅 游	八、居 住	1.建房及装修材料	2.租 房	3.自有住房	4.水电燃料
全国平均	**105.0**	**100.3**	**101.7**	**98.3**	**109.4**	**100.0**	**102.2**
北 京	135.2	100.6	104.2	97.0	114.3	100.1	109.0
天 津	100.6	91.9	106.4	99.6	115.8	100.0	106.2
河 北	100.5	100.1	102.6	99.9	103.1	98.6	106.5
山 西	99.0	97.9	103.1	98.8	113.3	100.1	104.3
内蒙古	103.6	102.9	104.5	99.5	109.9	100.3	108.3
辽 宁	105.1	101.6	103.7	97.4	112.9	100.2	105.0
吉 林	101.7	98.1	107.7	101.2	118.7	99.6	109.3
黑龙江	102.5	103.9	102.1	100.0	101.3	100.2	103.8
上 海	115.4	96.2	102.3	97.5	111.0	99.8	101.7
江 苏	104.9	101.2	102.4	98.6	111.8	99.8	104.4
浙 江	100.4	91.7	102.0	98.1	116.3	100.1	101.0
安 徽	99.4	100.6	104.3	97.8	130.2	100.1	105.8
福 建	100.1	98.1	100.4	99.4	103.4	100.8	100.3
江 西	104.2	101.2	101.2	97.2	107.7	99.7	101.9
山 东	102.4	102.8	102.0	98.1	104.7	100.0	104.7
河 南	100.5	102.9	105.1	99.5	117.6	101.0	107.2
湖 北	102.7	98.3	99.6	96.4	102.6	99.0	101.7
湖 南	99.7	101.5	99.6	100.1	101.4	100.2	98.5
广 东	105.8	96.2	99.1	98.0	104.7	100.0	97.1
广 西	106.0	99.8	101.2	94.6	106.2	100.2	104.2
海 南	109.1	100.5	97.3	96.3	93.4	100.0	96.4
重 庆	109.7	91.4	102.6	99.1	108.5	100.0	104.4
四 川	97.5	98.2	100.0	100.3	103.1	100.1	99.5
贵 州	107.4	107.1	99.4	98.7	100.0	99.9	99.8
云 南	105.7	96.5	103.8	96.7	149.6	100.0	100.3
西 藏	102.4	87.8	100.7	102.2	100.0	101.0	100.2
陕 西	102.4	99.6	100.1	100.2	98.5	100.0	101.1
甘 肃	100.7	104.0	102.6	93.9	116.8	100.3	106.7
青 海	105.6	105.8	101.5	100.6	100.0	101.7	102.5
宁 夏	109.5	102.6	103.4	97.6	107.6	100.5	110.8
新 疆	102.9	103.7	102.5	101.5	100.3	101.7	103.8

2001年各地区农村居民消费价格指数(一)

(上年价格=100)

	居民消费价格指数	一、食 品	1.粮 食	2.淀粉及薯类	3.干豆类及豆制品	4.油 脂
全国平均	**100.8**	**99.8**	**99.7**	**96.7**	**99.6**	**92.9**
北 京						
天 津						
河 北	100.6	100.4	99.3	97.6	99.4	93.0
山 西	100.4	99.5	100.1	95.3	98.0	88.8
内 蒙 古	100.5	100.5	99.4	101.8	105.9	95.5
辽 宁	100.2	101.0	99.7	91.7	98.3	92.3
吉 林	100.5	100.9	96.7	95.9	99.9	93.5
黑 龙 江	100.4	100.5	97.9	101.9	97.6	99.4
上 海						
江 苏	101.5	100.2	102.7	99.3	100.2	93.1
浙 江	100.0	98.9	102.1	90.4	99.1	93.4
安 徽	101.3	101.1	104.2	93.6	98.9	93.1
福 建	99.3	98.6	99.0	102.1	95.0	91.7
江 西	99.2	97.9	92.4	99.9	99.9	90.0
山 东	102.4	100.7	99.8	99.2	99.4	92.3
河 南	100.7	100.5	100.3	111.2	99.1	92.2
湖 北	99.8	98.6	98.0	91.6	100.6	94.7
湖 南	99.3	98.9	96.8	103.0	97.8	91.5
广 东	99.6	98.7	99.3	103.4	100.5	94.1
广 西	99.6	98.3	96.7	92.9	97.0	86.4
海 南	98.3	97.7	100.6	120.8	94.9	98.5
重 庆						
四 川	102.7	101.2	100.8	103.3	104.5	95.9
贵 州	101.1	98.1	95.7	68.6	107.9	95.6
云 南	100.6	99.4	103.6	102.1	98.3	93.0
西 藏	100.9	101.3	100.9	106.4	101.5	97.5
陕 西	102.9	98.9	97.0	90.5	98.4	92.7
甘 肃	105.5	100.7	99.4	96.9	99.6	99.1
青 海	101.2	101.0	97.8	102.5	98.0	98.1
宁 夏	102.2	101.3	102.5	100.2	100.4	93.3
新 疆	103.8	107.3	107.6	99.4	99.4	95.8

2001年各地区农村居民消费价格指数(二)

(上年价格=100)

	5.肉禽及其制品	(1)食用畜肉及副产品	(2)禽	(3)加工肉禽	6.蛋	7.水产品
全国平均	**101.4**	**102.1**	**101.4**	**99.2**	**105.3**	**97.8**
北京						
天津						
河北	103.6	106.5	103.8	99.7	108.4	97.7
山西	101.5	102.0	100.4	100.1	108.1	96.9
内蒙古	101.6	104.4	96.8	99.3	96.9	103.6
辽宁	105.7	107.6	102.5	101.6	105.5	100.5
吉林	109.6	110.1	108.6	106.7	110.6	97.1
黑龙江	106.2	111.5	102.9	102.7	105.9	99.6
上海						
江苏	102.2	104.5	98.6	99.3	103.1	99.9
浙江	101.4	101.6	102.4	99.2	106.7	94.2
安徽	104.1	104.3	104.9	102.2	104.4	100.0
福建	98.4	96.0	102.7	98.9	103.5	98.3
江西	100.0	100.2	100.4	97.6	104.2	91.7
山东	102.6	103.5	102.9	99.0	108.3	99.1
河南	105.4	107.4	103.3	100.8	103.5	96.6
湖北	99.9	98.5	101.4	100.4	104.5	96.6
湖南	99.6	99.0	104.7	98.2	110.2	97.3
广东	97.3	96.5	100.3	96.0	98.8	98.8
广西	97.7	95.8	100.3	99.2	103.9	97.0
海南	100.8	102.1	98.9	98.9	96.2	87.9
重庆						
四川	102.3	104.6	98.7	99.0	100.7	99.5
贵州	97.4	102.4	95.8	93.0	96.8	104.0
云南	96.9	96.9	93.6	99.5	98.6	101.0
西藏	103.5	105.3	96.2	99.2	99.4	104.1
陕西	100.7	104.4	97.3	98.6	104.9	99.0
甘肃	104.6	110.4	101.9	100.1	100.0	96.9
青海	111.7	117.0	104.4	99.9	98.7	96.8
宁夏	107.0	108.0	103.0	101.9	101.9	95.8
新疆	114.3	120.8	102.4	101.1	110.0	101.9

2001年各地区农村居民消费价格指数(三)

(上年价格=100)

	(1)鱼	(2)其 他 水产品	8.菜	9.调味品	10.糖	11.茶及饮料
全国平均	**98.2**	**96.3**	**100.0**	**102.0**	**105.4**	**99.3**
北 京						
天 津						
河 北	97.5	98.5	99.7	99.8	103.0	97.8
山 西	96.5	98.3	97.4	101.6	108.8	104.7
内 蒙 古	105.5	95.8	97.3	102.2	106.9	98.4
辽 宁	100.1	101.7	99.8	101.1	107.9	98.4
吉 林	96.9	99.1	97.4	106.3	103.3	98.3
黑 龙 江	100.5	95.8	97.2	103.0	103.3	101.1
上 海						
江 苏	100.1	98.1	96.5	101.8	104.7	99.8
浙 江	96.2	85.9	94.9	102.5	105.6	98.2
安 徽	101.2	90.8	101.3	103.3	107.0	105.0
福 建	98.4	98.2	98.1	101.0	104.8	99.8
江 西	90.9	98.8	90.1	106.6	111.7	99.5
山 东	97.9	103.6	102.4	108.5	103.2	98.5
河 南	95.8	99.5	98.5	102.8	103.6	98.3
湖 北	95.3	102.2	96.1	97.5	104.2	96.1
湖 南	98.2	89.7	94.2	99.5	104.1	98.8
广 东	99.2	96.9	103.1	99.3	104.7	99.4
广 西	95.8	101.6	102.9	107.9	111.0	100.9
海 南	89.2	82.6	106.4	87.8	100.4	99.5
重 庆						
四 川	98.8	103.8	106.7	99.2	108.4	99.3
贵 州	104.4	102.4	98.5	109.8	114.5	98.5
云 南	101.0	100.9	100.8	102.0	106.5	100.0
西 藏	107.0	98.2	99.0	99.5	100.4	100.5
陕 西	98.6	100.8	95.1	103.6	105.0	97.2
甘 肃	96.0	100.5	100.3	103.9	101.8	97.1
青 海	94.9	101.3	95.3	99.8	103.0	97.0
宁 夏	95.5	97.2	94.9	112.8	109.2	99.0
新 疆	102.6	97.3	112.6	99.9	100.4	102.5

2001年各地区农村居民消费价格指数(四)

(上年价格=100)

	(1)茶叶	(2)饮料	12.干鲜瓜果	13.糕点饼干	14.奶及奶制品	15.在外用膳食品
全国平均	**100.6**	**98.3**	**98.8**	**98.7**	**99.7**	**99.6**
北京						
天津						
河北	99.9	96.3	102.9	99.2	98.5	99.9
山西	104.0	105.1	102.5	99.3	100.0	99.0
内蒙古	99.8	97.4	99.6	102.4	100.3	99.4
辽宁	99.4	98.0	108.7	100.0	98.8	98.4
吉林	97.2	98.6	108.0	102.2	102.4	100.4
黑龙江	101.8	100.6	101.2	98.9	100.5	99.7
上海						
江苏	101.0	99.1	94.5	99.9	102.8	100.0
浙江	98.7	98.0	94.5	98.9	99.6	98.7
安徽	108.1	99.3	99.7	96.8	96.3	97.9
福建	102.6	98.0	100.3	97.8	98.7	98.7
江西	100.2	99.0	98.6	99.2	99.2	99.8
山东	100.9	96.9	99.5	96.9	97.7	99.8
河南	98.6	98.1	92.4	99.1	98.3	99.0
湖北	94.6	97.0	98.0	97.8	97.3	99.9
湖南	98.1	99.3	102.3	98.2	97.0	100.7
广东	102.0	97.8	97.2	99.1	102.2	99.0
广西	102.1	100.2	97.7	98.6	99.2	99.6
海南	100.0	98.9	98.2	98.3	100.0	99.7
重庆						
四川	100.8	98.2	100.1	98.1	98.4	100.0
贵州	97.1	99.4	102.4	97.0	100.1	99.9
云南	99.4	100.8	99.8	99.7	99.0	98.6
西藏	101.0	100.1	103.9	98.8	100.1	100.4
陕西	98.2	96.5	99.7	99.3	99.1	100.7
甘肃	94.3	99.0	99.1	97.2	97.2	101.0
青海	99.4	95.5	98.6	96.4	100.1	100.1
宁夏	99.0	99.0	104.0	98.9	98.6	100.4
新疆	107.3	96.9	101.6	100.2	102.5	99.8

2001年各地区农村居民消费价格指数(五)

(上年价格=100)

	16.其他食品及加工服务费	二、烟酒及用品	1.烟草	2.酒	3.吸烟、饮酒用品	三、衣着
全国平均	**99.3**	**99.6**	**99.7**	**99.4**	**100.8**	**98.9**
北京						
天津						
河北	98.0	99.1	99.5	98.8	99.1	99.1
山西	99.5	97.7	98.3	95.9	99.2	98.2
内蒙古	99.9	99.4	100.8	97.9	102.8	99.0
辽宁	97.7	98.9	98.2	99.7	97.8	96.6
吉林	99.0	97.9	94.8	99.4	105.6	97.9
黑龙江	100.1	100.7	103.8	98.5	100.0	100.4
上海						
江苏	99.8	99.3	98.9	100.0	100.3	98.9
浙江	100.3	99.6	99.4	100.0	98.5	100.8
安徽	98.2	101.0	100.4	101.8	97.6	97.2
福建	99.3	99.3	99.4	99.4	98.7	100.5
江西	99.4	98.7	98.7	98.3	99.9	98.8
山东	98.6	100.9	102.5	99.5	103.1	99.9
河南	99.8	99.7	99.9	99.3	100.1	99.1
湖北	99.2	99.0	99.6	97.7	98.7	98.1
湖南	97.7	98.7	99.9	95.3	103.0	99.3
广东	98.1	99.3	98.8	99.5	103.8	98.3
广西	99.4	99.6	99.3	99.8	100.9	97.2
海南	90.7	100.5	102.3	97.7	97.7	99.7
重庆						
四川	101.0	99.8	99.0	101.2	99.8	98.4
贵州	94.9	100.8	101.3	99.6	103.5	97.7
云南	100.1	99.6	99.1	100.9	100.0	95.8
西藏	98.5	99.4	98.5	101.0	100.3	101.8
陕西	105.3	99.8	100.7	97.2	99.7	96.7
甘肃	99.5	100.2	102.5	96.1	99.7	100.0
青海	99.7	100.2	98.5	101.9	94.5	96.5
宁夏	102.7	96.3	96.7	95.2	98.4	98.0
新疆	101.5	98.4	99.0	97.6	100.7	100.0

2001年各地区农村居民消费价格指数(六)

(上年价格=100)

	1.服　装	(1)男式服装	(2)女式服装	(3)儿童服装	2.衣着材料	3.鞋袜帽
全国平均	**98.2**	**98.3**	**97.8**	**98.8**	**99.8**	**99.8**
北　京						
天　津						
河　北	98.7	98.8	99.5	97.5	100.2	99.3
山　西	98.4	100.0	97.1	98.7	98.2	97.8
内蒙古	99.4	100.0	97.6	101.1	98.8	98.5
辽　宁	95.7	96.5	93.2	99.5	98.8	97.5
吉　林	99.0	98.3	98.1	103.3	97.1	96.0
黑龙江	101.3	103.7	99.6	101.2	99.6	99.1
上　海						
江　苏	98.4	97.2	98.9	99.0	100.8	99.2
浙　江	96.5	98.5	95.5	95.8	100.1	109.6
安　徽	95.5	96.8	97.5	89.2	98.5	99.3
福　建	100.0	97.7	99.3	103.4	100.5	101.7
江　西	98.8	98.9	98.3	99.6	100.8	98.1
山　东	99.2	99.2	99.1	99.5	101.0	100.5
河　南	98.7	97.8	98.0	101.1	99.7	99.6
湖　北	96.8	96.1	96.0	98.6	99.1	100.2
湖　南	100.4	99.8	99.8	101.9	98.7	97.5
广　东	97.7	98.4	97.0	98.0	98.8	99.4
广　西	95.7	94.3	99.4	92.1	100.2	99.3
海　南	100.4	98.0	102.7	100.2	100.0	98.0
重　庆						
四　川	97.5	97.9	97.4	97.4	101.3	99.5
贵　州	99.7	97.6	97.3	104.9	98.2	95.1
云　南	93.2	89.6	92.3	98.0	99.8	99.8
西　藏	100.1	100.5	99.6	100.7	100.8	105.2
陕　西	96.6	97.1	96.1	96.9	98.3	96.4
甘　肃	100.2	101.6	98.3	101.4	99.3	99.7
青　海	94.1	95.3	92.8	94.6	99.3	100.4
宁　夏	97.1	96.9	95.5	104.3	95.2	101.2
新　疆	100.0	98.7	100.4	101.4	101.2	99.7

2001年各地区农村居民消费价格指数(七)

(上年价格=100)

	(1)鞋	(2)袜　子	(3)帽　子	4.衣着加工服务费	四、家庭设备用品及服务	1.耐用消费品
全国平均	**99.8**	**100.2**	**99.1**	**100.4**	**98.4**	**97.5**
北　京						
天　津						
河　北	99.4	99.0	98.8	101.6	98.6	97.9
山　西	97.3	98.8	101.3	97.1	97.0	93.9
内蒙古	98.5	98.1	100.2	98.0	98.7	97.5
辽　宁	97.3	98.7	95.7	97.3	100.3	98.9
吉　林	96.1	97.3	92.4	101.3	99.5	98.3
黑龙江	98.7	100.0	101.3	99.9	99.1	98.6
上　海						
江　苏	99.2	99.2	98.3	99.8	97.7	96.5
浙　江	112.7	100.6	100.0	102.0	97.6	95.9
安　徽	98.8	101.8	100.2	100.2	98.3	97.5
福　建	102.2	99.6	102.1	101.3	97.6	95.4
江　西	97.9	99.0	98.0	100.0	97.8	97.3
山　东	99.8	105.8	98.6	102.3	99.0	98.8
河　南	99.7	99.8	97.4	102.1	98.3	97.9
湖　北	100.4	99.5	99.6	100.7	96.8	96.5
湖　南	97.3	98.7	95.9	100.2	98.0	97.9
广　东	98.5	104.4	96.8	99.7	98.9	97.7
广　西	97.9	104.3	99.6	105.2	98.0	96.4
海　南	97.9	98.0	100.0	105.4	99.8	96.1
重　庆						
四　川	99.2	100.2	100.3	100.7	99.0	98.1
贵　州	94.6	95.7	100.0	99.4	101.3	102.0
云　南	99.5	99.5	104.1	99.5	99.6	101.0
西　藏	106.6	101.2	104.6	100.3	99.7	99.4
陕　西	96.1	97.8	95.0	94.6	97.3	95.6
甘　肃	99.8	99.1	101.1	102.7	99.7	100.4
青　海	101.9	96.9	89.8	100.0	98.7	99.1
宁　夏	101.1	103.2	98.4	104.2	97.5	96.2
新　疆	99.3	100.0	102.8	101.4	99.6	98.7

2001年各地区农村居民消费价格指数(八)

(上年价格=100)

	(1)家　具	(2)家庭设备	2.室　内装饰品	3.床上用品	4.家庭日用杂品	5.家庭服务及加工维修服务
全国平均	**98.4**	**96.8**	**97.8**	**98.8**	**99.1**	**100.7**
北　京						
天　津						
河　北	98.7	97.1	99.4	98.8	99.1	98.3
山　西	92.7	94.8	93.4	100.1	99.3	100.2
内蒙古	96.5	97.9	100.2	100.3	99.1	102.5
辽　宁	101.1	96.8	98.7	100.2	101.5	101.9
吉　林	98.2	98.4	97.8	103.1	100.5	100.0
黑龙江	99.2	98.2	99.4	100.1	99.0	100.0
上　海						
江　苏	94.4	97.5	99.3	100.7	99.3	100.1
浙　江	97.9	94.9	94.9	100.0	98.8	100.4
安　徽	95.9	98.8	95.8	99.6	98.3	100.9
福　建	98.3	91.9	96.7	94.7	99.6	102.2
江　西	98.6	96.3	97.5	99.4	97.2	101.0
山　东	100.9	96.7	101.0	99.2	98.9	101.1
河　南	98.8	96.7	97.0	96.4	99.2	100.3
湖　北	97.4	95.4	94.2	97.0	96.2	101.5
湖　南	98.9	97.2	95.2	99.4	97.8	99.7
广　东	98.6	97.1	100.0	98.7	100.3	99.9
广　西	96.5	96.1	93.0	97.8	99.9	101.1
海　南	96.4	95.9	95.3	100.0	100.2	105.1
重　庆						
四　川	98.5	97.5	97.2	99.7	99.2	102.6
贵　州	105.5	97.2	97.7	97.4	102.5	100.0
云　南	102.5	98.8	98.1	98.0	98.5	103.4
西　藏	98.9	100.1	99.7	99.7	99.6	102.6
陕　西	97.2	94.1	96.9	97.8	98.1	100.5
甘　肃	101.0	99.5	99.1	98.8	99.1	100.4
青　海	100.0	97.1	99.3	98.8	97.7	99.8
宁　夏	98.9	93.5	94.3	97.0	98.0	105.2
新　疆	100.8	96.8	101.8	99.9	99.5	103.6

2001年各地区农村居民消费价格指数(九)

(上年价格=100)

	五、医疗保健和个人用品	1.医疗保健	(1)医疗器具及用品	(2)中药材及中成药	(3)西药	(4)保健器具及用品
全国平均	**101.1**	**102.1**	**98.0**	**102.1**	**96.0**	**99.2**
北京						
天津						
河北	99.7	99.2	95.2	105.4	95.6	101.0
山西	97.5	97.5	99.6	103.4	92.5	99.0
内蒙古	98.1	97.5	96.3	100.4	91.2	101.5
辽宁	97.0	95.7	97.6	99.5	89.3	95.4
吉林	103.9	105.9	100.0	105.5	98.0	106.1
黑龙江	96.9	96.7	93.6	104.6	90.5	94.9
上海						
江苏	102.2	103.6	100.4	100.8	96.0	98.3
浙江	100.0	102.0	105.6	102.8	97.9	100.4
安徽	100.6	99.6	99.4	100.7	94.8	97.4
福建	103.6	107.6	97.5	101.2	94.6	98.3
江西	100.2	100.9	100.1	105.4	98.3	100.2
山东	103.7	105.4	98.8	104.4	96.1	99.6
河南	99.8	100.7	95.6	100.4	96.5	99.2
湖北	99.8	100.6	96.5	101.3	95.7	99.0
湖南	100.7	101.5	98.5	106.2	97.7	98.7
广东	99.6	99.4	97.8	98.0	99.0	98.4
广西	99.8	100.5	99.5	98.1	96.1	100.1
海南	99.5	103.0	100.1	101.9	102.0	98.0
重庆						
四川	99.5	99.4	99.2	100.5	97.7	99.1
贵州	106.8	104.3	100.3	101.0	98.9	98.4
云南	110.0	116.1	92.1	96.8	91.6	99.5
西藏	99.4	99.3	100.4	100.4	97.9	98.9
陕西	99.8	99.4	92.6	99.0	95.7	98.9
甘肃	101.3	101.9	97.5	104.8	95.8	99.7
青海	101.1	102.2	100.1	119.0	96.1	98.5
宁夏	99.3	98.4	101.4	104.9	93.6	101.3
新疆	105.1	108.6	101.3	104.3	99.5	98.6

2001年各地区农村居民消费价格指数(十)

(上年价格=100)

	(5)医疗保健服务费	2.个人用品及服务	(1)化妆美容用品	(2)卫生用品	(3)个人饰品	(4)个人服务
全国平均	**108.9**	**99.5**	**98.2**	**98.4**	**98.8**	**100.8**
北京						
天津						
河北	100.1	100.5	99.6	97.6	99.4	102.6
山西	100.6	97.5	92.9	95.3	94.2	100.9
内蒙古	101.0	99.4	101.9	97.0	97.5	101.3
辽宁	102.4	99.1	97.2	99.3	97.7	100.0
吉林	120.1	100.2	103.0	99.7	99.4	100.6
黑龙江	99.4	97.3	99.6	93.5	96.6	100.0
上海						
江苏	113.1	99.7	99.1	99.4	97.1	100.9
浙江	104.6	97.1	99.5	97.6	98.2	96.0
安徽	102.6	101.7	99.5	99.5	96.8	104.3
福建	121.0	99.8	100.4	98.9	96.4	102.6
江西	101.0	99.3	94.7	98.6	97.9	103.1
山东	122.8	100.5	98.2	96.8	100.9	101.9
河南	104.5	98.6	97.9	96.8	99.4	98.9
湖北	103.5	97.0	94.9	95.4	97.9	100.4
湖南	101.6	99.4	98.2	100.4	98.6	99.7
广东	101.9	99.8	97.4	99.0	99.7	102.2
广西	106.7	98.8	95.8	98.7	98.0	100.2
海南	103.6	97.4	99.7	99.4	96.1	97.1
重庆						
四川	100.8	99.8	100.2	99.8	99.0	100.2
贵州	110.8	109.3	97.7	98.5	112.6	112.9
云南	148.6	99.9	100.1	100.3	99.3	100.0
西藏	100.0	99.6	98.7	100.3	98.3	100.9
陕西	103.5	101.5	98.6	98.7	96.0	106.9
甘肃	105.2	100.0	96.5	97.3	97.4	102.7
青海	100.2	99.1	94.5	99.3	97.1	100.8
宁夏	100.6	102.2	99.1	100.2	95.2	107.5
新疆	133.8	99.7	99.8	98.9	97.8	102.6

2001 年各地区农村居民消费价格指数(十一)

(上年价格=100)

	六、交通和通信	1.交通	(1)交通工具	(2)车用燃料及零配件	(3)车辆使用及维修费	(4)市区公共交通费
全国平均	**98.7**	**99.7**	**96.6**	**97.9**	**99.3**	**102.0**
北京						
天津						
河北	100.0	100.5	97.9	96.9	99.9	110.9
山西	97.0	98.7	96.0	97.2	98.1	102.9
内蒙古	100.6	101.5	96.7	97.3	100.1	108.7
辽宁	102.3	100.4	95.0	99.9	99.9	102.7
吉林	99.9	99.3	98.0	99.6	99.9	100.0
黑龙江	99.0	98.8	97.8	98.4	100.1	100.5
上海						
江苏	99.0	100.7	96.8	97.3	99.9	100.2
浙江	96.1	97.2	95.2	97.3	96.1	100.9
安徽	101.2	102.0	97.8	97.8	99.6	99.9
福建	96.4	98.4	95.4	97.1	100.7	103.8
江西	99.0	100.9	95.4	98.3	99.5	98.5
山东	97.3	98.9	98.3	98.2	98.3	100.0
河南	99.7	100.7	98.9	97.9	100.4	102.4
湖北	101.1	102.9	94.8	97.5	101.0	110.0
湖南	95.9	97.4	95.6	98.8	99.2	99.8
广东	98.7	98.7	94.4	97.2	100.4	101.5
广西	96.9	97.7	94.9	97.3	99.7	99.3
海南	99.3	99.8	98.3	100.0	99.5	100.1
重庆						
四川	104.3	104.9	98.7	97.9	99.7	98.9
贵州	98.0	97.7	103.4	100.5	100.0	100.6
云南	99.5	99.1	97.5	93.7	99.7	98.7
西藏	102.7	100.7	98.9	102.5	99.7	100.0
陕西	97.4	98.6	94.8	100.8	99.9	103.2
甘肃	102.9	103.5	97.8	105.5	98.6	95.3
青海	109.4	110.4	96.7	98.6	99.6	103.5
宁夏	98.3	99.9	96.3	97.7	99.8	103.8
新疆	100.0	100.5	97.6	99.9	99.4	108.2

2001年各地区农村居民消费价格指数(十二)

(上年价格=100)

	(5)城市间交通费	2.通　信	(1)通信工具	(2)通信服务	七、娱乐教育文化	1.文娱用耐用消费品及服务
全国平均	**104.9**	**96.5**	**89.1**	**98.6**	**106.4**	**94.1**
北　京						
天　津						
河　北	105.8	98.7	91.6	100.8	102.2	95.5
山　西	106.7	91.5	73.3	96.8	100.1	93.1
内蒙古	111.5	97.6	92.7	99.7	102.8	94.7
辽　宁	107.9	105.5	83.9	109.8	100.3	93.9
吉　林	100.6	102.8	94.9	103.8	101.6	94.2
黑龙江	99.6	99.7	90.6	101.5	101.9	96.0
上　海						
江　苏	107.2	95.8	92.8	96.5	111.5	92.9
浙　江	103.0	94.4	90.4	95.7	108.1	93.2
安　徽	105.7	99.5	90.8	103.0	105.8	91.5
福　建	105.0	94.2	85.2	96.2	100.3	89.9
江　西	105.9	90.8	84.6	93.0	102.5	90.0
山　东	101.3	93.5	88.7	95.3	110.5	94.2
河　南	106.3	96.3	90.9	98.1	103.5	98.0
湖　北	106.5	94.0	81.2	96.8	103.6	92.5
湖　南	98.3	92.3	90.5	93.1	100.5	94.7
广　东	105.0	98.7	85.2	101.7	100.7	93.3
广　西	100.7	94.7	90.7	96.3	104.6	89.9
海　南	102.0	93.5	91.6	93.9	97.4	95.6
重　庆						
四　川	110.9	102.4	96.0	104.6	118.3	96.7
贵　州	93.9	100.6	97.9	100.9	105.8	98.1
云　南	102.4	101.1	99.0	102.1	98.7	92.8
西　藏	100.0	105.4	97.8	106.9	99.9	96.9
陕　西	103.4	94.5	86.3	97.2	120.2	92.5
甘　肃	116.1	97.2	97.3	97.2	125.3	97.9
青　海	135.0	93.5	84.5	97.5	104.8	87.5
宁　夏	105.3	95.0	78.6	99.9	117.1	88.1
新　疆	104.1	98.0	94.7	98.6	101.4	97.4

2001年各地区农村居民消费价格指数(十三)

(上年价格=100)

	2.教育	(1)教材及参考书	(2)学杂托幼费	3.文化娱乐用品	(1)文化娱乐	(2)书报杂志
全国平均	**109.8**	**106.8**	**109.9**	**100.2**	**99.3**	**101.6**
北京						
天津						
河北	104.4	104.7	104.3	100.3	99.4	100.4
山西	100.9	97.4	101.1	99.7	97.5	100.8
内蒙古	104.5	99.5	105.2	99.4	98.7	100.4
辽宁	101.9	112.2	101.2	100.1	99.8	100.5
吉林	104.3	103.6	104.4	97.1	95.5	100.3
黑龙江	104.2	103.7	104.2	99.0	97.9	101.4
上海						
江苏	116.0	112.7	116.1	100.0	99.3	102.8
浙江	111.9	108.2	112.0	99.5	99.9	101.6
安徽	108.2	103.0	108.3	99.7	99.2	100.7
福建	101.8	105.0	101.8	100.4	99.4	103.8
江西	104.1	97.7	104.4	99.7	99.2	100.4
山东	114.8	103.0	115.3	100.2	99.8	100.8
河南	105.7	105.4	105.7	100.4	100.3	100.8
湖北	105.3	108.5	105.3	99.3	99.4	99.1
湖南	102.1	114.1	101.2	99.3	99.0	100.4
广东	103.6	105.4	103.5	101.6	100.1	103.5
广西	108.6	106.0	108.7	100.3	99.6	100.0
海南	97.5	97.5	97.5	100.2	100.0	101.0
重庆						
四川	125.2	120.9	125.4	99.7	99.4	99.9
贵州	107.0	95.4	107.7	107.0	104.5	108.8
云南	100.5	113.1	100.0	100.2	98.1	100.1
西藏	100.9	100.0	101.1	101.7	99.1	101.2
陕西	125.7	111.9	126.8	100.5	98.0	101.6
甘肃	132.1	100.1	132.6	100.5	100.1	100.0
青海	111.9	116.6	111.9	100.2	100.0	101.6
宁夏	137.1	108.0	142.4	99.1	95.9	101.1
新疆	102.1	100.7	102.1	101.1	99.9	103.8

2001年各地区农村居民消费价格指数(十四)

(上年价格=100)

	(3)文娱费	4.旅　游	八、居　住	1.建房及装修材料	2.租　房	3.自有住房	4.水电燃料
全国平均	**100.1**	**100.8**	**100.3**	**99.1**	**102.8**	**100.2**	**103.0**
北　京							
天　津							
河　北	103.4	100.0	102.3	101.3	99.1	99.8	105.4
山　西	102.6	97.0	105.6	105.2	105.2	100.7	106.8
内蒙古	100.4	98.7	102.6	99.5	101.5	101.4	108.6
辽　宁	101.2	97.9	102.5	101.2	104.4	100.2	105.1
吉　林	100.0	100.9	99.7	96.9	100.0	98.1	106.0
黑龙江	100.1	105.8	102.7	100.5	113.1	97.1	105.8
上　海							
江　苏	96.8	100.7	98.6	98.1	101.3	98.3	100.1
浙　江	96.3	100.2	97.7	99.1	101.4	101.6	91.3
安　徽	99.8	101.3	100.3	97.9	112.6	100.0	105.7
福　建	100.6	99.8	99.4	97.3	100.0	97.0	103.0
江　西	99.1	101.0	98.6	96.4	106.5	102.6	104.1
山　东	100.2	100.7	101.6	99.5	100.0	101.1	106.8
河　南	100.2	100.6	101.4	99.4	110.3	100.2	106.0
湖　北	99.6	98.6	97.9	95.7	100.1	100.0	101.1
湖　南	96.1	100.4	100.3	99.2	99.8	98.8	103.3
广　东	100.6	102.0	101.5	99.2	103.0	99.9	104.3
广　西	103.1	96.0	99.4	97.7	105.8	100.0	102.4
海　南	100.0	97.5	98.2	98.9	100.0	98.6	96.0
重　庆							
四　川	100.1	99.6	99.7	99.6	100.2	102.2	98.9
贵　州	100.3	103.0	99.6	99.2	115.4	100.0	97.7
云　南	105.2	102.8	99.7	99.8	100.3	96.0	100.4
西　藏	105.9	100.9	101.9	102.0	100.0	99.9	102.8
陕　西	101.7	100.2	101.6	100.6	103.0	100.5	104.0
甘　肃	102.9	102.9	102.2	101.6	100.0	98.6	103.6
青　海	100.0	100.0	100.5	99.4	100.0	99.3	102.4
宁　夏	105.4	106.4	101.6	94.6	102.5	101.2	109.2
新　疆	101.3	99.5	102.6	100.3	103.6	102.3	107.0

2001年36个大中城市居民消费价格指数(一)

(上年价格=100)

	居民消费价格指数	一、食　品	1.粮　食	2.淀粉及薯类	3.干豆类及豆制品	4.油　脂
平均指数	100.7	100.3	98.6	101.4	98.4	89.2
北　京	103.1	101.5	95.0	100.7	98.6	87.5
天　津	101.2	100.8	103.6	97.6	96.2	83.6
石家庄	100.1	100.4	96.3	94.0	98.6	89.3
太　原	99.0	100.6	98.2	95.8	102.5	89.2
呼和浩特	100.4	100.8	96.7	114.8	107.5	95.6
沈　阳	100.0	102.1	98.7	98.4	99.8	88.3
大　连	99.5	102.3	100.9	103.1	98.9	88.0
长　春	102.3	101.4	103.4	88.9	98.0	92.8
哈尔滨	101.0	103.3	102.4	106.6	101.2	91.8
上　海	100.0	100.3	102.9	103.6	95.6	84.5
南　京	99.9	98.6	101.9	104.8	99.9	90.3
杭　州	99.5	98.3	118.8	106.6	99.9	72.3
宁　波	99.3	97.2	106.2	95.1	121.6	90.2
合　肥	99.4	98.9	101.5	99.3	97.9	89.6
福　州	99.0	97.4	100.2	107.2	98.4	90.3
厦　门	98.5	96.9	96.5	107.2	97.1	94.3
南　昌	100.6	97.3	91.7	94.3	96.4	91.2
济　南	100.3	100.8	99.8	97.4	99.2	94.1
青　岛	101.0	100.6	94.7	111.9	98.0	96.9
郑　州	100.7	100.5	97.5	99.8	99.2	90.0
武　汉	99.5	99.7	92.0	102.7	100.7	84.0
长　沙	98.4	97.8	98.3	98.9	100.5	90.2
广　州	98.9	97.6	93.2	96.9	97.9	96.3
深　圳	97.8	97.5	90.6	100.1	95.2	89.7
南　宁	102.8	99.1	92.8	93.0	97.5	92.8
海　口	98.8	99.0	100.4	97.1	96.0	97.1
重　庆	101.7	99.2	96.3	92.7	95.9	91.7
成　都	100.8	101.6	99.5	98.1	108.2	94.5
贵　阳	103.2	98.7	95.6	102.4	94.4	75.5
昆　明	100.6	97.3	103.4	92.6	89.4	95.5
拉　萨	99.9	98.4	99.3	89.6	99.1	95.9
西　安	99.9	99.5	96.3	98.4	100.6	93.0
兰　州	102.1	100.1	100.6	97.4	101.2	92.2
西　宁	103.2	103.3	94.5	115.2	99.7	87.7
银　川	101.4	99.4	101.5	101.0	104.1	87.2
乌鲁木齐	105.0	102.8	95.9	106.8	96.2	87.3

2001年36个大中城市居民消费价格指数(二)

(上年价格=100)

	5.肉禽及其制品	(1)食用畜肉及副产品	(2)禽	(3)加工肉禽	6.蛋	7.水产品
平均指数	**101.5**	**103.0**	**98.4**	**99.4**	**106.0**	**98.6**
北　京	102.6	105.0	96.4	100.0	109.0	96.9
天　津	102.7	104.9	99.4	95.8	106.1	101.0
石家庄	103.3	103.6	106.5	99.6	110.4	100.5
太　原	103.6	105.5	98.8	99.8	109.4	99.7
呼和浩特	101.6	102.0	100.3	100.5	105.5	113.4
沈　阳	108.6	110.3	108.1	100.7	104.3	95.9
大　连	105.4	106.3	106.3	102.4	108.6	98.7
长　春	108.5	109.5	109.3	97.2	100.6	99.7
哈尔滨	108.0	110.7	99.5	100.7	105.3	101.6
上　海	99.3	101.4	95.1	99.8	102.4	100.1
南　京	101.3	102.9	98.7	99.9	106.4	97.4
杭　州	99.2	98.3	96.7	107.5	109.0	95.7
宁　波	99.3	99.1	96.5	102.2	107.8	87.9
合　肥	101.4	100.7	103.9	98.9	103.6	91.4
福　州	98.7	99.9	100.1	94.5	103.2	94.3
厦　门	98.5	97.8	100.6	98.7	107.2	94.4
南　昌	98.3	97.2	101.7	97.8	103.0	100.5
济　南	105.1	106.9	105.7	99.9	107.5	103.7
青　岛	103.6	106.3	95.5	99.1	110.6	108.6
郑　州	104.3	102.7	113.9	104.3	111.8	98.2
武　汉	103.2	104.1	100.3	101.5	108.9	97.3
长　沙	99.9	100.4	97.3	101.5	113.2	95.1
广　州	98.2	100.0	95.2	96.6	97.3	91.8
深　圳	97.9	97.3	99.5	97.6	99.6	92.8
南　宁	99.2	97.8	100.8	101.2	100.6	95.7
海　口	101.1	103.1	97.6	99.5	102.5	93.7
重　庆	97.8	99.2	95.1	94.7	104.2	98.4
成　都	101.3	103.1	97.1	100.6	98.3	98.3
贵　阳	98.6	96.7	98.9	107.4	103.1	93.9
昆　明	92.2	90.5	95.5	94.5	103.5	96.4
拉　萨	104.0	104.8	102.7	101.0	89.7	107.1
西　安	103.6	104.2	104.3	100.2	109.4	93.7
兰　州	100.5	100.9	96.4	101.6	105.9	94.2
西　宁	113.7	115.3	105.3	109.4	113.3	99.6
银　川	104.1	105.1	102.1	99.7	105.5	94.7
乌鲁木齐	115.5	125.2	97.9	98.9	114.7	97.0

2001年36个大中城市居民消费价格指数(三)

(上年价格=100)

	(1)鱼	(2)其 他 水产品	8.菜	9.调味品	10.糖	11.茶及饮料
平均指数	**97.0**	**99.7**	**102.8**	**101.7**	**102.7**	**99.1**
北　京	100.9	92.2	100.3	101.7	99.5	99.8
天　津	94.9	103.9	97.3	103.3	111.5	99.0
石家庄	96.7	105.0	100.7	101.0	105.5	100.5
太　原	98.5	101.9	101.5	101.0	102.8	98.3
呼和浩特	116.8	99.9	101.8	102.3	101.1	100.9
沈　阳	95.2	96.6	110.3	105.1	109.2	97.9
大　连	104.9	95.3	105.5	105.7	102.5	97.9
长　春	96.5	104.3	97.4	100.8	102.3	100.9
哈尔滨	99.1	104.5	104.9	104.7	98.1	99.0
上　海	95.2	102.6	108.9	99.2	101.4	98.4
南　京	98.1	96.3	96.6	102.4	103.3	99.3
杭　州	105.0	89.7	96.1	99.5	102.5	97.7
宁　波	90.3	85.9	92.7	106.3	108.3	98.1
合　肥	92.7	90.3	95.0	97.2	103.4	95.0
福　州	95.6	92.6	95.5	84.6	114.4	100.5
厦　门	89.2	97.9	96.3	101.3	106.2	99.7
南　昌	95.0	107.2	94.8	107.8	107.1	99.6
济　南	96.3	106.5	98.4	100.6	100.1	98.7
青　岛	87.1	112.9	100.5	112.4	100.9	99.2
郑　州	98.5	97.9	92.3	113.6	101.4	97.9
武　汉	97.7	96.2	98.0	100.4	103.1	97.5
长　沙	94.5	96.5	95.0	102.9	103.5	99.0
广　州	95.6	87.2	103.1	100.3	106.8	98.9
深　圳	97.9	84.9	103.4	98.8	97.5	98.5
南　宁	92.2	102.1	105.9	101.6	102.0	103.0
海　口	97.0	87.7	97.4	97.9	114.8	103.1
重　庆	101.7	91.5	108.9	97.1	102.3	96.3
成　都	99.2	97.0	108.3	100.0	100.2	100.1
贵　阳	96.8	91.5	101.3	120.4	99.9	99.1
昆　明	94.8	99.0	93.1	102.4	107.0	100.3
拉　萨	107.2	107.0	85.1	101.0	101.3	100.0
西　安	91.5	96.6	93.1	101.9	105.7	99.1
兰　州	91.2	99.5	100.8	103.9	102.1	94.8
西　宁	96.1	103.3	97.8	109.1	106.4	95.9
银　川	95.6	92.5	98.8	112.2	107.4	97.8
乌鲁木齐	97.8	94.9	101.4	99.5	101.5	97.0

2001年36个大中城市居民消费价格指数(四)

(上年价格=100)

	(1)茶　叶	(2)饮　料	12.干鲜瓜果	13.糕点饼干	14.奶　及 奶制品	15.在外用 膳食品
平均指数	**101.4**	**98.3**	**101.4**	**99.0**	**99.0**	**100.2**
北　京	106.9	96.1	101.1	97.2	100.0	106.1
天　津	100.0	98.6	105.3	99.2	96.9	100.3
石家庄	104.7	99.0	100.5	98.3	100.0	98.8
太　原	100.5	97.8	102.5	98.0	101.0	99.9
呼和浩特	103.8	99.9	96.8	99.8	100.5	100.1
沈　阳	97.7	97.9	94.1	100.1	100.1	99.3
大　连	100.0	97.5	109.0	95.2	98.0	100.5
长　春	102.7	100.6	94.1	97.5	101.2	105.9
哈尔滨	99.9	98.7	105.9	101.0	99.7	99.6
上　海	99.4	98.3	104.3	100.5	100.8	98.0
南　京	100.0	98.9	96.6	101.3	102.3	93.8
杭　州	101.9	95.9	88.8	96.8	75.1	100.0
宁　波	100.0	97.5	98.6	100.8	101.7	100.0
合　肥	91.1	98.2	103.9	95.3	99.5	100.3
福　州	93.1	106.6	98.3	117.3	96.8	99.6
厦　门	100.0	99.5	90.9	99.0	97.7	98.5
南　昌	100.1	99.4	95.8	100.3	99.6	98.1
济　南	100.6	97.4	92.6	106.5	99.1	100.7
青　岛	100.0	98.7	101.9	94.5	94.3	93.4
郑　州	100.4	97.4	95.8	100.6	103.3	103.2
武　汉	97.4	97.5	115.0	92.9	100.1	99.3
长　沙	97.5	99.2	96.8	99.9	101.7	95.6
广　州	100.0	98.5	95.1	100.7	99.5	97.9
深　圳	102.7	97.9	95.0	98.1	93.7	99.7
南　宁	114.0	100.1	97.8	100.1	99.8	99.7
海　口	124.8	98.1	101.7	99.8	95.0	98.4
重　庆	97.6	95.7	103.1	104.4	95.1	98.2
成　都	100.5	100.0	107.5	99.8	100.0	100.9
贵　阳	100.0	98.8	97.5	99.1	101.4	100.1
昆　明	103.1	99.5	102.6	98.9	99.9	98.9
拉　萨	100.0	100.0	101.1	100.0	100.0	99.6
西　安	100.0	98.9	99.8	99.4	100.5	100.0
兰　州	98.5	93.5	102.6	99.7	100.1	100.6
西　宁	101.4	94.0	99.0	96.3	99.9	104.4
银　川	99.5	96.9	96.6	100.8	97.6	96.0
乌鲁木齐	100.0	96.5	96.2	99.2	99.4	99.5

2001年36个大中城市居民消费价格指数(五)

(上年价格=100)

	16.其他食品及加工服务费	二、烟酒及用品	1.烟草	2.酒	3.吸烟、饮酒用品	三、衣着
平均指数	**98.8**	**99.6**	**99.1**	**100.6**	**99.4**	**97.3**
北京	99.6	101.5	102.2	103.3	97.0	100.4
天津	101.7	99.2	99.3	98.8	100.0	93.5
石家庄	98.7	99.0	97.7	100.0	102.8	96.8
太原	98.3	101.2	100.0	99.6	113.5	91.2
呼和浩特	100.0	100.3	100.0	100.8	100.0	92.5
沈阳	101.2	95.9	92.5	100.0	100.3	98.8
大连	95.3	100.3	97.6	103.7	98.6	93.9
长春	99.8	99.6	101.2	97.8	97.5	100.6
哈尔滨	99.0	100.6	102.2	98.8	98.1	98.4
上海	99.2	98.9	99.2	98.2	100.0	98.9
南京	98.6	101.4	100.2	104.8	94.1	94.6
杭州	88.2	96.9	95.3	99.5	99.4	94.2
宁波	99.2	100.8	101.1	100.0	100.7	97.8
合肥	99.2	98.2	95.6	102.2	100.6	99.1
福州	98.8	102.5	105.6	98.4	100.0	92.4
厦门	97.9	99.5	97.9	102.0	100.0	88.1
南昌	100.3	100.0	100.0	100.9	100.0	98.6
济南	97.1	102.0	107.2	99.5	98.9	95.1
青岛	97.3	104.2	105.8	104.6	100.0	98.0
郑州	95.0	101.8	99.5	102.0	109.4	97.6
武汉	101.5	100.4	99.8	102.1	98.0	92.9
长沙	98.0	99.7	100.0	99.0	100.0	95.3
广州	99.9	101.7	102.5	101.4	100.1	96.3
深圳	88.2	97.1	97.8	94.7	101.0	98.7
南宁	102.0	96.9	95.5	100.4	93.2	95.3
海口	101.9	101.1	101.3	104.5	91.4	98.8
重庆	98.6	96.8	95.4	99.9	97.1	97.4
成都	99.4	98.4	98.6	98.6	97.1	98.4
贵阳	99.4	99.9	99.6	100.4	100.3	97.4
昆明	94.7	97.7	97.3	98.6	100.0	96.8
拉萨	100.0	99.8	100.0	99.4	100.0	100.1
西安	98.9	99.3	99.3	98.0	100.7	97.1
兰州	95.7	99.5	97.2	106.1	93.7	100.7
西宁	101.1	97.5	97.4	97.3	98.7	101.5
银川	102.7	100.4	98.6	105.5	99.4	101.8
乌鲁木齐	94.5	99.5	97.9	101.6	100.0	98.0

2001年36个大中城市居民消费价格指数(六)

(上年价格=100)

	1.服　装	(1)男式服装	(2)女式服装	(3)儿童服装	2.衣着材料	3.鞋袜帽
平均指数	**96.6**	**96.9**	**96.3**	**96.9**	**98.2**	**98.9**
北　京	100.0	101.3	99.5	96.0	97.4	102.0
天　津	93.1	96.4	90.0	95.4	98.6	92.7
石家庄	96.3	95.7	95.4	105.6	97.0	98.2
太　原	88.1	90.5	84.1	100.5	95.8	97.8
呼和浩特	91.2	91.2	90.8	93.3	90.9	95.9
沈　阳	98.3	100.8	95.7	104.5	101.8	99.6
大　连	93.9	92.3	94.7	98.4	100.4	91.7
长　春	100.3	100.3	99.8	105.5	101.2	101.1
哈尔滨	97.3	98.3	96.7	96.8	100.0	100.9
上　海	96.4	99.0	94.7	95.4	98.7	106.2
南　京	95.9	96.7	94.7	98.8	97.0	89.9
杭　州	94.6	97.3	92.9	77.9	95.8	89.4
宁　波	96.2	96.4	94.9	100.8	100.1	102.0
合　肥	99.3	98.8	99.3	101.1	99.5	98.2
福　州	90.2	91.7	86.7	100.1	100.7	98.3
厦　门	89.6	89.6	88.8	92.9	102.4	82.1
南　昌	98.4	95.6	100.3	100.0	98.0	99.4
济　南	93.4	97.1	91.6	95.3	100.5	96.5
青　岛	97.9	100.0	95.5	108.8	94.1	98.2
郑　州	98.0	96.3	100.2	93.5	99.7	95.9
武　汉	90.7	88.7	91.6	94.6	102.4	97.4
长　沙	97.2	92.6	101.0	93.3	102.1	89.0
广　州	94.7	91.0	97.2	93.0	102.5	100.0
深　圳	97.5	96.9	97.4	99.5	100.7	102.4
南　宁	94.0	95.0	93.4	91.9	99.4	97.7
海　口	98.7	97.6	99.5	98.3	99.9	99.2
重　庆	98.2	96.2	100.0	93.0	101.0	94.8
成　都	97.9	99.1	97.0	98.3	99.3	99.5
贵　阳	93.7	79.7	101.3	109.8	99.7	105.9
昆　明	96.3	96.7	94.1	103.3	99.1	98.0
拉　萨	100.3	98.6	100.3	105.0	101.3	99.2
西　安	98.5	95.9	100.7	99.3	93.7	94.9
兰　州	101.3	100.6	102.1	97.3	97.3	99.7
西　宁	101.6	101.7	101.0	104.2	104.7	101.5
银　川	101.8	100.7	103.7	94.5	96.6	103.5
乌鲁木齐	96.7	97.6	95.5	99.4	100.8	100.2

2001年36个大中城市居民消费价格指数(七)

(上年价格=100)

	(1)鞋	(2)袜　子	(3)帽　子	4.衣着加工服务费	四、家庭设备用品及服务	1.耐用消费品
平均指数	**99.0**	**98.2**	**99.3**	**100.4**	**96.7**	**94.9**
北　京	102.0	103.1	98.5	101.1	97.0	96.0
天　津	91.8	100.0	108.2	100.0	95.9	94.4
石家庄	98.0	100.3	98.7	95.1	97.5	94.0
太　原	98.5	87.0	100.0	99.0	100.1	97.2
呼和浩特	96.1	94.8	91.7	100.0	100.0	97.2
沈　阳	99.5	100.1	107.7	100.5	94.3	93.2
大　连	91.5	96.7	82.1	106.6	93.1	89.3
长　春	101.4	97.8	102.2	100.0	99.3	97.7
哈尔滨	100.9	101.4	93.9	104.4	97.4	96.9
上　海	106.6	100.9	101.0	100.0	97.2	94.7
南　京	89.3	97.4	107.9	97.9	97.8	93.5
杭　州	87.4	108.8	78.6	100.0	97.1	96.7
宁　波	101.3	110.6	106.5	100.0	94.0	89.7
合　肥	98.0	99.9	103.4	102.2	98.0	96.8
福　州	97.2	108.4	114.2	100.0	98.4	97.5
厦　门	80.3	98.6	102.1	96.7	98.1	98.1
南　昌	100.0	91.7	100.0	100.0	96.2	94.5
济　南	96.2	99.8	106.1	106.3	99.0	99.8
青　岛	98.5	92.8	99.8	105.9	97.7	94.8
郑　州	96.6	86.5	102.4	98.6	97.8	96.1
武　汉	99.0	82.0	104.4	102.3	91.1	88.0
长　沙	89.3	83.6	100.0	100.0	95.6	94.2
广　州	100.0	100.0	99.3	99.7	96.8	94.7
深　圳	102.5	103.2	94.6	100.5	98.7	96.6
南　宁	97.5	100.0	96.4	100.2	97.3	95.4
海　口	99.1	100.0	100.4	100.5	96.9	95.1
重　庆	94.5	98.4	93.3	100.0	95.7	92.6
成　都	99.4	100.5	95.5	100.5	99.4	98.8
贵　阳	106.6	96.8	96.2	102.2	90.0	85.6
昆　明	98.4	93.5	96.6	100.0	95.8	91.4
拉　萨	99.0	100.0	100.0	100.0	98.3	96.9
西　安	94.8	96.7	93.8	92.4	94.5	92.9
兰　州	99.7	100.1	99.2	100.3	97.4	96.5
西　宁	101.6	99.4	102.9	94.8	94.7	94.5
银　川	103.3	106.4	100.1	97.4	97.7	95.7
乌鲁木齐	100.2	99.5	99.8	100.0	99.6	99.5

2001年36个大中城市居民消费价格指数(八)

(上年价格=100)

	(1)家具	(2)家庭设备	2.室内装饰品	3.床上用品	4.家庭日用杂品	5.家庭服务及加工维修服务
平均指数	**97.8**	**93.7**	**97.8**	**98.7**	**98.4**	**100.4**
北京	99.8	94.5	95.6	100.9	97.6	100.0
天津	99.6	93.3	92.9	100.1	97.9	100.5
石家庄	99.2	91.9	103.6	99.3	103.7	101.6
太原	100.3	96.1	100.1	100.1	100.3	107.7
呼和浩特	100.0	95.7	100.0	95.1	100.0	118.0
沈阳	96.1	92.1	99.5	97.3	94.6	100.0
大连	87.0	90.3	97.6	94.5	99.4	93.3
长春	100.2	96.7	99.9	104.8	100.4	100.0
哈尔滨	99.9	95.7	100.1	100.0	100.2	95.7
上海	93.7	95.1	101.0	100.5	98.6	100.0
南京	102.9	91.8	104.5	103.2	104.7	97.5
杭州	93.8	98.4	100.0	104.0	101.0	93.6
宁波	89.1	89.9	100.2	102.3	98.1	99.2
合肥	97.9	96.6	98.8	102.6	99.0	100.0
福州	98.1	97.1	100.9	95.8	101.0	97.9
厦门	96.6	98.8	100.0	98.8	97.0	99.2
南昌	97.1	93.7	98.3	100.0	97.9	101.2
济南	107.1	96.1	100.1	96.4	95.3	100.0
青岛	95.7	94.5	100.5	102.1	99.7	102.1
郑州	98.5	95.0	99.1	97.3	100.4	101.2
武汉	90.4	86.9	92.4	91.6	95.3	99.7
长沙	98.3	92.5	97.9	97.7	99.6	101.7
广州	99.5	92.2	92.0	99.6	99.6	104.6
深圳	100.7	95.0	100.6	97.0	100.5	106.1
南宁	100.1	92.2	103.0	99.7	97.5	100.0
海口	90.1	98.7	97.9	99.3	96.6	101.1
重庆	97.5	90.8	91.5	99.7	98.8	101.7
成都	101.5	97.6	99.6	97.9	99.2	103.2
贵阳	93.5	82.8	90.9	94.8	96.5	100.0
昆明	97.6	88.7	103.6	100.7	100.4	99.6
拉萨	93.3	99.8	100.0	100.0	99.1	101.6
西安	100.7	90.1	89.7	93.1	94.6	100.0
兰州	95.3	98.0	101.5	100.0	97.2	98.4
西宁	90.5	98.9	95.0	99.4	92.8	101.0
银川	93.5	96.8	96.5	100.2	100.5	101.8
乌鲁木齐	103.8	96.3	100.0	99.2	99.9	100.0

2001年36个大中城市居民消费价格指数(九)

(上年价格=100)

	五、医疗保健和个人用品	1.医疗保健	(1)医疗器具及用品	(2)中药材及中成药	(3)西药	(4)保健器具及用品
平均指数	**99.2**	**99.2**	**98.5**	**102.6**	**94.2**	**96.3**
北京	98.7	98.1	98.0	103.9	94.5	95.1
天津	100.7	101.5	99.2	107.1	97.2	100.8
石家庄	97.5	95.9	97.3	102.5	88.7	92.1
太原	99.0	98.9	95.5	103.7	95.6	99.2
呼和浩特	98.8	99.6	95.8	101.8	98.0	101.1
沈阳	87.9	81.8	82.6	82.3	79.7	85.6
大连	100.0	101.9	100.7	103.5	100.1	99.1
长春	100.4	100.4	104.2	103.3	96.6	99.6
哈尔滨	100.7	98.4	98.9	109.8	90.9	91.1
上海	97.4	96.5	99.8	105.5	92.0	95.4
南京	102.0	101.7	102.3	102.3	99.6	97.0
杭州	99.0	99.6	98.3	101.1	96.0	103.9
宁波	98.0	97.1	100.0	103.3	89.5	102.0
合肥	99.0	99.4	100.2	101.0	97.5	95.0
福州	104.2	105.3	103.1	104.9	97.7	95.0
厦门	101.4	103.4	97.2	109.0	101.3	95.1
南昌	101.8	101.5	100.0	108.3	98.0	97.9
济南	99.9	100.9	94.6	90.2	88.0	93.3
青岛	98.6	99.0	99.6	104.9	91.7	97.6
郑州	105.7	108.5	100.6	97.9	97.8	96.4
武汉	95.8	95.1	95.9	94.7	94.0	98.9
长沙	99.8	101.1	103.9	106.3	98.9	98.9
广州	98.1	98.1	103.1	101.2	96.2	95.3
深圳	98.2	98.2	101.1	99.9	95.2	99.5
南宁	99.2	97.3	96.1	85.3	94.7	100.5
海口	100.8	101.1	96.9	108.8	96.4	99.9
重庆	98.9	98.7	100.0	106.2	93.7	99.8
成都	97.0	95.9	100.0	101.4	90.9	96.3
贵阳	101.5	98.1	93.7	103.1	94.0	81.9
昆明	114.0	122.7	99.1	96.3	95.6	89.4
拉萨	100.7	100.8	100.0	100.9	101.7	100.0
西安	99.8	100.5	100.0	106.6	96.7	100.0
兰州	95.2	95.7	96.2	100.6	90.6	98.5
西宁	96.6	95.9	93.0	91.8	96.2	103.4
银川	100.0	100.6	96.8	106.2	94.9	101.9
乌鲁木齐	109.9	115.6	100.0	98.1	97.0	100.0

2001年36个大中城市居民消费价格指数(十)

(上年价格=100)

	(5)医疗保健服务费	2.个人用品及服务	(1)化妆美容用品	(2)卫生用品	(3)个人饰品	(4)个人服务
平均指数	**110.6**	**99.5**	**101.1**	**97.3**	**96.5**	**103.9**
北京	100.0	100.5	106.7	94.3	97.2	109.1
天津	105.0	98.2	100.1	99.4	94.2	100.0
石家庄	103.9	101.1	101.3	97.3	100.4	104.2
太原	100.1	99.1	97.5	96.0	97.9	102.2
呼和浩特	100.0	97.2	101.5	91.3	95.9	96.9
沈阳	100.0	99.6	101.1	98.1	98.6	100.3
大连	113.9	96.3	97.6	99.8	85.6	102.5
长春	163.6	100.3	101.4	97.9	101.3	100.0
哈尔滨	105.6	110.6	102.6	90.9	96.5	120.2
上海	100.0	99.8	101.9	98.9	99.0	100.2
南京	110.9	102.8	99.9	99.3	94.2	118.1
杭州	99.9	96.6	96.6	95.7	95.3	100.0
宁波	101.1	100.7	110.6	99.5	91.7	102.9
合肥	108.6	98.5	98.1	97.3	96.4	100.0
福州	118.5	101.3	95.2	100.3	96.7	111.4
厦门	106.6	98.7	98.4	98.5	97.9	100.0
南昌	100.0	102.5	109.6	99.9	99.1	100.0
济南	128.8	97.0	98.2	99.5	92.9	100.0
青岛	105.1	97.1	95.5	98.1	95.4	100.4
郑州	135.0	98.2	95.9	97.1	99.9	100.1
武汉	99.8	97.2	98.8	93.8	97.4	100.0
长沙	100.0	97.5	99.9	96.8	92.6	100.0
广州	99.6	98.1	98.1	98.2	98.8	97.2
深圳	99.9	98.2	98.4	97.6	99.7	96.9
南宁	120.8	103.2	116.7	92.4	99.5	105.6
海口	100.3	100.2	100.0	97.0	99.4	112.0
重庆	100.0	99.3	96.5	98.6	96.9	105.1
成都	100.0	99.7	100.5	100.5	97.0	100.0
贵阳	103.3	109.5	100.0	98.4	100.9	121.5
昆明	325.6	97.2	103.7	98.6	99.8	92.3
拉萨	100.0	100.4	100.1	100.0	100.0	101.8
西安	99.9	96.8	94.0	93.0	96.4	104.7
兰州	100.6	94.6	97.4	96.7	93.3	100.0
西宁	114.3	98.7	95.3	94.9	96.4	103.6
银川	104.9	98.2	99.8	98.1	97.9	96.2
乌鲁木齐	205.0	97.2	99.5	93.2	96.2	100.0

2001年36个大中城市居民消费价格指数(十一)

(上年价格=100)

	六、交通和通信	1.交通	(1)交通工具	(2)车用燃料及零配件	(3)车辆使用及维修费	(4)市区公共交通费
平均指数	**99.4**	**102.6**	**96.2**	**100.8**	**101.7**	**106.3**
北京	100.8	102.5	96.6	112.6	108.3	100.0
天津	106.7	111.7	99.9	89.0	98.5	126.4
石家庄	94.3	102.2	98.0	97.8	100.8	107.6
太原	98.4	99.6	97.1	98.5	100.4	100.0
呼和浩特	101.1	105.3	96.9	99.2	100.0	123.5
沈阳	97.0	102.5	100.7	99.8	101.2	104.8
大连	99.3	102.0	98.0	97.3	99.5	105.8
长春	99.2	100.1	99.9	98.7	104.2	100.0
哈尔滨	98.3	105.9	117.7	85.2	97.5	106.4
上海	98.1	102.3	97.9	101.2	104.5	103.6
南京	94.7	102.0	94.5	99.0	101.1	107.9
杭州	94.9	99.3	98.0	96.5	98.8	104.3
宁波	94.8	102.3	98.0	99.5	99.8	105.7
合肥	92.3	102.4	97.4	98.4	98.8	104.1
福州	100.0	101.8	95.9	104.9	106.6	100.0
厦门	103.2	99.9	94.1	98.4	100.8	100.0
南昌	107.9	103.7	97.5	94.1	100.0	115.3
济南	94.4	103.2	98.6	96.6	102.3	105.9
青岛	99.8	112.0	99.1	96.1	98.3	122.3
郑州	95.9	103.1	108.3	97.0	99.4	103.1
武汉	100.1	108.0	100.5	97.9	99.0	113.8
长沙	93.7	100.0	93.0	97.7	100.0	100.3
广州	98.6	99.7	95.2	100.5	99.9	100.0
深圳	97.6	96.4	92.3	98.6	93.6	108.9
南宁	100.1	100.1	93.6	99.4	96.1	112.5
海口	97.5	96.9	92.2	98.3	98.1	100.0
重庆	102.4	106.7	96.6	96.6	93.6	120.8
成都	101.9	103.2	100.0	98.0	99.7	105.3
贵阳	110.2	109.6	93.8	97.6	104.1	125.9
昆明	96.4	95.6	87.7	86.3	99.0	100.0
拉萨	106.5	99.8	96.0	101.0	100.0	100.0
西安	97.6	106.8	98.8	99.2	101.1	113.4
兰州	104.2	115.6	94.6	99.4	97.6	114.2
西宁	100.0	103.6	99.3	103.2	100.5	100.0
银川	102.5	105.2	94.8	95.5	101.6	107.1
乌鲁木齐	106.6	105.3	97.2	110.8	100.0	106.2

2001年36个大中城市居民消费价格指数(十二)

(上年价格=100)

	(5)城市间交通费	2.通　信	(1)通信工具	(2)通信服务	七、娱乐教育文化	1.文娱用耐用消费品及服务
平均指数	**102.6**	**96.7**	**74.2**	**102.1**	**106.3**	**88.8**
北　京	103.2	99.4	66.9	109.8	114.2	88.9
天　津	102.3	102.8	75.5	105.7	104.3	88.3
石家庄	100.8	88.0	79.3	91.0	103.1	89.1
太　原	103.4	97.6	86.0	99.3	96.1	83.9
呼和浩特	101.6	97.3	86.3	99.4	103.7	86.7
沈　阳	99.0	94.3	69.1	99.7	104.2	85.5
大　连	97.3	97.1	71.0	103.0	97.0	84.1
长　春	100.2	98.2	84.5	98.8	99.6	94.6
哈尔滨	108.0	96.7	75.6	98.8	100.1	88.1
上　海	104.4	94.4	69.7	103.1	102.1	91.2
南　京	99.6	87.9	67.4	95.3	106.5	83.3
杭　州	92.8	91.9	83.9	92.9	103.0	87.4
宁　波	106.7	89.1	72.8	95.1	104.0	86.0
合　肥	103.5	84.0	88.0	83.4	104.0	96.6
福　州	106.5	98.6	75.7	104.3	100.9	91.0
厦　门	101.4	104.7	71.7	109.5	103.8	95.8
南　昌	105.0	110.5	77.9	117.8	105.0	90.7
济　南	103.2	87.4	77.3	90.9	101.7	90.3
青　岛	101.8	90.7	75.7	93.7	104.4	82.7
郑　州	101.5	90.7	81.4	91.5	100.3	92.5
武　汉	104.9	94.6	75.6	96.6	110.7	91.8
长　沙	104.8	88.8	73.5	92.1	104.3	89.4
广　州	101.4	97.1	77.0	104.7	101.1	86.6
深　圳	98.9	99.0	88.5	101.7	96.0	94.1
南　宁	99.9	100.1	73.8	108.9	125.4	87.9
海　口	101.5	98.0	71.6	101.4	98.9	92.3
重　庆	101.4	99.5	76.4	103.6	114.8	91.2
成　都	107.8	100.7	82.1	105.2	103.9	89.9
贵　阳	98.6	110.9	81.8	115.2	125.9	85.3
昆　明	100.9	96.9	82.3	100.6	102.4	89.3
拉　萨	103.3	116.0	96.6	119.7	98.3	89.8
西　安	101.3	91.6	88.0	92.2	107.0	86.7
兰　州	128.3	96.1	75.9	100.7	116.9	89.5
西　宁	108.7	97.3	78.3	101.4	119.2	85.4
银　川	127.8	100.9	79.9	104.3	109.5	95.0
乌鲁木齐	101.8	107.6	83.4	111.8	113.3	91.6

2001年36个大中城市居民消费价格指数(十三)

(上年价格=100)

	2.教　育	(1)教材及参考书	(2)学　杂托幼费	3.文化娱乐用品	(1)文化娱乐	(2)书报杂志
平均指数	**118.4**	**104.2**	**119.9**	**104.5**	**99.2**	**102.1**
北　京	133.2	104.4	135.4	115.1	99.6	105.2
天　津	116.9	97.6	120.0	100.2	100.0	100.0
石家庄	109.1	115.5	108.6	101.2	99.5	106.2
太　原	99.8	96.0	100.0	99.9	98.8	103.3
呼和浩特	111.3	100.0	112.2	99.7	100.0	98.9
沈　阳	109.0	103.7	109.5	102.9	99.9	106.1
大　连	101.5	102.7	101.4	99.4	98.1	100.0
长　春	100.8	106.2	100.2	99.7	99.4	100.0
哈尔滨	100.5	105.0	100.0	103.4	98.9	105.5
上　海	109.6	99.6	111.1	105.2	97.7	99.9
南　京	121.8	109.0	123.7	105.0	101.0	100.8
杭　州	115.2	106.6	116.5	98.4	95.1	100.0
宁　波	115.4	111.0	116.1	97.5	93.7	100.0
合　肥	108.7	102.6	109.2	98.9	97.6	100.0
福　州	107.6	95.9	111.1	98.4	97.9	103.7
厦　门	111.7	99.2	114.8	102.1	98.4	103.9
南　昌	111.4	102.6	112.2	103.4	97.9	100.0
济　南	109.1	107.3	109.2	100.8	98.0	102.7
青　岛	116.8	105.1	117.9	102.1	99.6	98.7
郑　州	103.0	102.2	103.1	100.1	99.2	100.3
武　汉	123.8	108.7	124.6	102.7	99.7	101.4
长　沙	110.8	108.3	111.0	102.7	99.7	101.0
广　州	110.1	103.7	110.5	104.2	99.9	103.8
深　圳	104.5	99.7	105.1	100.4	100.8	100.0
南　宁	157.6	107.0	162.7	105.6	100.7	101.5
海　口	100.2	106.1	100.1	104.9	100.0	102.1
重　庆	133.5	110.5	135.8	104.0	99.6	100.8
成　都	112.5	122.6	111.5	99.2	100.1	103.4
贵　阳	157.3	99.2	160.3	108.2	110.7	100.7
昆　明	111.6	112.9	111.4	101.6	98.6	101.1
拉　萨	100.0	100.0	100.0	107.0	98.2	118.4
西　安	117.5	112.6	118.2	100.5	95.9	102.2
兰　州	153.9	101.8	159.2	99.9	97.8	100.0
西　宁	142.6	107.5	144.2	103.4	98.9	100.7
银　川	126.0	105.5	128.5	103.8	98.6	105.9
乌鲁木齐	138.4	105.3	141.2	100.0	97.6	102.4

2001年36个大中城市居民消费价格指数(十四)

(上年价格=100)

	(3)文娱费	4.旅游	八、居住	1.建房及装修材料	2.租房	3.自有住房	4.水电燃料
平均指数	**111.1**	**97.9**	**102.6**	**98.0**	**110.7**	**100.1**	**103.1**
北京	135.2	100.6	104.2	97.0	114.3	100.1	109.0
天津	100.6	91.9	106.4	99.6	115.8	100.0	106.2
石家庄	98.0	104.3	105.5	98.9	116.5	100.0	109.7
太原	97.8	96.8	103.5	99.2	116.0	100.0	103.4
呼和浩特	100.0	100.0	104.7	99.0	100.0	100.0	111.9
沈阳	102.9	106.7	106.8	103.2	116.6	100.0	106.8
大连	100.3	96.1	100.5	90.9	106.7	100.0	102.5
长春	100.0	100.2	114.6	102.0	115.8	100.0	120.9
哈尔滨	105.5	107.2	101.4	99.8	100.1	101.2	102.1
上海	115.4	96.2	102.3	97.5	111.0	99.8	101.7
南京	112.5	102.2	102.2	97.8	110.5	100.1	103.3
杭州	101.3	79.0	104.1	99.6	120.0	100.2	104.3
宁波	99.5	96.1	104.3	94.5	118.9	100.0	103.8
合肥	98.9	102.4	101.4	87.6	100.7	99.9	108.4
福州	96.8	101.2	102.5	97.5	134.4	100.0	102.6
厦门	104.6	96.4	99.6	98.7	98.2	100.0	100.3
南昌	110.7	100.7	105.8	95.9	115.8	103.3	101.5
济南	102.1	95.0	106.7	100.1	113.8	100.0	106.4
青岛	106.8	100.3	104.2	93.3	111.4	111.1	103.2
郑州	100.9	104.6	106.1	100.9	116.1	100.0	109.7
武汉	105.0	98.2	100.1	93.4	103.4	100.0	101.5
长沙	106.6	99.4	99.6	100.9	100.0	100.0	97.8
广州	108.4	99.3	101.7	99.1	109.8	100.0	100.3
深圳	100.3	85.6	99.1	97.2	100.0	100.9	99.2
南宁	113.2	98.6	100.6	90.4	111.8	100.4	102.7
海口	109.1	100.5	97.3	96.3	93.4	100.0	96.4
重庆	109.7	91.4	102.6	99.1	108.5	100.0	104.4
成都	95.2	98.2	100.1	100.4	100.0	100.0	100.0
贵阳	109.7	107.7	99.2	98.0	100.0	100.0	99.5
昆明	105.1	94.1	108.1	95.0	173.1	100.0	100.1
拉萨	104.3	97.2	100.4	102.4	100.0	100.9	98.9
西安	103.9	100.2	100.1	100.0	100.0	100.0	100.2
兰州	101.6	104.3	100.7	93.4	100.0	100.0	109.7
西宁	106.2	104.7	101.4	99.8	100.0	103.0	103.1
银川	107.4	104.1	105.0	100.3	111.0	100.1	110.0
乌鲁木齐	101.2	98.6	103.9	98.5	100.0	100.0	106.8

2001年全国商品零售价格分类指数(一)

(上年价格=100)

	全国	城市	其中:36个大中城市	农村
商品零售价格总指数	**99.2**	**98.9**	**98.5**	**99.6**
一、食品类	**100.6**	**100.7**	**100.5**	**100.6**
1.粮食	101.5	101.4	101.1	101.7
(1)细粮	101.6	101.4	101.0	101.8
(2)粗粮	101.2	101.6	101.7	100.8
2.油脂	89.3	88.9	88.3	90.0
3.肉禽蛋	102.9	103.3	102.7	102.3
4.水产品	96.3	95.9	95.5	97.2
5.鲜菜	103.3	103.4	104.1	103.2
6.干菜	98.6	98.7	98.9	98.5
7.鲜果	100.1	100.5	100.9	99.3
8.干果	98.5	98.7	99.1	98.3
9.其他食品	101.8	101.1	100.6	102.8
(1)调味品	100.8	100.5	100.0	101.1
(2)食糖	115.8	116.4	116.7	115.3
(3)糖果	100.6	100.5	100.2	100.6
(4)糕点	99.2	98.8	98.3	99.9
(5)奶及奶制品	99.9	100.0	100.0	99.3
(6)罐头	98.9	98.5	98.8	99.7
10.餐饮业	100.4	100.7	100.8	99.7
(1)主食	99.9	100.0	100.5	99.7
(2)炒菜	100.4	100.7	100.9	99.5
(3)地方小吃	101.1	101.6	102.0	100.1
二、饮料烟酒类	**99.5**	**99.6**	**99.6**	**99.4**
1.饮料	98.9	98.9	98.6	98.9
2.烟酒	99.7	99.9	99.8	99.5

2001 年全国商品零售价格分类指数(二)

(上年价格=100)

	全 国	城 市	其中:36 个大中城市	农村
三、服装鞋帽类	**98.9**	**98.6**	**99.2**	**99.2**
1. 服装	98.3	98.0	98.7	99.0
2. 鞋	99.6	99.7	100.5	99.6
3. 其他衣着	99.5	99.6	99.1	99.5
四、纺织品类	**99.1**	**98.9**	**98.7**	**99.4**
1. 棉布	99.7	99.7	99.5	99.7
2. 棉花化纤混纺布	99.1	98.4	97.7	99.7
3. 化纤布	99.6	99.4	98.6	99.8
4. 呢绒	97.4	96.8	96.2	99.0
5. 绸缎	99.6	99.8	100.3	99.2
6. 其他纺织品	99.3	99.5	99.6	99.0
五、中西药品类	**98.5**	**97.8**	**97.8**	**99.7**
1. 中药	102.3	101.7	101.7	103.3
2. 西药	95.8	95.0	95.0	97.0
3. 医疗用品	98.8	98.0	98.3	100.5
六、化妆品类	**98.8**	**98.5**	**98.5**	**99.3**
七、书报杂志类	**108.1**	**107.1**	**107.0**	**109.7**
八、文化体育用品类	**98.6**	**98.4**	**98.3**	**99.1**
1. 文化用品	98.4	98.2	97.9	99.0
2. 体育用品	99.2	99.2	99.3	99.3
九、日用品类	**98.3**	**98.2**	**97.8**	**98.5**
1. 一般日用品	98.4	98.4	98.0	98.3
2. 家具类	97.6	97.3	96.3	98.4
3. 日用杂品	99.6	99.7	99.6	99.5
十、家用电器类	**93.9**	**93.3**	**92.1**	**95.1**
十一、首饰类	**90.7**	**90.5**	**89.6**	**91.2**
十二、燃料类	**102.4**	**102.0**	**102.3**	**103.0**
十三、建筑装璜材料类	**100.1**	**100.4**	**100.5**	**99.9**
十四、机电产品类	**94.3**	**94.5**	**94.1**	**93.7**

2001 年各地区商品零售价格指数(一)

(上年价格=100)

	商品零售价格指数	一、食品类	1.粮　食	(1)细　粮	(2)粗　粮	2.油　脂
全国平均	**99.2**	**100.6**	**101.5**	**101.6**	**101.2**	**89.3**
北　　京	98.8	102.4	97.2	96.5	103.1	83.7
天　　津	98.6	101.0	101.4	104.3	94.0	86.2
河　　北	99.8	100.7	99.7	99.4	101.3	91.1
山　　西	99.0	100.4	97.5	96.8	102.9	89.6
内 蒙 古	100.0	102.1	100.7	100.6	101.2	91.1
辽　　宁	99.4	103.2	107.7	108.2	103.6	85.2
吉　　林	100.9	103.1	109.1	110.1	102.0	88.8
黑 龙 江	100.4	103.7	104.1	104.3	102.1	83.9
上　　海	98.6	98.4	102.3	100.1	115.0	81.4
江　　苏	98.9	99.8	105.9	106.4	97.6	88.8
浙　　江	98.1	99.7	102.7	102.9	99.1	90.6
安　　徽	99.6	101.0	104.6	105.1	99.2	88.4
福　　建	98.0	98.1	101.8	102.3	95.1	89.3
江　　西	98.4	99.0	97.9	97.8	98.3	85.8
山　　东	100.0	102.8	101.3	101.1	102.5	92.4
河　　南	99.8	100.8	102.0	102.0	102.1	90.9
湖　　北	97.4	99.2	97.4	97.3	99.7	88.9
湖　　南	98.8	98.8	100.6	100.4	101.4	89.0
广　　东	98.7	99.2	97.2	97.0	100.4	94.4
广　　西	97.8	99.2	94.8	94.4	97.9	89.2
海　　南	97.7	99.6	98.8	98.5	101.6	91.5
重　　庆	99.0	100.6	96.8	97.2	94.1	91.7
四　　川	100.8	102.3	101.4	102.1	96.9	88.8
贵　　州	98.4	99.4	96.9	96.8	97.4	87.6
云　　南	98.4	98.6	102.3	102.4	100.7	87.8
西　　藏	99.6	99.4	99.0	98.5	105.1	95.9
陕　　西	99.1	100.0	98.8	98.4	103.0	88.4
甘　　肃	99.6	100.9	98.1	97.6	101.9	90.6
青　　海	99.9	101.6	97.6	97.5	98.2	87.8
宁　　夏	100.0	101.4	102.4	102.7	96.9	90.6
新　　疆	102.5	106.1	99.6	99.4	103.0	87.9

2001年各地区商品零售价格指数(二)

(上年价格=100)

	3.肉禽蛋	4.水产品	5.鲜 菜	6.干 菜	7.鲜 果	8.干 果
全国平均	**102.9**	**96.3**	**103.3**	**98.6**	**100.1**	**98.5**
北 京	103.9	94.9	102.7	101.9	101.9	100.1
天 津	105.5	98.1	99.9	98.2	110.3	100.1
河 北	105.8	96.1	102.0	98.9	100.9	98.5
山 西	105.6	97.1	102.3	99.6	101.6	95.5
内 蒙 古	106.4	97.8	104.9	100.5	105.3	98.1
辽 宁	108.0	99.6	104.5	99.3	104.6	95.1
吉 林	108.5	98.3	100.4	100.3	102.6	94.6
黑 龙 江	109.4	99.3	106.4	100.2	110.2	96.3
上 海	101.8	90.1	108.1	99.1	109.3	99.6
江 苏	101.5	96.1	98.6	100.4	94.5	100.8
浙 江	101.5	97.5	100.8	98.1	94.3	101.1
安 徽	102.5	98.8	103.3	100.6	99.3	97.2
福 建	98.6	94.4	98.0	94.8	95.8	98.3
江 西	101.1	95.2	99.3	95.2	99.4	97.1
山 东	106.9	100.3	105.4	99.4	100.1	99.1
河 南	105.1	97.5	95.8	100.1	97.0	96.2
湖 北	102.0	97.6	97.7	98.8	99.3	97.0
湖 南	99.2	98.3	99.2	97.4	97.9	100.1
广 东	98.1	96.6	108.4	98.1	97.1	98.3
广 西	99.5	95.6	108.8	96.8	99.3	90.7
海 南	99.3	94.4	106.6	93.4	101.4	99.6
重 庆	98.3	101.9	112.7	93.3	104.8	98.6
四 川	102.7	101.1	114.1	98.4	103.2	100.3
贵 州	98.8	93.4	107.4	91.8	99.3	96.9
云 南	94.8	94.5	103.0	98.2	102.9	95.6
西 藏	100.6	99.5	94.3	87.7	105.2	106.6
陕 西	105.4	95.9	100.5	97.3	96.4	100.1
甘 肃	105.0	96.6	103.7	98.5	102.9	98.8
青 海	110.2	100.1	102.9	99.8	99.8	95.9
宁 夏	105.5	94.8	102.1	101.4	99.6	96.7
新 疆	120.4	104.3	107.0	97.6	98.3	97.6

2001年各地区商品零售价格指数(三)

(上年价格=100)

	9.其他食品	(1)调味品	(2)食　糖	(3)糖　果	(4)糕　点	(5)奶　及奶制品
全国平均	**101.8**	**100.8**	**115.8**	**100.6**	**99.2**	**99.9**
北　　京	99.4	100.1	103.7	99.5	98.6	100.0
天　　津	101.3	101.9	115.7	100.3	98.9	99.0
河　　北	101.6	99.9	110.3	101.7	100.8	100.1
山　　西	101.1	98.9	119.2	101.5	99.1	99.9
内 蒙 古	101.8	100.1	114.3	101.3	99.1	99.9
辽　　宁	100.6	98.6	116.1	101.6	100.1	99.7
吉　　林	101.6	101.5	114.9	100.2	99.1	101.8
黑 龙 江	101.3	103.4	108.0	99.5	100.9	98.3
上　　海	100.9	99.5	121.3	95.8	99.8	99.8
江　　苏	102.7	100.1	115.4	101.8	99.2	102.3
浙　　江	103.0	99.3	118.1	101.2	99.0	100.8
安　　徽	102.5	104.1	114.4	101.3	100.5	99.0
福　　建	104.5	97.6	123.3	104.6	102.7	101.6
江　　西	105.2	107.6	117.2	103.1	103.1	100.0
山　　东	101.9	108.1	112.5	100.7	98.6	99.6
河　　南	103.1	106.7	114.6	98.9	99.3	98.2
湖　　北	98.3	100.2	112.6	101.4	91.4	98.6
湖　　南	101.3	96.5	111.7	101.4	100.4	100.6
广　　东	101.1	100.9	116.0	98.9	98.6	99.3
广　　西	104.7	105.9	119.8	101.4	100.9	99.1
海　　南	105.4	101.3	128.4	103.2	99.8	98.2
重　　庆	101.8	96.3	123.2	102.1	103.1	98.1
四　　川	102.2	100.0	117.9	101.7	98.9	100.1
贵　　州	104.0	106.2	121.3	103.1	99.4	100.5
云　　南	101.4	99.3	117.8	99.6	98.6	100.2
西　　藏	100.1	101.4	98.6	104.5	106.5	98.4
陕　　西	104.2	102.7	119.2	100.9	102.1	101.4
甘　　肃	101.2	102.3	112.3	99.1	99.9	98.3
青　　海	103.2	104.4	119.1	99.6	98.7	97.5
宁　　夏	103.6	110.3	118.6	99.3	100.5	99.2
新　　疆	100.9	98.1	114.8	99.7	99.9	99.7

2001年各地区商品零售价格指数(四)

(上年价格=100)

	(6)罐　头	10.餐饮业	(1)主　食	(2)炒　菜	(3)地方小吃	二、饮　料烟酒类
全国平均	**98.9**	**100.4**	**99.9**	**100.4**	**101.1**	**99.5**
北　京	98.5	107.9	95.3	109.7	107.6	100.6
天　津	103.8	100.1	102.1	98.7	100.0	98.6
河　北	98.7	99.8	99.3	100.0	99.4	99.1
山　西	97.6	98.9	98.6	98.8	100.4	97.7
内蒙古	100.6	100.3	100.0	100.3	101.1	98.8
辽　宁	98.1	99.2	100.1	98.8	100.1	98.6
吉　林	99.7	100.8	99.9	101.4	99.9	100.1
黑龙江	99.4	100.2	99.7	100.4	100.0	99.5
上　海	99.5	100.7	102.4	100.2	100.1	98.4
江　苏	98.7	99.1	101.6	97.7	100.3	99.2
浙　江	103.4	99.7	100.0	99.3	100.4	99.6
安　徽	99.3	98.2	98.8	97.6	99.8	99.9
福　建	97.8	98.8	101.0	97.2	100.2	99.8
江　西	100.4	100.7	99.9	101.3	99.8	99.0
山　东	100.8	101.5	97.8	103.7	101.6	101.0
河　南	98.7	100.1	98.7	100.6	100.5	99.1
湖　北	96.4	101.9	100.3	103.1	99.5	98.9
湖　南	100.8	98.6	99.8	96.9	104.0	98.3
广　东	98.8	99.3	101.6	97.1	102.6	101.4
广　西	98.7	99.6	100.2	98.9	101.8	99.1
海　南	101.7	100.0	99.8	100.1	100.0	100.2
重　庆	98.7	99.8	96.9	101.4	97.4	97.5
四　川	99.0	100.8	100.6	100.8	100.8	98.4
贵　州	95.0	100.0	100.1	100.2	98.2	100.1
云　南	96.9	100.6	100.0	101.4	99.0	99.5
西　藏	99.8	97.5	100.1	100.9	89.6	102.7
陕　西	99.4	99.7	99.4	100.2	99.0	100.3
甘　肃	99.8	100.5	99.7	100.9	100.3	100.2
青　海	102.3	99.9	96.4	103.5	96.2	98.4
宁　夏	102.8	99.5	100.3	98.8	100.4	97.8
新　疆	98.6	99.6	100.0	98.7	100.5	97.3

2001 年各地区商品零售价格指数(五)

(上年价格=100)

	1.饮　料	2.烟　酒	三、服　装 鞋帽类	1.服　装	2.鞋	3.其他衣着
全国平均	**98.9**	**99.7**	**98.9**	**98.3**	**99.6**	**99.5**
北　京	96.4	103.4	101.1	102.6	97.0	100.1
天　津	99.1	98.5	98.8	97.5	101.4	100.2
河　北	98.5	99.4	101.0	101.2	100.9	99.9
山　西	98.9	97.3	100.5	100.3	101.0	99.3
内蒙古	98.3	98.9	98.8	97.9	100.2	99.6
辽　宁	98.3	98.8	96.8	95.5	98.2	99.4
吉　林	100.5	99.9	98.8	97.5	99.8	99.8
黑龙江	98.2	99.8	98.5	98.3	98.5	100.6
上　海	98.8	98.3	107.7	107.4	117.1	98.4
江　苏	99.2	99.2	99.0	98.5	99.5	100.1
浙　江	97.3	100.2	95.1	93.2	97.4	98.5
安　徽	100.1	99.9	98.0	96.5	99.9	100.3
福　建	99.6	99.8	95.3	93.9	95.7	100.4
江　西	100.3	98.6	97.9	97.6	97.7	99.5
山　东	99.4	101.6	98.0	97.9	97.7	98.9
河　南	97.8	99.4	99.2	99.2	99.1	99.6
湖　北	97.7	99.2	94.5	92.3	99.2	98.0
湖　南	96.9	98.6	98.9	99.2	99.3	97.4
广　东	100.1	102.0	98.9	96.9	102.8	101.3
广　西	98.6	99.2	97.5	97.0	98.2	99.0
海　南	98.1	101.2	99.1	99.0	99.8	98.5
重　庆	99.3	97.1	96.5	95.9	97.5	96.4
四　川	100.6	98.0	99.5	98.8	100.6	100.1
贵　州	99.4	100.3	98.2	95.7	103.4	99.4
云　南	99.9	99.4	99.1	100.1	94.9	102.5
西　藏	100.6	104.1	102.9	102.1	104.3	103.9
陕　西	99.8	100.5	97.7	97.9	96.8	99.2
甘　肃	97.6	100.8	100.4	102.3	96.1	99.8
青　海	97.3	98.6	99.3	99.3	99.0	100.0
宁　夏	99.1	97.5	100.0	99.6	100.1	102.4
新　疆	98.6	97.0	100.1	100.2	99.7	100.4

2001年各地区商品零售价格指数(六)

(上年价格=100)

	四、纺织品类	1.棉　布	2.棉花化纤混纺布	3.化纤布	4.呢　绒	5.绸　缎
全国平均	**99.1**	**99.7**	**99.1**	**99.6**	**97.4**	**99.6**
北　京	98.7	98.1	97.3	101.5	100.8	98.7
天　津	98.2	99.3	90.1	96.9	99.6	97.6
河　北	99.0	100.9	99.4	97.2	97.7	100.2
山　西	95.4	98.4	93.5	99.8	91.9	96.6
内蒙古	98.1	99.8	99.7	99.0	93.8	98.7
辽　宁	98.5	98.9	99.5	98.7	96.4	98.9
吉　林	98.9	100.0	102.4	97.1	97.8	99.5
黑龙江	99.4	99.5	100.4	99.1	98.6	101.5
上　海	98.8	97.5	92.3	98.6	94.4	102.5
江　苏	98.9	100.1	99.5	98.5	95.8	99.8
浙　江	98.6	99.9	99.6	101.1	94.1	99.2
安　徽	99.2	99.7	97.8	98.9	99.2	100.5
福　建	100.9	104.3	103.0	93.6	100.6	99.5
江　西	100.1	100.1	101.3	102.4	97.4	100.6
山　东	99.1	99.2	99.6	98.9	99.1	98.0
河　南	99.3	100.1	98.6	100.3	98.8	98.9
湖　北	98.8	99.0	97.5	100.3	98.3	99.0
湖　南	98.8	98.3	100.2	98.9	95.6	99.3
广　东	100.2	101.6	99.4	100.3	98.4	101.0
广　西	99.7	99.1	98.9	100.3	98.5	98.3
海　南	99.6	97.1	98.0	101.8	100.0	99.6
重　庆	99.9	102.9	100.0	101.5	100.0	96.4
四　川	99.8	99.1	100.2	100.2	99.6	99.7
贵　州	98.7	96.7	97.4	99.9	100.6	96.3
云　南	99.4	98.5	95.4	97.1	99.2	92.8
西　藏	99.1	101.0	103.4	92.3	97.9	99.5
陕　西	98.5	98.6	99.0	99.0	98.2	99.7
甘　肃	99.1	97.5	96.0	105.3	99.6	96.9
青　海	98.6	97.7	93.9	102.0	98.4	98.3
宁　夏	95.6	99.2	99.9	93.0	91.5	94.6
新　疆	100.3	99.4	99.5	101.9	99.7	100.1

2001 年各地区商品零售价格指数(七)

(上年价格=100)

	6.其 他 纺织品	五、中西药 品 类	1.中 药	2.西 药	3.医疗用品	六、化妆品类
全国平均	**99.3**	**98.5**	**102.3**	**95.8**	**98.8**	**98.8**
北 京	97.1	103.3	111.6	97.2	101.5	98.8
天 津	100.5	100.1	101.2	99.2	100.0	100.6
河 北	99.5	98.1	102.1	95.6	97.7	98.8
山 西	95.1	99.1	102.4	96.2	100.1	98.8
内 蒙 古	99.2	98.7	104.1	94.6	99.3	100.3
辽 宁	99.3	90.8	98.7	86.8	91.0	98.1
吉 林	99.4	100.0	105.1	95.9	99.1	99.4
黑 龙 江	99.0	95.4	102.8	90.5	95.8	99.6
上 海	101.0	98.7	107.2	95.2	100.0	100.7
江 苏	99.6	100.1	102.3	98.7	99.5	98.6
浙 江	98.7	100.1	102.0	98.7	99.4	100.0
安 徽	99.1	99.8	103.0	97.5	100.0	98.9
福 建	102.5	97.4	101.2	94.0	100.9	98.2
江 西	98.6	100.1	102.9	98.1	99.3	98.6
山 东	99.7	97.9	102.6	95.5	98.3	97.8
河 南	98.4	98.6	101.8	97.0	99.0	98.5
湖 北	98.6	95.4	99.7	93.6	96.7	97.2
湖 南	99.2	100.5	107.1	96.2	102.9	99.9
广 东	100.6	99.2	101.4	97.1	99.9	99.6
广 西	100.6	94.9	93.9	95.7	97.2	96.3
海 南	101.3	101.5	104.7	98.9	98.8	98.5
重 庆	99.7	98.8	108.9	92.8	99.7	98.6
四 川	98.9	100.3	106.9	95.1	111.3	98.9
贵 州	98.5	98.6	101.1	97.7	97.2	97.3
云 南	102.6	97.5	99.9	96.0	98.1	100.1
西 藏	99.2	99.4	102.3	97.6	102.3	133.9
陕 西	97.0	96.1	102.6	91.4	98.1	97.1
甘 肃	97.0	99.6	106.6	95.6	98.9	97.2
青 海	99.6	96.4	102.6	94.0	97.9	96.8
宁 夏	99.6	98.7	106.9	94.7	99.7	98.8
新 疆	100.2	99.8	101.3	98.8	99.9	95.3

2001 年各地区商品零售价格指数(八)

(上年价格=100)

	七、书报杂志类	八、文化体育用品类	1. 文化用品	2. 体育用品	九、日用品类	1. 一般日用品
全国平均	**108.1**	**98.6**	**98.4**	**99.2**	**98.3**	**98.4**
北京	106.9	101.8	102.3	92.7	97.8	97.0
天津	96.8	99.0	99.0	99.1	98.0	98.0
河北	106.7	99.6	99.7	99.3	98.9	99.0
山西	105.1	99.5	99.6	99.0	98.8	98.4
内蒙古	101.1	100.1	100.5	99.3	99.2	98.6
辽宁	117.7	97.2	96.9	98.1	97.5	97.1
吉林	103.2	99.0	99.2	98.6	99.4	99.6
黑龙江	109.8	97.4	96.6	100.5	99.2	98.8
上海	99.5	97.8	97.1	100.0	94.9	98.7
江苏	113.8	98.6	98.3	99.8	99.5	99.3
浙江	110.0	98.6	98.3	99.6	97.9	98.3
安徽	104.3	99.4	99.7	98.7	98.9	99.0
福建	106.0	99.0	98.6	100.1	98.6	98.9
江西	100.9	100.1	99.1	103.3	98.8	99.2
山东	106.6	98.0	97.7	98.9	99.1	98.7
河南	105.1	99.4	99.4	99.4	99.2	99.6
湖北	107.8	97.9	97.0	100.8	96.0	95.2
湖南	119.6	98.5	98.3	99.1	98.0	97.0
广东	106.3	97.9	97.7	98.7	99.5	99.0
广西	108.2	99.0	98.8	99.4	98.2	98.0
海南	107.1	94.8	93.3	101.8	98.5	98.8
重庆	114.5	98.9	98.4	100.1	99.3	100.3
四川	119.0	99.2	99.0	99.6	99.1	98.7
贵州	100.0	96.6	96.8	95.9	97.5	97.7
云南	113.1	99.3	99.1	100.3	99.8	100.4
西藏	108.2	97.6	97.1	99.3	99.1	98.6
陕西	116.9	98.9	98.9	98.5	98.4	96.3
甘肃	106.7	98.0	98.2	100.4	97.0	97.7
青海	113.7	98.3	98.0	100.6	96.5	96.3
宁夏	119.8	97.9	98.0	97.3	98.0	97.9
新疆	106.4	98.9	98.9	99.1	99.7	99.1

2001年各地区商品零售价格指数(九)

(上年价格=100)

	2.家具	3.日用杂品	十、家用电器类	十一、首饰类	十二、燃料类	十三、建筑装璜材料类	十四、机电产品类
全国平均	**97.6**	**99.6**	**93.9**	**90.7**	**102.4**	**100.1**	**94.3**
北京	98.4	100.6	88.0	91.2	108.2	99.1	91.8
天津	99.9	96.4	94.4	80.7	107.6	100.5	94.5
河北	98.6	99.4	94.8	91.9	106.7	101.3	94.6
山西	98.7	100.3	94.2	91.1	104.1	100.5	95.2
内蒙古	99.8	99.6	96.6	93.2	105.0	100.1	93.7
辽宁	96.9	99.7	92.6	90.4	105.0	100.5	93.6
吉林	99.6	98.9	97.3	92.4	104.2	100.9	96.6
黑龙江	100.1	99.6	93.5	89.1	103.4	103.4	95.2
上海	90.4	100.2	95.0	87.2	111.4	101.8	98.3
江苏	98.8	101.1	92.9	89.0	101.6	99.1	95.4
浙江	96.3	98.7	92.9	88.4	98.7	102.0	92.5
安徽	98.4	99.3	96.0	91.3	104.9	100.9	94.0
福建	97.8	99.0	94.6	96.3	100.7	98.3	96.6
江西	98.0	98.4	94.7	93.3	100.6	96.6	94.0
山东	99.3	99.8	93.0	94.9	105.5	100.7	96.8
河南	98.4	99.3	95.5	94.0	107.2	99.9	95.2
湖北	95.0	99.2	91.3	86.4	98.6	99.0	91.9
湖南	98.9	101.2	93.5	88.5	102.6	97.8	93.8
广东	100.1	100.1	95.2	92.3	97.4	98.7	93.2
广西	98.1	98.9	93.7	88.2	98.5	98.0	92.9
海南	97.5	99.8	86.0	94.4	95.1	96.8	89.8
重庆	96.9	100.3	91.0	88.6	97.7	102.9	92.3
四川	99.6	100.0	95.0	91.0	102.3	101.9	95.2
贵州	95.4	101.7	95.6	95.2	103.2	99.9	92.9
云南	98.3	99.8	93.5	92.2	98.0	97.8	93.7
西藏	97.8	103.3	96.4	104.4	99.4	101.1	93.7
陕西	100.2	100.2	93.9	94.0	100.1	100.3	96.2
甘肃	95.2	98.9	93.5	90.7	107.3	97.1	94.3
青海	96.0	98.5	96.1	91.3	103.7	100.4	96.0
宁夏	97.3	100.3	92.9	88.9	108.7	103.0	92.8
新疆	100.1	102.3	97.1	93.5	109.2	100.5	94.4

2001年各地区城市商品零售价格指数(一)

(上年价格=100)

	商品零售价格指数	一、食品类	1.粮　食	(1)细　粮	(2)粗　粮	2.油　脂
全国平均	**98.9**	**100.7**	**101.4**	**101.4**	**101.6**	**88.9**
北　京	98.8	102.4	97.2	96.5	103.1	83.7
天　津	98.6	101.0	101.4	104.3	94.0	86.2
河　北	99.4	101.2	100.7	100.5	102.1	94.3
山　西	98.6	99.7	96.8	96.4	100.9	87.7
内蒙古	100.0	102.6	101.1	101.3	99.8	87.8
辽　宁	99.2	103.1	107.9	108.5	102.8	84.8
吉　林	100.8	103.0	109.7	110.8	101.5	88.6
黑龙江	100.3	104.0	104.1	104.5	101.2	83.3
上　海	98.6	98.4	102.3	100.1	115.0	81.4
江　苏	98.6	99.4	106.1	106.6	94.9	86.9
浙　江	97.4	99.2	102.6	102.7	101.4	88.7
安　徽	98.5	99.2	101.3	101.7	97.7	86.4
福　建	97.6	97.3	100.8	100.9	98.6	89.8
江　西	98.3	98.9	98.2	98.3	96.1	84.9
山　东	99.5	103.0	100.7	100.3	104.2	95.6
河　南	99.5	100.8	101.9	101.8	105.3	90.6
湖　北	97.0	99.4	95.5	95.2	105.6	88.9
湖　南	98.1	98.6	99.3	99.3	98.3	90.2
广　东	98.6	99.1	95.5	95.1	100.1	95.1
广　西	97.3	98.6	91.7	90.9	98.8	89.0
海　南	97.6	99.5	99.1	98.8	102.6	87.6
重　庆	99.0	100.6	96.8	97.2	94.1	91.7
四　川	100.5	102.8	101.1	101.3	99.7	88.1
贵　州	97.8	100.2	97.3	97.2	98.5	91.6
云　南	98.0	98.9	105.6	106.4	90.1	87.4
西　藏	99.6	102.4	97.9	97.8	98.6	98.6
陕　西	98.9	99.9	98.4	98.3	100.7	87.8
甘　肃	99.2	100.5	99.2	98.9	101.9	89.3
青　海	99.9	101.8	98.9	99.1	96.7	88.1
宁　夏	100.3	101.3	103.3	104.0	91.3	90.2
新　疆	102.7	105.7	99.3	99.2	103.4	85.1

2001 年各地区城市商品零售价格指数(二)

(上年价格=100)

	3.肉禽蛋	4.水产品	5.鲜　菜	6.干　菜	7.鲜　果	8.干　果
全国平均	**103.3**	**95.9**	**103.4**	**98.7**	**100.5**	**98.7**
北　　京	103.9	94.9	102.7	101.9	101.9	100.1
天　　津	105.5	98.1	99.9	98.2	110.3	100.1
河　　北	105.7	96.6	103.1	99.0	98.8	97.9
山　　西	105.2	96.7	101.1	98.6	100.5	95.7
内 蒙 古	106.6	98.6	105.5	100.7	107.7	101.3
辽　　宁	107.9	100.0	104.4	99.8	104.1	94.8
吉　　林	108.4	98.9	100.2	100.4	101.6	94.8
黑 龙 江	109.4	99.6	107.3	100.5	111.5	95.9
上　　海	101.8	90.1	108.1	99.1	109.3	99.6
江　　苏	101.0	95.7	98.0	100.4	93.8	102.4
浙　　江	100.8	97.3	100.3	97.4	93.8	102.9
安　　徽	101.6	97.4	98.6	97.6	95.9	97.9
福　　建	98.9	92.6	99.0	92.2	94.6	97.4
江　　西	100.7	95.7	100.5	97.6	100.4	95.9
山　　东	107.3	101.5	104.3	97.9	99.0	99.6
河　　南	105.2	97.6	95.4	99.7	99.2	95.0
湖　　北	101.1	98.5	99.2	99.9	102.7	96.6
湖　　南	99.5	99.2	98.7	97.2	96.1	99.2
广　　东	98.4	96.2	107.5	97.6	97.3	98.3
广　　西	99.1	95.3	108.2	96.1	98.9	90.9
海　　南	100.4	91.4	103.2	92.9	104.4	98.4
重　　庆	98.3	101.9	112.7	93.3	104.8	98.6
四　　川	103.1	101.8	114.1	98.2	104.5	99.2
贵　　州	99.6	95.0	109.0	99.1	97.5	99.4
云　　南	93.7	96.2	101.5	102.2	105.8	90.5
西　　藏	103.6	99.1	94.1	82.5	127.5	128.9
陕　　西	105.2	95.1	99.8	97.3	95.8	100.1
甘　　肃	102.4	96.1	102.8	98.1	102.3	98.0
青　　海	110.3	100.6	103.3	100.6	98.3	94.8
宁　　夏	104.6	94.3	103.5	103.0	100.2	96.8
新　　疆	119.5	102.3	105.4	95.4	95.5	96.0

2001年各地区城市商品零售价格指数(三)

(上年价格=100)

	9.其他食品	(1)调味品	(2)食　糖	(3)糖　果	(4)糕　点	(5)奶　及奶制品
全国平均	**101.1**	**100.5**	**116.4**	**100.5**	**98.8**	**100.0**
北　京	99.4	100.1	103.7	99.5	98.6	100.0
天　津	101.3	101.9	115.7	100.3	98.9	99.0
河　北	102.3	98.5	112.5	103.6	102.3	100.6
山　西	100.1	97.6	119.2	99.7	98.9	99.1
内蒙古	100.8	98.8	106.8	102.7	99.1	100.3
辽　宁	100.5	98.6	116.2	101.2	100.2	99.8
吉　林	101.1	100.3	114.7	99.5	99.2	102.1
黑龙江	101.3	103.7	107.4	99.9	101.0	98.1
上　海	100.9	99.5	121.3	95.8	99.8	99.8
江　苏	103.0	100.0	116.6	102.3	99.0	102.8
浙　江	102.0	96.4	120.0	101.2	98.9	101.0
安　徽	101.6	101.3	115.3	101.5	97.3	102.5
福　建	103.7	96.7	128.9	100.3	101.8	100.3
江　西	102.5	106.9	117.3	102.1	99.0	98.8
山　东	101.3	108.7	112.2	100.7	98.3	99.4
河　南	102.5	110.9	113.4	99.2	98.2	98.3
湖　北	97.1	100.7	114.4	103.9	86.3	99.8
湖　南	102.0	96.9	111.6	101.8	101.5	102.7
广　东	101.2	101.3	117.6	99.9	98.8	99.2
广　西	102.9	105.3	115.4	100.4	100.7	99.1
海　南	107.1	101.3	132.4	103.4	100.6	97.6
重　庆	101.8	96.3	123.2	102.1	103.1	98.1
四　川	100.9	100.3	112.8	100.8	97.9	100.4
贵　州	103.4	110.1	115.6	100.7	98.2	100.7
云　南	102.1	101.4	124.2	101.0	98.2	100.8
西　藏	97.6	104.2	89.6	101.4	108.0	95.6
陕　西	104.7	102.2	120.4	101.3	102.9	102.9
甘　肃	101.7	107.5	108.4	100.8	99.4	99.1
青　海	103.2	102.8	122.2	100.1	98.3	97.1
宁　夏	103.5	111.8	118.9	100.4	101.7	99.2
新　疆	100.0	96.8	114.7	99.3	99.7	99.9

2001年各地区城市商品零售价格指数(四)

(上年价格=100)

	(6)罐　头	10.餐饮业	(1)主　食	(2)炒　菜	(3)地方小吃	二、饮　料 烟酒类
全国平均	**98.5**	**100.7**	**100.0**	**100.7**	**101.6**	**99.6**
北　京	98.5	107.9	95.3	109.7	107.6	100.6
天　津	103.8	100.1	102.1	98.7	100.0	98.6
河　北	98.1	99.3	98.3	99.8	98.8	98.5
山　西	95.5	98.0	98.2	97.4	100.5	96.4
内蒙古	102.4	100.0	101.2	99.2	100.9	99.0
辽　宁	96.7	99.0	100.1	98.4	100.1	98.8
吉　林	99.4	100.7	100.0	101.3	99.8	100.2
黑龙江	99.4	100.3	100.0	100.3	100.6	99.2
上　海	99.5	100.7	102.4	100.2	100.1	98.4
江　苏	98.8	98.9	102.4	96.8	100.5	99.6
浙　江	98.0	99.7	100.2	99.1	100.6	99.8
安　徽	99.1	100.7	99.8	101.3	100.6	98.9
福　建	97.0	99.4	102.4	98.1	100.1	100.6
江　西	99.2	99.7	100.7	99.6	99.1	99.1
山　东	99.3	101.9	96.3	104.9	100.7	100.5
河　南	98.1	101.0	99.0	101.6	101.8	99.1
湖　北	95.4	103.4	100.5	105.4	100.6	99.7
湖　南	101.6	98.1	99.6	95.1	109.2	98.5
广　东	99.0	99.3	102.1	96.7	103.1	101.3
广　西	98.3	99.6	100.3	98.9	102.6	98.9
海　南	104.9	99.1	100.0	98.2	100.0	100.8
重　庆	98.7	99.8	96.9	101.4	97.4	97.5
四　川	99.5	101.0	101.5	101.1	100.1	99.6
贵　州	99.9	99.8	100.2	99.7	100.0	100.1
云　南	95.1	100.1	100.0	100.5	98.3	99.3
西　藏	101.1	101.1	101.3	99.0	101.1	99.8
陕　西	99.7	99.7	99.5	100.2	99.1	100.3
甘　肃	102.5	100.8	99.8	101.1	100.1	100.7
青　海	103.4	98.9	94.1	103.7	93.4	97.0
宁　夏	103.1	98.3	100.1	97.0	100.0	97.9
新　疆	97.9	99.9	99.8	99.9	100.1	97.3

2001年各地区城市商品零售价格指数(五)

(上年价格=100)

	1.饮　料	2.烟　酒	三、服　装 鞋帽类	1.服　装	2.鞋	3.其他衣着
全国平均	**98.9**	**99.9**	**98.6**	**98.0**	**99.7**	**99.6**
北　　京	96.4	103.4	101.1	102.6	97.0	100.1
天　　津	99.1	98.5	98.8	97.5	101.4	100.2
河　　北	98.1	98.6	100.8	100.9	100.6	100.4
山　　西	97.8	96.0	100.2	99.8	101.2	99.0
内 蒙 古	99.5	98.9	98.0	97.0	99.6	99.3
辽　　宁	98.0	99.0	96.1	94.7	97.3	99.6
吉　　林	100.6	100.0	98.5	96.8	99.9	100.0
黑 龙 江	98.0	99.6	98.3	97.9	98.5	100.9
上　　海	98.8	98.3	107.7	107.4	117.1	98.4
江　　苏	99.3	99.6	99.3	99.0	99.4	100.4
浙　　江	97.1	100.4	92.4	89.5	96.5	96.8
安　　徽	97.0	99.5	97.0	96.3	97.4	100.0
福　　建	98.6	101.5	92.6	90.8	92.7	100.4
江　　西	100.1	98.9	97.8	96.4	100.3	99.9
山　　东	99.2	101.1	97.2	97.4	96.2	98.0
河　　南	99.0	99.2	98.7	98.7	98.5	99.7
湖　　北	98.7	100.0	93.2	91.0	99.0	97.5
湖　　南	97.7	98.7	97.4	95.6	100.6	98.1
广　　东	100.0	101.9	99.4	97.0	104.4	102.1
广　　西	98.0	99.2	97.2	96.6	98.1	99.1
海　　南	100.7	100.9	99.9	100.0	100.0	98.8
重　　庆	99.3	97.1	96.5	95.9	97.5	96.4
四　　川	100.3	99.4	99.0	98.1	100.8	100.9
贵　　州	100.2	100.1	94.8	90.5	101.2	105.3
云　　南	100.0	98.9	99.1	101.2	91.2	103.5
西　　藏	104.4	97.4	105.5	104.8	107.5	104.9
陕　　西	99.9	100.5	96.7	97.1	95.3	98.6
甘　　肃	97.9	101.5	101.3	102.9	97.4	99.5
青　　海	96.0	97.3	100.9	100.3	102.2	99.7
宁　　夏	98.6	97.7	101.0	100.6	101.6	102.7
新　　疆	99.5	96.9	100.0	99.7	100.7	100.4

2001年各地区城市商品零售价格指数(六)

(上年价格=100)

	四、纺织品类	1.棉　布	2.棉花化纤混纺布	3.化纤布	4.呢　绒	5.绸　缎
全国平均	**98.9**	**99.7**	**98.4**	**99.4**	**96.8**	**99.8**
北　京	98.7	98.1	97.3	101.5	100.8	98.7
天　津	98.2	99.3	90.1	96.9	99.6	97.6
河　北	98.3	101.2	100.9	93.4	96.8	100.2
山　西	94.1	98.7	88.3	101.1	90.4	96.6
内蒙古	97.1	101.1	98.9	98.4	91.4	99.1
辽　宁	98.8	99.2	99.1	99.3	96.5	99.2
吉　林	98.4	99.1	102.0	96.4	97.4	99.7
黑龙江	99.3	99.6	100.1	98.7	98.5	101.7
上　海	98.8	97.5	92.3	98.6	94.4	102.5
江　苏	98.4	102.2	97.4	98.1	92.8	99.7
浙　江	98.1	99.8	101.9	101.7	91.8	99.9
安　徽	98.9	100.0	97.9	97.5	100.7	100.7
福　建	100.8	101.5	101.2	100.4	100.1	97.7
江　西	99.1	98.0	101.5	99.2	96.3	100.1
山　东	98.3	97.1	95.9	98.7	98.9	97.6
河　南	99.4	99.1	97.7	101.8	98.0	99.2
湖　北	100.8	102.5	99.6	102.8	100.8	101.4
湖　南	98.2	100.9	100.5	98.1	93.7	99.4
广　东	100.3	102.0	99.7	99.4	97.4	100.7
广　西	99.8	99.0	98.9	100.5	98.1	97.9
海　南	101.3	97.4	98.3	105.0	100.0	99.9
重　庆	99.9	102.9	100.0	101.5	100.0	96.4
四　川	99.8	102.4	100.0	99.1	99.2	100.1
贵　州	99.7	99.6	103.3	99.8	100.2	98.1
云　南	99.7	97.5	91.6	87.4	99.6	87.4
西　藏	102.1	100.3	97.4	87.9	99.9	99.6
陕　西	98.8	100.2	99.5	98.6	97.5	100.9
甘　肃	100.3	97.9	98.9	115.0	101.6	98.0
青　海	98.4	96.9	94.7	106.7	97.5	98.2
宁　夏	95.6	100.2	100.1	92.5	89.3	96.3
新　疆	100.8	99.5	99.3	102.6	99.6	100.0

2001年各地区城市商品零售价格指数(七)

(上年价格=100)

	6.其他纺织品	五、中西药品类	1.中药	2.西药	3.医疗用品	六、化妆品类
全国平均	**99.5**	**97.8**	**101.7**	**95.0**	**98.0**	**98.5**
北京	97.1	103.3	111.6	97.2	101.5	98.8
天津	100.5	100.1	101.2	99.2	100.0	100.6
河北	99.8	96.7	100.6	93.7	96.0	97.5
山西	94.2	99.4	102.1	96.8	99.8	99.4
内蒙古	98.5	98.8	102.6	95.4	99.9	101.8
辽宁	99.9	90.6	98.2	87.0	90.9	98.1
吉林	98.8	99.4	104.7	95.0	99.3	98.7
黑龙江	98.9	94.0	99.4	90.2	95.9	99.6
上海	101.0	98.7	107.2	95.2	100.0	100.7
江苏	99.7	99.2	101.0	97.9	99.1	98.6
浙江	98.0	99.5	101.6	98.1	98.8	98.4
安徽	98.1	99.1	103.3	96.1	99.4	97.8
福建	102.6	98.1	101.1	95.8	98.4	97.5
江西	99.8	100.2	103.4	97.8	97.9	101.1
山东	99.0	96.9	102.0	94.2	97.8	97.0
河南	98.4	97.4	99.9	96.1	98.9	98.3
湖北	99.7	93.7	97.9	92.4	95.4	96.8
湖南	98.9	99.6	105.8	95.2	103.8	100.0
广东	101.7	99.1	101.9	96.4	100.0	99.4
广西	101.3	93.5	91.7	95.2	96.9	96.3
海南	104.6	98.2	101.1	94.7	96.9	99.5
重庆	99.7	98.8	108.9	92.8	99.7	98.6
四川	99.6	101.5	107.5	98.1	99.8	98.3
贵州	98.7	93.8	101.0	91.2	89.8	96.8
云南	105.5	98.1	98.1	98.2	97.8	100.5
西藏	105.6	104.3	109.4	100.0	110.5	165.7
陕西	97.9	95.4	102.6	90.1	100.0	96.2
甘肃	96.6	97.4	102.1	95.4	95.4	95.9
青海	99.5	94.3	95.5	94.0	99.5	95.3
宁夏	100.5	97.8	105.3	94.9	99.6	98.4
新疆	101.0	99.9	100.1	99.8	100.0	93.0

2001年各地区城市商品零售价格指数(八)

(上年价格=100)

	七、书报杂志类	八、文化体育用品类	1.文化用品	2.体育用品	九、日用品类	1.一般日用品
全国平均	**107.1**	**98.4**	**98.2**	**99.2**	**98.2**	**98.4**
北京	106.9	101.8	102.3	92.7	97.8	97.0
天津	96.8	99.0	99.0	99.1	98.0	98.0
河北	107.8	99.5	99.8	99.1	99.3	99.4
山西	103.2	100.4	100.4	100.1	99.9	99.5
内蒙古	100.4	100.8	101.0	100.3	99.3	98.7
辽宁	117.8	96.8	96.3	98.1	97.4	97.0
吉林	103.7	99.1	99.3	98.6	99.4	99.6
黑龙江	110.1	97.4	96.5	101.3	99.4	98.9
上海	99.5	97.8	97.1	100.0	94.9	98.7
江苏	113.9	98.1	97.5	99.7	100.1	99.6
浙江	107.8	98.3	98.0	99.0	97.9	98.4
安徽	104.5	98.7	99.6	96.0	99.0	98.8
福建	109.3	97.7	97.1	99.7	97.5	98.5
江西	100.9	99.0	99.2	98.6	98.9	99.2
山东	104.2	97.2	96.8	98.3	98.8	98.5
河南	101.9	99.2	99.0	100.1	99.0	99.6
湖北	107.9	98.8	98.1	101.2	95.0	94.4
湖南	111.5	99.1	99.0	99.3	98.9	99.0
广东	106.4	97.5	96.9	99.5	99.9	99.3
广西	105.7	99.1	98.8	99.6	97.8	97.3
海南	111.8	93.0	92.4	100.0	99.7	99.7
重庆	114.5	98.9	98.4	100.1	99.3	100.3
四川	109.5	99.3	98.8	100.7	99.5	98.7
贵州	100.8	97.1	96.8	97.9	96.8	97.3
云南	111.1	99.2	99.1	100.3	100.3	101.5
西藏	108.5	100.3	100.8	98.7	104.4	104.5
陕西	115.2	99.0	99.0	98.7	98.7	96.2
甘肃	106.1	99.2	98.1	101.1	96.8	97.5
青海	115.6	97.8	97.4	102.1	96.5	95.9
宁夏	120.4	98.4	98.3	98.5	98.6	98.6
新疆	106.8	98.9	98.8	99.3	100.4	99.4

2001年各地区城市商品零售价格指数(九)

(上年价格=100)

	2.家具	3.日用杂品	十、家用电器类	十一、首饰类	十二、燃料类	十三、建筑装璜材料类	十四、机电产品类
全国平均	**97.3**	**99.7**	**93.3**	**90.5**	**102.0**	**100.4**	**94.5**
北京	98.4	100.6	88.0	91.2	108.2	99.1	91.8
天津	99.9	96.4	94.4	80.7	107.6	100.5	94.5
河北	99.0	100.1	92.8	91.6	105.1	101.2	94.4
山西	99.5	101.8	94.8	90.1	104.1	100.4	96.8
内蒙古	99.9	99.9	97.3	92.7	103.9	100.4	93.8
辽宁	97.0	99.5	92.1	90.9	105.4	100.3	94.3
吉林	99.5	98.6	97.3	92.5	103.3	101.1	97.1
黑龙江	100.4	100.2	92.9	89.0	103.1	103.2	95.3
上海	90.4	100.2	95.0	87.2	111.4	101.8	98.3
江苏	99.9	101.6	91.3	89.1	102.8	99.2	95.0
浙江	95.8	99.0	92.5	89.1	98.8	102.1	92.5
安徽	99.2	99.5	94.4	90.4	106.0	100.0	93.3
福建	96.0	98.5	96.8	97.3	99.6	100.3	97.7
江西	98.6	97.8	94.3	91.2	99.9	99.0	94.6
山东	98.9	99.9	91.2	95.5	105.0	100.8	98.3
河南	98.2	98.6	95.1	94.3	104.6	101.6	94.8
湖北	93.3	98.6	91.3	85.0	97.3	100.0	93.4
湖南	97.7	101.3	92.7	88.0	98.2	99.2	93.7
广东	100.6	100.2	95.0	91.7	97.5	98.4	93.4
广西	98.1	99.0	93.8	88.1	98.8	98.0	93.2
海南	99.5	99.9	79.7	93.5	92.2	101.2	90.7
重庆	96.9	100.3	91.0	88.6	97.7	102.9	92.3
四川	100.5	100.3	94.3	89.6	104.5	99.4	94.1
贵州	94.7	99.1	94.7	97.1	101.5	100.2	91.8
云南	97.1	100.2	92.5	90.2	96.8	97.1	91.9
西藏	102.0	109.2	96.2	115.1	95.6	101.5	93.6
陕西	101.4	101.0	94.2	94.5	98.9	100.3	97.1
甘肃	95.2	98.4	92.8	89.4	106.4	95.3	94.4
青海	96.7	98.2	97.3	90.2	102.0	102.3	95.7
宁夏	97.7	101.3	93.6	89.5	108.8	104.7	95.6
新疆	101.8	104.0	97.4	93.2	110.3	101.0	95.8

2001年各地区农村商品零售价格指数(一)

(上年价格=100)

	商品零售价格指数	一、食品类	1.粮 食	(1)细 粮	(2)粗 粮	2.油 脂
全国平均	**99.6**	**100.6**	**101.7**	**101.8**	**100.8**	**90.0**
北 京						
天 津						
河 北	100.2	100.3	99.1	98.7	100.8	88.8
山 西	99.5	101.4	98.3	97.1	103.6	92.1
内 蒙 古	99.9	101.5	100.1	99.6	101.9	94.3
辽 宁	100.4	103.6	106.4	106.9	104.5	86.9
吉 林	101.5	103.7	104.9	105.3	103.4	89.1
黑 龙 江	101.2	101.9	103.7	103.4	105.5	86.8
上 海						
江 苏	99.3	100.3	105.2	105.8	99.0	91.0
浙 江	99.0	100.2	102.6	102.9	98.1	92.1
安 徽	100.6	102.5	107.1	107.8	100.4	90.2
福 建	98.4	99.0	102.6	103.5	94.1	88.4
江 西	98.4	99.1	97.6	97.5	99.2	86.6
山 东	100.7	102.5	102.1	102.3	101.4	87.9
河 南	100.1	100.7	102.0	102.3	100.5	91.1
湖 北	98.0	99.1	98.8	98.8	98.1	88.9
湖 南	99.4	99.1	101.4	101.3	102.0	88.0
广 东	98.9	99.6	99.8	99.7	100.9	93.4
广 西	99.0	101.0	99.4	99.7	96.7	89.6
海 南	97.8	99.8	98.5	98.3	100.6	93.6
重 庆						
四 川	101.2	102.0	101.6	102.8	95.9	89.3
贵 州	99.1	97.7	96.4	96.4	96.6	84.2
云 南	98.7	98.2	99.7	99.2	103.8	88.0
西 藏	99.4	98.2	99.6	98.8	110.1	91.7
陕 西	99.6	100.4	100.2	99.6	104.5	89.5
甘 肃	100.5	101.6	96.7	96.2	101.9	92.5
青 海	99.9	101.3	95.6	95.1	100.6	87.1
宁 夏	99.6	101.4	101.2	101.1	103.9	91.3
新 疆	102.3	107.2	100.2	99.7	104.3	91.7

2001年各地区农村商品零售价格指数(二)

(上年价格=100)

	3.肉禽蛋	4.水产品	5.鲜　菜	6.干　菜	7.鲜　果	8.干　果
全国平均	**102.3**	**97.2**	**103.2**	**98.5**	**99.3**	**98.3**
北　京						
天　津						
河　北	105.8	95.6	101.1	98.8	102.3	98.9
山　西	106.4	97.9	103.6	101.1	103.3	95.1
内蒙古	105.9	96.3	104.0	100.2	102.0	95.4
辽　宁	109.2	97.4	104.7	97.0	108.7	96.6
吉　林	108.8	95.8	101.5	99.1	108.6	94.3
黑龙江	109.6	97.5	102.0	98.7	101.9	98.3
上　海						
江　苏	102.2	96.6	99.4	100.5	95.8	97.9
浙　江	102.3	97.6	101.4	98.8	94.9	99.5
安　徽	103.4	99.7	106.8	102.0	101.8	96.6
福　建	98.0	98.6	96.8	97.4	97.7	99.2
江　西	101.5	94.7	97.8	93.3	98.6	97.7
山　东	106.0	98.3	107.8	101.5	101.9	98.2
河　南	105.0	97.3	96.1	100.4	93.4	97.4
湖　北	102.8	96.8	95.2	98.4	95.5	97.5
湖　南	98.9	97.4	100.1	97.5	100.2	101.0
广　东	97.7	97.5	110.3	99.3	96.4	98.6
广　西	100.7	97.5	110.6	98.3	100.5	90.3
海　南	98.4	96.6	108.6	95.1	98.9	100.3
重　庆						
四　川	102.5	100.0	114.2	98.6	101.8	101.2
贵　州	97.7	90.1	103.9	90.0	100.2	93.1
云　南	95.7	92.8	105.0	96.2	99.6	98.5
西　藏	100.1	99.9	94.4	88.6	98.7	96.4
陕　西	105.9	97.7	101.4	97.2	97.8	99.9
甘　肃	109.6	97.6	105.1	98.9	104.4	99.6
青　海	110.0	98.5	102.1	98.2	104.2	97.5
宁　夏	107.2	96.2	99.9	97.9	98.8	96.5
新　疆	122.5	108.0	111.3	100.3	105.7	101.0

2001年各地区农村商品零售价格指数(三)

(上年价格=100)

	9.其他食品	(1)调味品	(2)食　糖	(3)糖　果	(4)糕　点	(5)奶　及奶制品
全国平均	**102.8**	**101.1**	**115.3**	**100.6**	**99.9**	**99.3**
北　京						
天　津						
河　北	100.9	100.8	108.9	99.5	99.2	99.5
山　西	102.5	100.0	119.3	105.8	99.5	101.1
内蒙古	103.3	101.5	117.9	99.3	99.1	99.0
辽　宁	101.0	99.3	115.8	103.1	99.7	100.1
吉　林	105.4	113.6	115.3	103.5	98.8	100.3
黑龙江	101.9	102.5	112.0	97.3	100.5	100.8
上　海						
江　苏	102.4	100.1	113.7	101.1	99.4	101.3
浙　江	104.2	102.3	116.4	101.3	99.1	100.2
安　徽	103.2	106.0	114.0	101.2	102.6	95.7
福　建	105.7	98.8	118.5	107.3	103.8	104.2
江　西	107.8	108.5	117.2	104.1	106.6	102.2
山　东	103.2	107.6	112.8	100.8	99.1	100.3
河　南	103.9	104.4	114.8	98.6	99.9	98.0
湖　北	100.3	99.2	111.5	97.9	98.3	94.2
湖　南	100.8	96.4	111.7	101.1	98.9	96.9
广　东	101.1	100.8	113.6	97.0	98.4	99.6
广　西	109.3	108.2	125.5	103.5	101.4	99.3
海　南	102.0	100.2	115.9	102.3	98.4	98.7
重　庆						
四　川	103.5	99.8	118.9	102.2	99.8	100.2
贵　州	104.7	104.4	125.4	105.9	101.1	98.5
云　南	101.0	98.7	114.6	98.9	98.9	98.4
西　藏	101.3	99.0	102.1	106.2	104.9	100.2
陕　西	103.4	103.4	117.3	99.9	100.4	97.6
甘　肃	100.8	98.5	114.9	96.9	100.8	96.5
青　海	103.4	106.1	113.8	98.8	99.5	98.3
宁　夏	103.8	108.8	118.4	97.3	96.9	99.1
新　疆	102.4	100.2	114.2	100.1	100.5	98.7

2001年各地区农村商品零售价格指数(四)

(上年价格=100)

	(6)罐头	10.餐饮业	(1)主食	(2)炒菜	(3)地方小吃	二、饮料烟酒类
全国平均	**99.7**	**99.7**	**99.7**	**99.5**	**100.1**	**99.4**
北京						
天津						
河北	99.1	100.2	100.4	100.3	99.8	99.5
山西	100.2	100.5	98.9	101.7	100.2	99.4
内蒙古	98.2	101.0	97.4	102.4	101.4	98.5
辽宁	99.9	100.8	100.0	101.2	100.3	98.4
吉林	102.1	101.4	99.4	102.6	100.8	99.3
黑龙江	99.6	99.6	98.5	100.8	98.2	101.5
上海						
江苏	98.4	99.9	99.5	100.2	100.0	98.6
浙江	108.4	99.7	99.8	99.6	100.0	99.4
安徽	99.5	95.7	97.9	94.0	99.0	100.9
福建	98.9	97.4	98.7	95.1	100.6	98.9
江西	101.8	101.7	99.2	103.5	100.4	98.8
山东	102.6	100.7	99.8	100.8	103.0	101.7
河南	99.1	99.3	98.3	99.7	99.0	99.2
湖北	98.6	99.1	100.0	98.9	98.0	98.1
湖南	100.0	99.2	100.0	99.0	98.1	98.2
广东	98.3	99.4	100.6	98.5	100.6	101.8
广西	99.8	99.4	100.1	99.1	99.4	99.5
海南	98.3	100.7	99.5	101.6	100.0	99.9
重庆						
四川	98.7	100.4	99.9	100.4	101.4	97.4
贵州	90.8	99.8	100.0	100.6	94.0	100.7
云南	97.5	101.1	100.0	102.1	99.6	99.8
西藏	99.0	94.0	99.4	101.0	88.6	103.6
陕西	99.0	99.5	98.9	100.2	99.0	100.0
甘肃	97.1	99.4	99.5	98.1	100.7	99.2
青海	98.1	102.0	100.0	103.1	102.9	100.1
宁夏	99.9	101.9	100.8	102.8	101.2	97.6
新疆	101.5	99.1	100.5	97.3	100.9	97.3

2001年各地区农村商品零售价格指数(五)

(上年价格=100)

	1.饮　料	2.烟　酒	三、服　装 鞋帽类	1.服　装	2.鞋	3.其他衣着
全国平均	**98.9**	**99.5**	**99.2**	**99.0**	**99.6**	**99.5**
北　京						
天　津						
河　北	98.8	99.9	101.1	101.5	101.1	99.6
山　西	100.5	99.1	100.9	101.1	100.8	99.8
内蒙古	97.4	98.8	100.2	99.8	101.0	100.0
辽　宁	100.0	97.9	100.6	100.7	101.3	96.9
吉　林	100.2	98.9	99.6	99.7	99.7	98.9
黑龙江	100.3	101.8	100.3	101.9	98.4	99.5
上　海						
江　苏	98.9	98.6	98.6	97.6	99.8	99.8
浙　江	97.5	100.0	99.2	98.9	98.8	100.7
安　徽	103.4	100.3	98.8	96.7	102.2	100.5
福　建	100.9	98.3	99.1	98.7	99.0	100.4
江　西	100.5	98.4	98.0	98.8	95.8	99.3
山　东	99.6	102.2	99.1	98.6	99.7	100.2
河　南	96.9	99.6	99.6	99.6	99.6	99.5
湖　北	95.9	98.6	97.0	95.6	99.6	98.5
湖　南	95.4	98.4	100.2	102.1	97.6	97.0
广　东	100.4	102.4	97.3	96.5	98.4	98.7
广　西	100.4	99.3	98.4	98.2	98.7	98.8
海　南	96.7	101.3	97.8	97.3	99.5	97.9
重　庆						
四　川	100.9	96.9	99.9	99.6	100.3	99.7
贵　州	96.1	101.4	101.7	100.3	106.8	96.6
云　南	99.7	99.9	99.1	98.7	99.0	101.2
西　藏	99.0	105.6	102.0	101.2	103.4	103.4
陕　西	99.7	100.1	99.7	99.5	100.0	100.3
甘　肃	96.6	99.5	98.9	101.0	94.8	99.7
青　海	99.1	100.4	97.1	97.7	94.8	100.1
宁　夏	100.4	97.1	97.8	97.8	96.9	102.0
新　疆	97.7	97.2	100.2	101.3	98.6	100.4

2001年各地区农村商品零售价格指数(六)

(上年价格=100)

	四、纺织品类	1.棉　布	2.棉花化纤混纺布	3.化纤布	4.呢　绒	5.绸　缎
全国平均	**99.4**	**99.7**	**99.7**	**99.8**	**99.0**	**99.2**
北　京						
天　津						
河　北	99.6	100.6	98.3	100.3	98.8	100.2
山　西	96.8	98.1	98.3	99.2	94.0	96.5
内蒙古	99.9	98.6	100.6	100.4	99.8	98.0
辽　宁	97.9	98.4	100.5	99.2	95.7	97.5
吉　林	101.5	103.4	103.1	99.7	100.1	98.8
黑龙江	99.7	98.6	101.9	100.0	101.7	98.5
上　海						
江　苏	99.4	98.2	100.5	99.2	99.2	99.9
浙　江	99.2	100.0	96.5	100.5	98.7	98.1
安　徽	99.4	99.5	97.6	100.0	97.9	100.1
福　建	101.0	105.9	104.8	91.0	101.0	102.7
江　西	100.6	100.7	101.3	105.2	98.0	101.2
山　东	100.3	100.7	102.7	99.1	99.8	99.0
河　南	99.3	100.4	99.3	99.3	99.8	98.7
湖　北	97.6	96.8	96.8	99.3	96.6	97.3
湖　南	99.2	97.5	100.1	99.8	97.6	99.2
广　东	100.0	101.2	98.8	101.8	100.4	101.5
广　西	99.2	99.5	99.0	99.5	100.0	99.5
海　南	97.5	96.8	97.3	100.0	100.0	96.7
重　庆						
四　川	99.8	98.5	100.4	100.6	99.8	99.3
贵　州	96.4	93.6	88.8	99.4	102.0	90.2
云　南	99.1	99.1	99.0	99.6	97.9	99.0
西　藏	98.1	102.9	105.0	95.3	97.0	99.6
陕　西	98.1	97.4	98.6	99.3	99.6	98.1
甘　肃	96.5	97.2	94.3	96.0	97.6	95.7
青　海	98.7	98.5	93.1	100.0	100.0	98.5
宁　夏	95.6	98.5	99.5	93.8	97.5	91.0
新　疆	99.4	99.3	99.8	99.1	99.8	100.2

2001年各地区农村商品零售价格指数(七)

(上年价格=100)

	6.其他纺织品	五、中西药品类	1.中药	2.西药	3.医疗用品	六、化妆品类
全国平均	**99.0**	**99.7**	**103.3**	**97.0**	**100.5**	**99.3**
北京						
天津						
河北	99.4	99.2	103.5	96.7	99.7	100.1
山西	96.2	98.7	102.9	95.5	100.4	98.0
内蒙古	100.6	98.5	106.2	94.0	98.8	98.3
辽宁	96.2	91.9	100.8	85.4	92.5	97.7
吉林	103.7	103.1	107.5	100.7	98.9	102.2
黑龙江	99.1	102.1	116.9	92.1	95.6	99.6
上海						
江苏	99.5	101.7	104.5	100.2	100.6	98.5
浙江	99.6	100.7	102.3	99.4	100.2	101.9
安徽	100.0	100.6	102.8	99.0	100.5	100.2
福建	102.3	97.3	102.0	92.8	102.4	99.1
江西	97.7	99.8	101.5	98.4	100.4	96.6
山东	100.6	99.5	103.5	97.6	99.2	99.2
河南	98.5	99.6	103.4	97.8	99.2	98.7
湖北	96.5	98.8	102.2	97.1	98.8	97.7
湖南	99.3	101.5	108.2	97.5	99.8	99.8
广东	98.0	99.4	100.0	98.9	99.1	100.0
广西	98.5	98.2	99.9	96.8	97.7	96.5
海南	97.1	103.7	108.6	100.7	100.3	96.7
重庆						
四川	98.5	99.6	106.6	93.0	122.5	101.1
贵州	98.2	110.0	101.3	113.9	109.5	99.3
云南	99.1	96.5	102.6	93.7	98.2	99.4
西藏	97.6	96.6	97.5	96.1	97.2	98.2
陕西	96.1	97.2	102.1	93.9	96.2	98.5
甘肃	98.1	102.8	112.5	95.7	105.7	100.0
青海	99.8	100.9	108.5	93.8	98.0	100.5
宁夏	97.6	100.9	109.6	94.4	100.3	99.4
新疆	98.5	99.4	103.5	97.1	99.8	99.4

2001年各地区农村商品零售价格指数(八)

(上年价格=100)

	七、书报杂志类	八、文化体育用品类	1. 文化用品	2. 体育用品	九、日用品类	1. 一般日用品
全国平均	**109.7**	**99.1**	**99.0**	**99.3**	**98.5**	**98.3**
北京						
天津						
河北	105.4	99.6	99.7	99.5	98.6	98.7
山西	107.4	97.3	97.4	97.0	97.2	96.8
内蒙古	101.9	99.0	99.5	98.1	99.0	98.5
辽宁	117.2	99.8	100.2	97.4	97.5	97.3
吉林	100.8	98.7	98.5	99.1	99.9	99.9
黑龙江	107.4	97.3	97.3	97.3	97.3	97.5
上海						
江苏	113.6	99.7	99.5	100.0	98.6	98.9
浙江	112.6	99.1	98.7	100.2	97.9	98.1
安徽	104.2	100.3	99.9	101.0	98.7	99.2
福建	102.2	100.8	100.9	100.6	99.7	99.3
江西	100.9	101.0	99.1	107.8	98.7	99.2
山东	108.4	99.4	99.3	99.8	99.5	99.1
河南	107.8	99.5	99.8	98.8	99.3	99.7
湖北	107.8	95.7	94.6	99.7	97.4	96.2
湖南	126.8	97.6	97.2	98.9	96.9	95.0
广东	105.9	99.0	99.8	97.0	98.5	98.3
广西	113.7	98.6	98.4	98.9	98.8	99.0
海南	101.6	99.6	98.3	103.0	97.1	97.4
重庆						
四川	127.4	99.2	99.4	98.5	99.0	98.7
贵州	98.6	95.8	96.6	93.8	98.9	98.1
云南	115.4	99.3	99.0	100.3	99.4	99.1
西藏	106.2	96.5	95.8	99.5	97.3	97.2
陕西	119.9	98.6	98.7	98.4	97.5	96.7
甘肃	107.8	98.8	98.6	99.4	97.6	97.9
青海	110.7	98.9	98.8	99.3	96.7	96.9
宁夏	118.6	96.9	97.3	95.7	96.6	96.2
新疆	105.1	99.0	99.1	99.0	98.7	98.5

2001年各地区农村商品零售价格指数(九)

(上年价格=100)

	2.家　具	3.日用杂品	十、家　用电器类	十一、首饰类	十二、燃料类	十三、建筑装璜材料类	十四、机　电产品类
全国平均	**98.4**	**99.5**	**95.1**	**91.2**	**103.0**	**99.9**	**93.7**
北　京							
天　津							
河　北	98.3	98.6	96.9	92.2	107.9	101.4	95.5
山　西	97.2	98.5	93.2	92.7	104.4	100.8	92.0
内蒙古	99.7	99.3	95.5	93.8	106.9	99.6	93.7
辽　宁	96.4	101.0	94.8	88.4	104.2	101.1	90.0
吉　林	99.9	100.0	97.3	92.3	108.6	99.1	93.6
黑龙江	98.1	95.3	99.6	90.1	103.7	103.8	92.9
上　海							
江　苏	97.3	99.8	95.7	88.6	98.4	99.1	96.3
浙　江	96.9	98.3	93.4	87.5	98.2	101.8	93.4
安　徽	97.4	99.2	97.4	92.1	103.5	101.6	95.2
福　建	100.5	99.6	90.7	93.6	101.9	96.5	93.4
江　西	97.2	98.8	95.1	95.9	101.2	94.6	93.4
山　东	99.9	99.8	97.1	93.3	106.2	100.7	95.2
河　南	98.6	100.0	95.9	92.6	109.4	98.7	96.3
湖　北	99.0	99.8	91.2	88.7	100.1	97.8	88.9
湖　南	100.9	101.2	94.3	90.4	107.6	96.6	93.9
广　东	98.5	99.5	95.8	93.8	96.9	99.7	92.5
广　西	98.2	98.7	93.2	88.4	97.9	97.8	91.0
海　南	95.9	99.7	90.8	96.6	98.0	93.9	87.8
重　庆							
四　川	98.6	99.9	97.1	92.7	100.0	106.1	97.1
贵　州	97.0	107.3	95.7	91.0	103.4	99.3	96.8
云　南	99.8	99.6	96.0	96.8	99.3	98.4	96.4
西　藏	94.1	101.9	96.5	98.3	105.8	100.4	91.6
陕　西	97.1	99.3	93.1	92.6	102.5	100.4	93.3
甘　肃	95.7	100.2	95.0	93.8	108.7	101.3	94.0
青　海	94.5	99.0	94.7	92.0	106.5	97.3	96.6
宁　夏	96.6	98.5	91.5	86.8	108.6	99.6	85.7
新　疆	98.0	100.5	96.5	93.8	107.5	100.1	92.7

2001年36个大中城市商品零售价格指数(一)

(上年价格=100)

	商品零售价格指数	一、食品类	1.粮　食	(1)细　粮	(2)粗　粮	2.油　脂
平均指数	**98.5**	**100.5**	**101.1**	**101.0**	**101.7**	**88.3**
北　　京	98.8	102.4	97.2	96.5	103.1	83.7
天　　津	98.6	101.0	101.4	104.3	94.0	86.2
石 家 庄	98.5	101.1	100.3	100.0	102.0	95.8
太　　原	98.4	100.2	97.4	97.4	97.6	84.2
呼和浩特	98.9	103.2	97.8	97.7	99.4	96.6
沈　　阳	98.4	102.4	109.1	109.5	100.9	82.9
大　　连	99.9	103.8	106.3	107.7	100.2	85.1
长　　春	100.7	102.0	111.2	112.0	98.9	92.3
哈 尔 滨	101.0	105.7	104.5	104.9	101.3	82.5
上　　海	98.6	98.4	102.3	100.1	115.0	81.4
南　　京	98.8	99.6	103.1	103.6	97.1	84.4
杭　　州	95.3	99.2	104.8	104.3	117.2	88.3
宁　　波	94.8	96.3	99.7	99.8	92.4	87.3
合　　肥	97.7	97.8	97.4	97.5	95.7	82.2
福　　州	97.5	96.8	101.0	101.0	102.2	88.8
厦　　门	97.4	97.8	102.3	102.7	95.6	85.4
南　　昌	97.6	97.9	99.3	99.4	95.4	84.1
济　　南	98.8	102.3	101.0	100.6	105.3	96.6
青　　岛	98.9	101.9	97.4	97.5	96.3	110.2
郑　　州	99.4	100.1	100.5	100.4	103.1	85.8
武　　汉	95.9	98.9	93.9	93.9	92.5	90.2
长　　沙	97.6	97.9	100.0	100.1	96.9	89.5
广　　州	97.4	98.1	92.8	92.6	96.1	99.8
深　　圳	97.9	98.7	91.1	90.3	97.0	88.9
南　　宁	95.9	99.8	93.1	93.4	90.6	86.6
海　　口	97.6	99.4	99.1	98.8	102.6	87.6
重　　庆	99.0	100.6	96.8	97.2	94.1	91.7
成　　都	100.7	102.6	99.7	99.4	102.8	87.1
贵　　阳	96.3	99.4	95.1	95.1	92.1	90.4
昆　　明	98.1	98.8	105.9	106.7	89.7	85.7
拉　　萨	99.3	102.4	96.8	96.5	101.1	97.2
西　　安	98.9	100.0	99.5	99.4	101.5	88.0
兰　　州	99.1	100.1	101.1	100.8	103.7	86.7
西　　宁	100.1	102.2	99.0	99.2	96.9	88.9
银　　川	100.6	101.3	104.1	105.2	87.1	88.4
乌鲁木齐	103.2	106.2	99.1	99.1	96.0	84.2

2001年36个大中城市商品零售价格指数(二)

(上年价格=100)

	3.肉禽蛋	4.水产品	5.鲜　菜	6.干　菜	7.鲜　果	8.干　果
平均指数	**102.7**	**95.5**	**104.1**	**98.9**	**100.9**	**99.1**
北　　京	103.9	94.9	102.7	101.9	101.9	100.1
天　　津	105.5	98.1	99.9	98.2	110.3	100.1
石 家 庄	105.2	96.8	103.3	100.9	96.2	98.7
太　　原	105.7	98.4	100.0	103.2	102.5	95.8
呼和浩特	104.5	102.6	112.7	100.0	103.7	102.6
沈　　阳	108.6	95.0	105.0	102.7	99.3	93.4
大　　连	106.5	105.8	106.6	100.0	109.2	99.1
长　　春	106.4	98.9	100.0	100.5	93.4	93.2
哈 尔 滨	110.3	100.9	113.4	101.6	115.8	101.3
上　　海	101.8	90.1	108.1	99.1	109.3	99.6
南　　京	101.4	98.3	100.2	101.1	85.9	115.7
杭　　州	100.5	97.1	100.6	96.9	87.4	105.8
宁　　波	98.8	86.9	99.1	98.9	94.1	99.6
合　　肥	99.0	93.5	99.5	95.1	100.0	103.8
福　　州	97.3	91.1	99.1	95.1	95.4	100.1
厦　　门	100.2	94.2	99.3	89.0	93.7	98.7
南　　昌	99.9	95.1	98.4	97.1	92.6	95.3
济　　南	109.2	104.3	100.5	94.2	93.2	101.8
青　　岛	106.8	96.1	107.6	96.2	103.2	101.3
郑　　州	105.1	97.8	90.5	99.3	103.0	93.5
武　　汉	101.4	97.4	101.0	100.8	105.9	94.4
长　　沙	100.6	99.2	93.6	96.6	96.9	96.7
广　　州	97.3	97.5	108.3	92.9	94.4	100.6
深　　圳	98.5	94.8	104.8	96.9	95.2	94.9
南　　宁	102.0	95.6	107.8	97.1	99.6	91.7
海　　口	100.4	91.4	103.2	92.9	104.4	98.4
重　　庆	98.3	101.9	112.7	93.3	104.8	98.6
成　　都	101.9	103.6	114.2	100.1	109.3	100.0
贵　　阳	99.1	95.5	109.0	95.7	96.3	97.8
昆　　明	93.2	94.8	101.6	103.7	106.5	89.6
拉　　萨	104.1	93.1	92.0	76.6	131.8	120.9
西　　安	104.5	95.5	98.9	97.4	95.7	100.4
兰　　州	100.5	96.2	100.4	98.8	101.8	98.4
西　　宁	111.4	99.3	105.3	100.7	99.5	94.4
银　　川	104.3	94.5	105.0	104.2	98.3	97.3
乌鲁木齐	119.8	103.5	105.1	96.0	95.8	96.1

2001年36个大中城市商品零售价格指数(三)

(上年价格=100)

	9.其他食品	(1)调味品	(2)食　糖	(3)糖　果	(4)糕　点	(5)奶　及奶制品
平均指数	**100.6**	**100.0**	**116.7**	**100.2**	**98.3**	**100.0**
北　京	99.4	100.1	103.7	99.5	98.6	100.0
天　津	101.3	101.9	115.7	100.3	98.9	99.0
石家庄	102.9	99.0	117.9	103.2	106.7	99.7
太　原	100.5	101.0	124.1	99.9	98.4	99.9
呼和浩特	100.4	100.2	107.7	99.9	97.6	102.6
沈　阳	100.1	97.0	113.8	102.8	102.6	98.5
大　连	100.0	100.8	116.8	101.2	98.1	100.7
长　春	100.3	97.3	117.2	98.7	98.2	100.9
哈尔滨	99.6	103.8	101.7	100.0	98.8	96.1
上　海	100.9	99.5	121.3	95.8	99.8	99.8
南　京	105.2	103.3	111.8	99.0	100.2	108.0
杭　州	103.4	100.0	123.7	104.7	98.3	100.5
宁　波	104.9	101.2	127.1	100.3	99.8	104.0
合　肥	100.0	95.3	115.9	103.6	96.3	101.7
福　州	101.9	91.8	123.0	100.2	104.3	100.2
厦　门	102.9	101.6	119.6	100.0	99.5	100.0
南　昌	102.1	105.4	122.0	102.7	98.4	100.7
济　南	99.8	103.6	104.7	100.7	99.6	99.4
青　岛	100.1	111.0	110.0	101.2	96.2	99.6
郑　州	102.6	115.9	105.0	98.8	96.3	98.8
武　汉	96.7	101.6	112.6	105.1	80.6	99.8
长　沙	101.9	97.1	109.7	102.6	100.0	105.4
广　州	102.5	100.1	124.7	101.3	100.3	100.4
深　圳	98.1	103.9	99.3	99.6	97.4	96.3
南　宁	103.7	105.1	121.1	99.6	100.0	99.4
海　口	107.1	101.3	132.4	103.4	100.6	97.5
重　庆	101.8	96.3	123.2	102.1	103.1	98.1
成　都	100.2	100.6	104.2	102.6	97.5	99.8
贵　阳	103.4	112.5	117.5	100.5	96.1	101.5
昆　明	102.3	101.6	124.9	101.3	97.9	100.8
拉　萨	97.1	106.2	82.7	101.4	109.0	95.2
西　安	105.2	102.3	120.5	101.4	104.2	103.4
兰　州	101.7	108.7	104.7	101.0	99.6	99.3
西　宁	103.3	102.0	123.8	100.3	98.1	97.1
银　川	103.8	112.7	121.3	101.3	102.2	98.6
乌鲁木齐	99.9	96.2	117.4	99.2	100.1	100.0

2001年36个大中城市商品零售价格指数(四)

(上年价格=100)

	(6)罐　头	10.餐饮业	(1)主　食	(2)炒　菜	(3)地方小吃	二、饮　料 烟酒类
平均指数	**98.8**	**100.8**	**100.5**	**100.9**	**102.0**	**99.6**
北　京	98.5	107.9	95.3	109.7	107.6	100.6
天　津	103.8	100.1	102.1	98.7	100.0	98.6
石家庄	96.7	99.5	95.1	101.0	100.0	98.7
太　原	93.9	97.1	99.0	96.1	100.9	96.2
呼和浩特	101.5	102.0	106.0	98.4	104.6	100.9
沈　阳	96.8	100.0	100.0	100.0	100.0	97.8
大　连	95.8	97.5	100.0	96.8	100.0	99.9
长　春	99.1	101.1	99.5	102.0	101.3	100.2
哈尔滨	99.6	100.4	100.0	100.2	103.7	98.8
上　海	99.5	100.7	102.4	100.2	100.1	98.4
南　京	99.7	96.2	107.7	90.0	99.6	100.4
杭　州	94.9	100.0	100.0	100.0	100.0	99.5
宁　波	100.0	100.0	100.0	100.0	100.0	99.4
合　肥	99.5	103.8	100.0	106.2	100.0	95.7
福　州	97.2	100.0	100.0	100.0	100.0	99.7
厦　门	97.9	98.8	105.5	94.9	100.0	102.2
南　昌	100.1	99.6	100.0	99.4	100.0	100.1
济　南	90.9	98.5	100.4	96.7	99.7	100.3
青　岛	101.6	99.8	94.6	101.5	100.0	102.1
郑　州	99.0	101.2	101.2	100.0	105.9	100.7
武　汉	101.3	100.6	101.0	100.2	101.7	99.3
长　沙	100.0	96.3	100.0	89.1	117.2	97.9
广　州	100.8	97.2	100.2	94.4	101.6	101.8
深　圳	99.6	101.6	108.7	97.3	107.9	97.3
南　宁	98.9	98.8	100.0	98.2	100.0	98.7
海　口	104.9	99.1	100.0	98.2	100.0	100.8
重　庆	98.7	99.8	96.9	101.4	97.4	97.5
成　都	100.3	100.8	102.9	100.3	100.0	97.8
贵　阳	99.5	98.7	100.0	98.4	100.0	100.2
昆　明	96.3	99.7	100.0	99.8	98.2	99.3
拉　萨	101.3	104.1	101.9	107.8	102.6	99.8
西　安	100.3	99.7	99.5	99.8	100.0	100.4
兰　州	105.7	100.7	100.0	101.0	99.6	101.6
西　宁	103.2	99.2	93.9	104.5	92.7	96.7
银　川	103.2	97.8	100.1	96.3	100.0	99.1
乌鲁木齐	97.9	100.0	100.0	100.1	100.0	96.8

2001年36个大中城市商品零售价格指数(五)

(上年价格=100)

	1.饮 料	2.烟 酒	三、服 装 鞋帽类	1.服 装	2.鞋	3.其他衣着
平均指数	**98.6**	**99.8**	**99.2**	**98.7**	**100.5**	**99.1**
北 京	96.4	103.4	101.1	102.6	97.0	100.1
天 津	99.1	98.5	98.8	97.5	101.4	100.2
石家庄	99.8	98.1	105.4	106.4	103.3	105.3
太 原	97.3	95.9	99.2	97.1	102.7	98.2
呼和浩特	102.5	100.7	95.6	93.9	98.9	99.3
沈 阳	96.9	98.2	98.2	96.8	98.1	101.2
大 连	98.6	100.3	93.3	92.7	95.6	94.0
长 春	99.1	100.6	100.1	99.9	100.5	99.7
哈尔滨	98.3	98.9	98.6	97.9	99.5	101.3
上 海	98.8	98.3	107.7	107.4	117.1	98.4
南 京	99.4	100.6	103.1	103.7	102.1	102.1
杭 州	96.7	99.9	85.0	77.4	93.1	94.3
宁 波	97.5	100.0	93.4	87.4	97.6	100.5
合 肥	91.1	96.9	95.5	94.6	95.8	99.3
福 州	97.8	100.6	92.9	88.4	97.5	102.9
厦 门	99.9	103.5	89.3	89.2	81.4	98.8
南 昌	101.2	99.8	97.5	95.8	102.3	99.9
济 南	100.3	100.3	94.3	93.7	95.8	93.4
青 岛	96.7	106.2	98.0	99.6	92.3	98.7
郑 州	97.7	101.6	99.0	98.2	99.8	101.5
武 汉	99.5	99.2	88.7	85.7	96.2	96.5
长 沙	95.8	98.4	96.4	94.2	100.0	98.2
广 州	99.6	103.1	95.5	93.3	99.7	101.4
深 圳	93.8	98.2	101.1	100.9	104.3	97.9
南 宁	98.1	98.8	93.7	92.1	97.0	97.9
海 口	100.7	100.9	99.9	100.0	100.0	98.8
重 庆	99.3	97.1	96.5	95.9	97.5	96.4
成 都	100.3	97.2	99.0	98.5	100.0	100.0
贵 阳	100.1	100.3	90.2	84.8	100.5	110.1
昆 明	100.2	98.9	99.2	101.7	90.0	103.4
拉 萨	105.2	97.0	105.8	105.6	108.4	87.7
西 安	100.5	100.4	96.0	96.8	93.7	98.4
兰 州	98.2	102.6	103.8	104.9	101.5	100.4
西 宁	94.0	97.2	101.2	100.7	102.4	99.9
银 川	98.4	99.4	102.6	102.7	102.2	102.5
乌鲁木齐	97.6	96.7	99.8	99.9	99.7	99.0

2001年36个大中城市商品零售价格指数(六)

(上年价格=100)

	四、纺织品类	1.棉　布	2.棉花化纤混纺布	3.化纤布	4.呢　绒	5.绸　缎
平均指数	**98.7**	**99.5**	**97.7**	**98.6**	**96.2**	**100.3**
北　　京	98.7	98.1	97.3	101.5	100.8	98.7
天　　津	98.2	99.3	90.1	96.9	99.6	97.6
石 家 庄	96.7	103.5	102.7	84.6	101.4	107.7
太　　原	90.6	96.4	81.9	100.0	83.9	93.7
呼和浩特	91.4	100.3	97.3	92.4	78.1	97.2
沈　　阳	97.1	97.8	96.2	92.5	94.0	100.7
大　　连	101.6	100.1	99.6	114.8	99.7	100.1
长　　春	98.1	99.7	102.2	94.6	94.8	101.7
哈 尔 滨	100.8	101.4	100.6	100.0	101.3	102.7
上　　海	98.8	97.5	92.3	98.6	94.4	102.5
南　　京	96.7	99.7	100.0	88.8	87.2	100.5
杭　　州	94.9	100.0	100.0	100.0	83.3	99.6
宁　　波	100.3	100.0	100.0	100.0	111.4	97.7
合　　肥	100.6	98.0	97.6	101.7	102.2	103.7
福　　州	101.0	103.7	100.1	100.4	100.9	97.5
厦　　门	100.3	100.8	100.6	103.3	100.0	100.0
南　　昌	97.4	94.1	100.0	100.0	91.3	98.4
济　　南	94.9	96.1	93.9	92.6	95.6	93.5
青　　岛	95.9	97.7	88.1	90.1	99.9	95.5
郑　　州	102.1	100.2	100.0	106.0	100.0	99.2
武　　汉	101.3	103.4	100.3	101.3	101.3	103.5
长　　沙	95.0	102.1	98.4	92.3	90.2	96.7
广　　州	101.9	107.2	102.5	100.1	97.6	96.5
深　　圳	101.6	98.8	101.4	98.2	92.9	103.5
南　　宁	100.8	100.0	100.0	100.0	100.0	100.0
海　　口	101.3	97.4	98.3	105.0	100.0	99.9
重　　庆	99.9	102.9	100.0	101.5	100.0	96.4
成　　都	99.7	106.0	100.0	97.0	98.3	100.3
贵　　阳	100.2	100.0	100.0	99.7	100.0	101.7
昆　　明	100.0	97.1	91.4	87.4	100.0	84.6
拉　　萨	103.2	99.8	97.1	86.0	100.1	103.6
西　　安	98.8	100.7	100.3	97.0	98.5	100.8
兰　　州	100.9	98.2	107.7	117.1	98.9	98.2
西　　宁	97.9	94.4	94.3	103.6	97.3	97.7
银　　川	95.7	100.2	101.3	92.4	89.4	97.8
乌鲁木齐	100.7	100.1	99.9	100.7	100.2	100.0

2001年36个大中城市商品零售价格指数(七)

(上年价格=100)

	6.其他纺织品	五、中西药品类	1.中药	2.西药	3.医疗用品	六、化妆品类
平均指数	**99.6**	**97.8**	**101.7**	**95.0**	**98.3**	**98.5**
北京	97.1	103.3	111.6	97.2	101.5	98.8
天津	100.5	100.1	101.2	99.2	100.0	100.6
石家庄	98.5	95.2	99.0	90.3	97.9	97.7
太原	94.7	102.8	103.3	102.4	101.4	98.4
呼和浩特	98.2	97.2	99.9	95.7	96.3	102.0
沈阳	100.0	78.7	92.1	72.7	86.2	100.0
大连	98.8	101.7	104.2	100.4	101.4	97.6
长春	99.9	100.5	105.4	96.6	102.1	98.1
哈尔滨	99.5	98.4	104.4	94.2	100.0	101.0
上海	101.0	98.7	107.2	95.2	100.0	100.7
南京	101.9	99.4	95.7	101.6	101.9	102.5
杭州	95.4	97.3	98.5	96.4	96.8	97.3
宁波	94.5	100.7	100.4	101.0	100.0	101.8
合肥	98.3	96.7	95.0	97.7	97.7	97.1
福州	105.0	98.5	101.5	96.5	99.2	96.7
厦门	100.3	96.5	99.1	94.7	96.5	96.9
南昌	97.1	99.2	101.8	97.0	94.7	103.7
济南	96.6	94.7	99.3	90.9	95.8	95.2
青岛	99.7	95.1	103.6	87.9	99.4	92.4
郑州	101.0	96.6	96.8	96.1	99.7	99.7
武汉	99.9	94.8	99.3	93.7	95.5	96.3
长沙	99.0	100.6	106.8	95.8	105.7	100.0
广州	102.5	96.0	102.1	91.3	100.5	99.0
深圳	103.2	99.1	98.8	99.1	100.2	99.4
南宁	102.5	95.0	91.5	99.0	97.4	89.2
海口	104.6	98.2	101.1	94.7	96.9	99.5
重庆	99.7	98.8	108.9	92.8	99.7	98.6
成都	100.0	104.3	106.3	103.4	100.0	100.5
贵阳	96.9	91.1	98.4	89.9	75.6	97.4
昆明	106.8	99.3	99.2	99.5	98.3	100.6
拉萨	106.2	105.4	110.6	100.0	123.0	178.6
西安	98.2	94.5	102.3	89.0	100.0	95.1
兰州	95.7	93.8	99.8	90.5	93.9	96.2
西宁	99.9	94.0	92.8	94.1	102.3	95.9
银川	100.7	97.2	105.4	94.2	99.4	97.9
乌鲁木齐	101.9	100.0	98.0	101.4	100.2	89.9

2001年36个大中城市商品零售价格指数(八)

(上年价格=100)

	七、书报杂志类	八、文化体育用品类	1. 文化用品	2. 体育用品	九、日用品类	1. 一般日用品
平均指数	**107.0**	**98.3**	**97.9**	**99.3**	**97.8**	**98.0**
北京	106.9	101.8	102.3	92.7	97.8	97.0
天津	96.8	99.0	99.0	99.1	98.0	98.0
石家庄	114.6	98.5	97.5	99.7	100.1	101.4
太原	102.8	99.9	99.3	104.8	99.8	99.9
呼和浩特	100.0	104.2	105.9	99.6	98.2	95.6
沈阳	114.2	98.2	96.4	102.8	98.6	100.6
大连	120.6	93.4	92.7	95.2	94.9	94.7
长春	100.9	99.8	99.9	99.8	99.7	99.6
哈尔滨	110.5	94.8	93.0	102.7	99.7	99.6
上海	99.5	97.8	97.1	100.0	94.9	98.7
南京	111.2	97.1	95.6	102.3	103.2	101.8
杭州	106.2	97.9	97.4	98.8	94.6	95.9
宁波	103.3	97.5	97.8	96.5	98.7	99.1
合肥	105.5	97.1	98.7	91.5	100.3	100.0
福州	113.6	97.8	97.6	99.9	96.9	100.1
厦门	110.4	99.6	99.3	100.4	97.8	96.6
南昌	103.6	97.4	97.7	96.6	99.8	99.9
济南	107.6	95.9	95.3	97.3	98.2	97.1
青岛	106.1	94.7	94.9	94.1	99.1	99.0
郑州	97.8	99.6	99.6	99.7	100.1	101.0
武汉	109.8	100.1	98.9	104.6	92.6	92.0
长沙	109.0	98.9	99.0	98.8	98.8	100.0
广州	110.3	95.6	94.4	100.3	99.4	98.8
深圳	101.1	97.9	97.3	102.4	101.7	99.7
南宁	99.3	97.0	98.1	95.1	97.2	95.6
海口	111.8	93.0	92.4	100.0	99.7	99.7
重庆	114.5	98.9	98.4	100.1	99.3	100.3
成都	108.4	99.1	99.0	99.5	100.0	99.2
贵阳	100.4	95.9	95.6	97.2	94.9	96.7
昆明	111.0	99.1	99.0	100.0	100.9	102.1
拉萨	109.5	100.6	101.0	99.0	106.2	106.2
西安	116.3	99.0	99.1	98.9	98.9	96.0
兰州	105.8	99.8	98.7	101.8	96.3	97.5
西宁	115.5	97.9	97.6	102.7	96.7	95.7
银川	121.6	97.9	98.4	95.3	98.7	98.8
乌鲁木齐	107.6	98.8	98.8	98.7	100.5	99.5

2001年36个大中城市商品零售价格指数(九)

(上年价格=100)

	2.家具	3.日用杂品	十、家用电器类	十一、首饰类	十二、燃料类	十三、建筑装璜材料类	十四、机电产品类
平均指数	**96.3**	**99.6**	**92.1**	**89.6**	**102.3**	**100.5**	**94.1**
北京	98.4	100.6	88.0	91.2	108.2	99.1	91.8
天津	99.9	96.4	94.4	80.7	107.6	100.5	94.5
石家庄	98.7	101.8	83.5	94.3	104.9	101.8	92.3
太原	100.0	98.6	95.1	88.8	97.6	101.7	95.4
呼和浩特	100.0	99.8	95.4	93.6	104.4	100.1	93.1
沈阳	97.0	99.5	88.2	91.5	105.3	100.8	93.0
大连	94.8	100.6	96.5	91.7	103.4	99.5	97.4
长春	100.0	99.0	97.7	93.8	102.9	100.6	99.0
哈尔滨	101.6	99.0	93.7	87.8	95.9	104.9	96.9
上海	90.4	100.2	95.0	87.2	111.4	101.8	98.3
南京	106.2	103.9	83.6	87.2	103.1	100.1	95.4
杭州	92.0	96.6	84.8	85.3	105.6	99.3	92.5
宁波	96.4	99.9	85.0	86.8	102.1	101.3	93.2
合肥	100.5	100.3	94.8	93.9	109.9	99.0	92.3
福州	93.1	99.3	95.5	93.1	99.1	101.1	101.1
厦门	98.9	98.3	98.4	99.3	101.7	99.2	91.2
南昌	99.5	100.0	91.8	90.0	96.0	100.5	94.2
济南	96.6	103.0	87.7	91.2	113.0	100.8	100.7
青岛	101.8	91.2	92.0	88.1	108.0	99.7	95.1
郑州	99.4	98.3	96.2	96.1	99.2	102.7	98.2
武汉	91.6	96.8	90.2	83.9	97.5	100.4	92.0
长沙	95.5	102.9	94.4	87.5	96.2	98.5	92.4
广州	100.0	100.0	93.0	89.2	98.0	99.1	91.4
深圳	104.5	101.9	90.7	94.2	98.7	97.4	91.5
南宁	100.3	98.0	88.2	90.8	97.9	98.7	90.3
海口	99.5	99.9	79.7	93.5	92.2	101.2	90.7
重庆	96.9	100.3	91.0	88.6	97.7	102.9	92.3
成都	101.9	99.8	94.9	89.0	108.8	100.0	95.3
贵阳	90.7	96.5	91.9	96.2	98.2	98.9	92.2
昆明	97.7	100.0	92.7	89.9	97.0	97.0	91.1
拉萨	102.6	116.0	95.7	116.7	94.1	101.7	94.4
西安	102.1	100.5	94.4	95.4	98.6	100.6	96.9
兰州	94.4	98.2	93.1	88.7	107.2	94.8	94.7
西宁	98.0	98.2	97.5	89.4	101.6	103.2	95.8
银川	97.4	102.3	93.7	90.8	106.1	105.8	96.0
乌鲁木齐	101.1	106.2	98.1	95.3	111.6	101.5	95.4

2001年各地区农业生产资料价格指数(一)

(上年价格=100)

	农业生产资料价格指数	1.小农具	2.饲　料	3.幼禽家畜	4.大牲畜	5.半机械化农具
全国平均	**99.1**	**100.3**	**104.1**	**106.5**	**102.7**	**98.8**
北　　京						
天　　津						
河　　北	100.2	101.2	104.7	104.2	101.5	99.0
山　　西	101.9	105.1	104.4	120.3	99.1	100.7
内 蒙 古	101.4	102.3	99.9	116.8	100.0	98.9
辽　　宁	100.5	99.1	100.2	130.0	104.4	103.4
吉　　林	101.1	100.1	105.4	127.0	103.1	97.7
黑 龙 江	98.9	95.2	102.6	117.6	102.9	96.7
上　　海						
江　　苏	96.8	101.1	106.0	102.5		98.6
浙　　江	99.7	101.9	104.6	100.2	120.2	98.1
安　　徽	97.9	98.9	103.7	99.1	100.7	98.2
福　　建	98.7	100.6	99.2	102.3	104.6	97.3
江　　西	99.6	99.7	106.6	111.2	103.4	96.0
山　　东	101.8	99.8	108.0	108.0	101.1	99.2
河　　南	99.1	98.3	108.8	104.9	97.6	97.3
湖　　北	99.3	100.6	100.7	123.5	100.5	98.6
湖　　南	98.4	100.0	98.1	102.6	107.9	99.1
广　　东	97.1	100.2	99.5	96.5	100.5	99.2
广　　西	97.7	97.8	98.3	97.5	105.5	96.2
海　　南	99.5	102.3	97.4	103.1	98.1	99.5
重　　庆						
四　　川	97.8	101.6	104.5	115.9	106.6	99.2
贵　　州	99.4	101.0	101.3	100.0	107.1	100.0
云　　南	96.6	98.2	98.2	93.8	100.5	99.8
西　　藏	98.9	100.0	97.6	98.3	100.0	102.4
陕　　西	101.9	99.6	106.0	134.3	104.6	100.0
甘　　肃	98.6	97.1	93.8	109.9	103.3	86.5
青　　海	99.6	97.8	94.5	121.5	100.0	99.6
宁　　夏	102.0	95.5	107.4	132.0	103.8	95.9
新　　疆	103.0	101.1	106.4	139.5	112.7	100.0

2001年各地区农业生产资料价格指数(二)

(上年价格=100)

	6.机械化农具	7.化学肥料	8.农药及农药械	(1)化学农药	(2)农药械	9.农用机油	10.其他
全国平均	**97.1**	**97.9**	**97.1**	**96.9**	**98.0**	**100.0**	**97.4**
北京							
天津							
河北	98.6	100.3	96.9	96.2	100.5	99.7	99.4
山西	98.9	99.6	98.0	98.1	97.5	97.5	100.0
内蒙古	96.9	97.0	97.6	97.3	99.5	106.0	101.0
辽宁	97.0	97.6	99.8	100.1	96.8	108.1	98.0
吉林	95.3	97.9	95.7	95.8	94.7	119.9	94.1
黑龙江	95.9	97.0	94.5	94.3	95.8	103.7	96.4
上海							
江苏	95.0	95.0	94.5	94.2	97.8	96.0	98.6
浙江	97.5	100.0	97.0	97.1	96.2	94.4	100.3
安徽	94.9	97.8	98.6	98.4	99.8	97.1	94.9
福建	94.4	98.9	96.8	96.9	96.3	104.5	96.1
江西	95.9	98.3	95.7	95.6	96.1	100.3	95.1
山东	97.1	103.5	97.3	97.3	97.0	102.4	97.7
河南	96.6	100.5	99.4	99.4	98.6	94.4	98.8
湖北	97.5	97.7	97.9	98.3	94.8	101.5	98.7
湖南	97.0	98.5	97.5	97.6	96.9	99.2	83.1
广东	99.4	95.0	97.0	96.3	103.1	97.2	98.3
广西	97.8	97.4	97.2	97.6	93.1	98.7	95.1
海南	99.4	98.6	96.6	97.4	89.9	96.6	100.1
重庆							
四川	96.8	96.2	95.9	95.4	100.9	94.3	91.5
贵州	100.6	96.8	99.0	98.6	100.4	101.2	99.5
云南	98.2	94.8	99.1	99.1	98.9	94.9	98.1
西藏	97.2	98.8	99.1	99.3	98.6	100.5	97.4
陕西	96.5	97.1	100.4	100.7	98.4	102.1	99.3
甘肃	97.6	94.5	96.9	97.2	95.0	106.8	98.3
青海	94.6	99.3	97.0	96.3	99.9	104.0	102.0
宁夏	92.2	95.7	95.8	96.8	88.2	104.3	97.6
新疆	98.1	98.0	99.3	99.0	100.6	114.3	100.4

城镇居民家庭收支调查资料

(一)综合资料

1. 按平均每人生活费收入五等份分组

2001 年城镇家庭生活基本情况(一)

(平均每户)

	单位	总计	最低收入户	其中:困难户	低收入户	中等偏下户
调查户数	户	43839.95	4383.99	2290.72	4383.99	8767.99
一、家庭人口数	人	3.10	3.51	3.57	3.38	3.25
(一)有收入者人数	人	2.11	1.90	1.86	2.02	2.10
1.就业人口数	人	1.65	1.54	1.52	1.62	1.66
(1)国有经济单位职工人数	人	1.17	0.80	0.76	0.95	1.09
(2)集体经济单位职工人数	人	0.17	0.29	0.30	0.24	0.22
(3)其他经济类型职工人数	人	0.08	0.06	0.07	0.08	0.08
(4)个体经营者人员数	人	0.10	0.18	0.18	0.15	0.13
(5)个体被雇人员数	人	0.06	0.12	0.12	0.11	0.08
(6)离退休再就业人员数	人	0.04	0.02	0.01	0.03	0.03
(7)其他就业人员数	人	0.03	0.06	0.08	0.05	0.04
2.离退休人员	人	0.45	0.34	0.31	0.38	0.43
3.其他有收入者人数	人	0.01	0.03	0.03	0.02	0.01
(二)无收入者人数	人	0.99	1.60	1.71	1.36	1.15
二、期末家庭人口数	人	3.09	3.50	3.56	3.37	3.24
非家庭人口经常在家用饭人数	人	0.06	0.03	0.02	0.03	0.04

2001 年城镇家庭生活基本情况(二)

(平均每户)

	单 位	中 等 收入户	中 等 偏上户	高 收 入 户	最 高 收入户
调查户数	户	8767.99	8767.99	4383.99	4383.99
一、家庭人口数	人	3.11	2.97	2.83	2.64
(一)有收入者人数	人	2.13	2.18	2.18	2.15
1.就业人口数	人	1.67	1.70	1.66	1.60
(1)国有经济单位职工人数	人	1.21	1.33	1.35	1.31
(2)集体经济单位职工人数	人	0.16	0.11	0.08	0.07
(3)其他经济类型职工人数	人	0.08	0.08	0.07	0.07
(4)个体经营者人员数	人	0.09	0.07	0.06	0.06
(5)个体被雇人员数	人	0.06	0.04	0.03	0.02
(6)离退休再就业人员数	人	0.04	0.05	0.06	0.07
(7)其他就业人员数	人	0.03	0.01	0.01	0.01
2.离退休人员	人	0.46	0.48	0.52	0.55
3.其他有收入者人数	人	0.01	0.00	0.00	0.00
(二)无收入者人数	人	0.97	0.80	0.65	0.49
二、期末家庭人口数	人	3.10	2.96	2.82	2.63
非家庭人口经常在家用饭人数	人	0.06	0.07	0.10	0.12

2001 年城镇家庭现金收入和支出(一)

(平均每人全年)　　单位:元

	总计	最低收入户	其中:困难户	低收入户	中等偏下户
一、期初手存现金	481.68	292.96	286.71	351.28	422.28
二、可支配收入	6859.58	2802.83	2464.80	3856.49	4946.60
三、现金收入	8568.42	3416.39	3033.11	4579.74	5958.42
(一)实际收入	6907.08	2834.70	2497.32	3888.13	4983.50
1.国有经济单位职工收入	3745.98	1053.98	884.49	1697.27	2475.52
(1)工资性收入	3564.23	1028.68	863.37	1646.33	2390.41
其中:奖金	389.52	46.52	35.45	91.88	162.63
(2)非工资性收入	181.75	25.30	21.13	50.95	85.11
2.集体经济单位职工收入	315.81	286.17	273.34	327.09	343.68
(1)工资性收入	302.19	281.18	268.48	317.10	332.21
其中:奖金	28.09	8.85	7.08	21.11	24.32
(2)非工资性收入	13.61	4.99	4.86	9.99	11.48
3.其他经济类型职工收入	314.13	114.89	108.46	184.72	221.52
其中:奖金	39.66	7.12	5.24	19.51	21.94
4.个体经营者的净收益	274.05	217.79	192.69	235.81	260.01
5.个体被雇者收入	126.29	151.85	137.45	154.28	148.11
6.离退休再就业人员收入	70.68	16.49	14.61	33.94	38.96
7.其他就业者收入	36.92	56.62	66.24	56.94	46.19
8.其他劳动收入	214.77	202.74	197.02	220.42	213.50
9.财产性收入	134.62	54.38	45.60	68.50	96.00
(1)利息	23.38	4.57	4.05	5.07	10.03
(2)红利	16.41	2.09	1.24	2.57	6.25
(3)其他财产租金收入	94.83	47.72	40.31	60.86	79.73

2001年城镇家庭现金收入和支出(二)

(平均每人全年)　　单位:元

	中等收入户	中等偏上户	高收入户	最高收入户
一、期初手存现金	474.90	522.70	656.52	771.50
二、可支配收入	6366.24	8164.22	10374.92	15114.85
三、现金收入	7748.59	10209.91	13146.18	20034.34
(一)实际收入	6406.16	8213.66	10441.61	15219.98
1.国有经济单位职工收入	3532.67	4887.60	6309.07	8174.74
(1)工资性收入	3402.06	4666.13	5944.70	7552.93
其中:奖金	286.37	485.82	787.66	1343.96
(2)非工资性收入	130.62	221.47	364.37	621.81
2.集体经济单位职工收入	328.23	313.31	263.03	306.78
(1)工资性收入	315.37	295.84	249.83	278.28
其中:奖金	26.10	36.44	33.82	50.48
(2)非工资性收入	12.87	17.46	13.20	28.50
3.其他经济类型职工收入	300.09	372.59	461.95	675.06
其中:奖金	36.13	49.41	60.52	109.93
4.个体经营者的净收益	247.95	246.70	285.39	542.94
5.个体被雇者收入	132.75	103.93	80.64	87.57
6.离退休再就业人员收入	55.65	83.43	117.75	211.46
7.其他就业者收入	40.93	17.85	11.94	23.89
8.其他劳动收入	193.17	188.88	195.53	351.87
9.财产性收入	117.76	150.43	201.55	350.30
(1)利息	16.21	25.16	44.30	94.85
(2)红利	7.93	13.97	29.54	88.25
(3)其他财产租金收入	93.62	111.30	127.72	167.19

2001 年城镇家庭现金收入和支出(三)

(平均每人全年)　　单位:元

	总 计	最 低 收入户	其中: 困难户	低 收 入 户	中 等 偏下户
10.转移收入	1668.55	674.96	573.33	905.61	1136.56
(1)离退休金	1273.47	516.52	423.22	730.21	936.89
(2)价格补贴	1.62	0.76	0.68	0.40	1.37
(3)赡养收入	61.49	30.75	23.65	43.47	40.93
(4)赠送收入	154.93	52.99	49.59	62.97	80.77
(5)亲友搭伙费	30.09	8.66	5.12	13.76	16.08
(6)记账补贴	31.33	26.24	25.91	27.61	29.67
(7)出售财物收入	38.20	2.45	2.13	1.67	2.70
(8)其他	77.44	36.59	43.05	25.52	28.13
11.家庭副业生产收入	5.29	4.82	4.09	3.55	3.45
(二)借贷收入	1661.34	581.69	535.79	691.60	974.92
1.提取储蓄存款	1237.31	395.40	342.42	532.10	722.24
2.提取基金会款	8.16	2.18	2.53	2.31	2.29
3.借入款	177.84	112.66	118.33	83.57	119.28
4.收回借出款	38.14	8.00	8.00	14.51	20.12
5.收回储蓄性保险本金	6.94	2.34	2.03	1.31	2.64
6.兑售有价证券	21.67	3.16	2.08	8.51	4.97
7.赊购	0.82	0.13	0.17	0.02	0.33
8.为购置房屋从银行贷款	77.88	6.39	6.89	6.97	18.98
9.其他借贷收入	92.56	51.42	53.34	42.30	84.07
四、现金支出	8377.62	3356.43	2994.27	4477.96	5832.61
(一)实际支出	6553.56	2984.46	2685.70	3877.67	4874.20
1.消费性支出	5309.01	2690.98	2450.91	3452.27	4197.57

2001年城镇家庭现金收入和支出(四)

(平均每人全年)　　单位:元

	中等收入户	中等偏上户	高收入户	最高收入户
10.转移收入	1453.55	1843.64	2511.04	4476.51
(1)离退休金	1191.72	1507.33	2012.33	2711.58
(2)价格补贴	1.51	2.02	2.32	3.66
(3)赡养收入	53.15	60.27	84.74	175.22
(4)赠送收入	105.84	158.37	224.70	621.00
(5)亲友搭伙费	29.25	37.02	55.07	73.52
(6)记账补贴	31.10	32.94	35.68	39.58
(7)出售财物收入	3.88	6.17	9.83	367.21
(8)其他	37.09	39.52	86.37	484.75
11.家庭副业生产收入	3.40	5.31	3.72	18.87
(二)借贷收入	1342.42	1996.26	2704.57	4814.36
1.提取储蓄存款	1009.72	1506.37	2018.65	3549.83
2.提取基金会款	5.92	12.65	11.76	30.01
3.借入款	163.91	208.53	258.45	410.93
4.收回借出款	29.07	44.20	47.35	152.12
5.收回储蓄性保险本金	3.49	5.97	10.16	37.21
6.兑售有价证券	31.73	11.11	45.42	77.19
7.赊购	0.28	0.91	5.46	0.41
8.为购置房屋从银行贷款	28.82	100.43	186.46	335.46
9.其他借贷收入	69.47	106.09	120.86	221.20
四、现金支出	7563.37	9935.56	12870.98	19670.76
(一)实际支出	6127.42	7805.46	9604.12	13656.17
1.消费性支出	5131.55	6241.50	7495.09	9834.20

2001年城镇家庭现金收入和支出(五)

(平均每人全年)　　单位：元

	总 计	最 低 收入户	其中：困难户	低 收 入 户	中 等 偏下户
2. 非消费性支出	1240.81	288.29	228.40	422.71	672.03
(1)贷款利息	2.53	0.44	0.31	0.50	1.41
(2)个人所得税	12.42	0.44	0.23	1.36	2.62
(3)其他各种税金	4.83	1.25	1.23	1.77	2.36
(4)各种非储蓄性保险支出	23.36	6.74	6.49	11.91	17.24
(5)赡养支出	158.70	34.64	30.81	62.49	96.88
(6)赠送支出	500.02	143.90	115.55	222.64	332.74
(7)购房与建房支出	493.98	86.12	60.52	103.67	191.63
(8)其他非消费性支出	44.98	14.75	13.26	18.37	27.15
3. 家庭副业生产支出	3.75	5.19	6.39	2.68	4.60
(二)借贷支出	1824.06	371.96	308.57	600.30	958.41
1. 存入储蓄款	1351.90	247.43	207.51	420.20	705.01
2. 存入储金会款	10.28	3.27	2.76	0.96	5.04
3. 归还借款	76.33	29.16	27.28	37.23	45.86
4. 借出款	29.83	5.60	1.60	9.00	13.91
5. 储蓄性保险支出	135.89	47.76	38.99	59.18	82.50
6. 购置有价证券	53.40	3.07	4.00	5.51	17.97
7. 预购	0.99	0.00	0.00	1.29	0.47
8. 归还为购置住房的银行款	49.07	2.23	1.95	13.88	12.60
9. 其他借贷支出	116.37	33.44	24.49	53.04	75.05
五、期末手存现金	672.48	352.92	325.56	453.06	548.10

2001年城镇家庭现金收入和支出(六)

(平均每人全年)　　单位:元

	中等收入户	中等偏上户	高收入户	最高收入户
2.非消费性支出	993.52	1560.14	2106.99	3815.71
(1)贷款利息	2.87	3.58	3.48	6.39
(2)个人所得税	6.47	12.68	28.98	59.30
(3)其他各种税金	3.05	4.92	8.08	19.90
(4)各种非储蓄性保险支出	22.89	28.12	36.62	51.11
(5)赡养支出	133.08	201.50	257.77	461.67
(6)赠送支出	460.65	625.20	829.11	1199.77
(7)购房与建房支出	324.77	627.46	870.46	1898.48
(8)其他非消费性支出	39.74	56.68	72.49	119.10
3.家庭副业生产支出	2.35	3.81	2.03	6.25
(二)借贷支出	1435.95	2130.10	3266.86	6014.59
1.存入储蓄款	1053.36	1599.17	2477.48	4474.68
2.存入储金会款	8.33	13.64	11.04	41.24
3.归还借款	60.68	87.86	130.66	219.00
4.借出款	22.66	37.71	64.38	91.30
5.储蓄性保险支出	123.06	171.52	228.32	323.13
6.购置有价证券	22.69	19.84	79.46	361.28
7.预购	0.57	0.70	0.11	5.68
8.归还为购置住房的银行款	39.74	56.35	89.01	206.30
9.其他借贷支出	104.86	143.30	186.38	291.98
五、期末手存现金	660.11	797.06	931.72	1135.08

2001年城镇家庭消费支出(一)

(平均每人全年) 单位:元

	总计	最低收入户	其中:困难户	低收入户	中等偏下户
1.消费性支出	5309.01	2690.98	2450.91	3452.27	4197.57
一、食品	2014.02	1301.05	1209.15	1569.77	1790.57
(一)粮食	188.13	172.70	169.78	182.31	185.82
(二)淀粉及薯类	18.72	16.20	15.83	17.47	18.33
(三)干豆类及豆制品	31.04	25.33	24.29	27.60	30.01
(四)油脂类	58.85	54.36	52.29	57.81	58.85
(五)肉禽及其制品	413.54	291.42	272.38	348.85	385.25
(六)蛋类	56.78	45.46	43.16	51.61	54.55
(七)水产品类	151.99	97.32	90.52	115.83	134.23
(八)菜类	194.33	151.42	144.77	171.82	183.36
(九)调味品	30.17	23.52	22.28	26.97	28.95
(十)糖类	25.39	15.58	14.16	18.85	22.14
(十一)烟草类	103.83	62.04	56.94	80.03	97.60
(十二)酒和饮料	103.90	56.35	50.46	75.24	90.63
(十三)干鲜瓜果类	131.26	72.03	63.77	93.20	112.69
(十四)坚果及果仁	24.63	14.46	12.59	18.09	20.99
(十五)糕点类	42.53	23.29	20.20	30.76	36.45
(十六)奶及奶制品	80.06	38.80	34.34	50.96	66.07
(十七)其他食品	43.84	21.25	17.42	26.63	35.89
(十八)在外用餐	314.24	119.00	103.51	175.14	228.15
(十九)食品加工服务费	0.78	0.50	0.46	0.60	0.61
二、衣着	533.66	200.02	175.57	295.12	392.14
(一)服装	364.27	123.49	108.01	189.35	257.88
(二)衣着材料	20.98	10.63	8.98	14.45	17.18
(三)鞋、袜、帽及其他衣着	140.56	62.97	56.20	86.94	111.34
(四)衣着加工服务费	7.86	2.93	2.38	4.38	5.74

2001年城镇家庭消费支出(二)

(平均每人全年)　　单位:元

	中等收入户	中等偏上户	高收入户	最高收入户
1.消费性支出	5131.55	6241.50	7495.09	9834.20
一、食品	2032.81	2272.11	2509.80	2921.26
(一)粮食	192.50	188.35	194.31	205.96
(二)淀粉及薯类	19.08	19.07	19.83	22.01
(三)干豆类及豆制品	31.14	32.51	34.15	39.08
(四)油脂类	61.78	59.49	58.22	59.09
(五)肉禽及其制品	428.98	458.58	480.84	522.62
(六)蛋类	58.80	59.82	62.11	67.42
(七)水产品类	157.95	171.69	189.63	213.94
(八)菜类	196.56	208.43	222.67	241.91
(九)调味品	30.31	31.61	34.31	38.36
(十)糖类	25.14	28.35	33.06	40.07
(十一)烟草类	105.21	118.94	125.16	145.42
(十二)酒和饮料	106.92	120.50	135.16	158.32
(十三)干鲜瓜果类	132.46	155.02	174.09	202.19
(十四)坚果及果仁	24.67	28.82	31.47	38.54
(十五)糕点类	43.30	50.38	57.19	62.50
(十六)奶及奶制品	80.66	97.81	111.60	131.15
(十七)其他食品	43.25	54.73	61.11	73.69
(十八)在外用餐	293.32	387.16	483.93	657.61
(十九)食品加工服务费	0.79	0.85	0.97	1.41
二、衣着	528.79	676.22	810.10	1022.75
(一)服装	358.46	468.90	564.94	730.97
(二)衣着材料	20.84	25.10	28.85	35.15
(三)鞋、袜、帽及其他衣着	141.71	172.60	203.83	241.25
(四)衣着加工服务费	7.78	9.61	12.47	15.38

2001年城镇家庭消费支出(三)

(平均每人全年) 单位:元

	总 计	最 低 收入户	其中:困难户	低 收 入 户	中 等 偏下户
三、家庭设备、用品及服务	438.92	120.77	96.70	176.30	264.95
(一)耐用消费品	250.55	48.13	33.13	78.27	134.14
(二)室内装饰品	14.48	2.74	1.84	3.44	6.90
(三)床上用品	23.82	8.68	7.11	12.51	16.29
(四)家庭日用杂品	93.01	47.97	43.11	62.92	75.45
(五)家具材料	7.84	0.36	0.32	1.38	2.84
(六)家庭服务	49.22	12.89	11.19	17.77	29.33
四、医疗保健	343.28	168.38	142.35	207.88	273.78
五、交通和通讯	457.02	163.90	144.58	234.65	316.34
(一)交通	175.54	57.21	50.28	79.75	116.41
(二)通讯	281.48	106.69	94.31	154.91	199.93
六、娱乐、教育、文化服务	690.00	317.03	289.37	453.07	529.59
(一)文娱用耐用消费品	139.35	22.41	17.84	70.46	77.29
(二)教育	428.28	248.73	233.17	314.38	367.08
(三)文化娱乐	122.36	45.89	38.35	68.23	85.22
七、居住	547.96	332.54	318.84	387.28	451.46
(一)住房	216.98	100.98	96.10	127.28	154.84
(二)水、电、燃料及其他	330.99	231.56	222.73	260.00	296.62
八、杂项商品	284.13	87.29	74.34	128.19	178.74
(一)个人消费	233.60	67.76	59.71	100.09	142.38
(二)其他商品	21.91	8.81	7.23	13.44	16.34
(三)其他服务	28.62	10.72	7.40	14.67	20.02

2001年城镇家庭消费支出(四)

(平均每人全年)　　单位:元

	中等收入户	中等偏上户	高收入户	最高收入户
三、家庭设备、用品及服务	377.96	524.81	735.26	1243.00
(一)耐用消费品	205.00	300.64	443.12	803.70
(二)室内装饰品	12.42	19.12	26.37	44.25
(三)床上用品	23.05	29.28	39.08	49.29
(四)家庭日用杂品	88.82	109.85	130.37	166.24
(五)家具材料	8.67	10.29	14.30	24.55
(六)家庭服务	40.00	55.63	82.01	154.97
四、医疗保健	335.52	405.29	487.26	648.58
五、交通和通讯	421.09	580.63	688.10	1024.75
(一)交通	155.78	221.87	245.71	460.87
(二)通讯	265.31	358.76	442.39	563.88
六、娱乐、教育、文化服务	660.70	820.73	1040.60	1273.10
(一)文娱用耐用消费品	117.93	174.35	267.89	363.64
(二)教育	428.17	494.53	577.73	652.70
(三)文化娱乐	114.61	151.85	194.99	256.76
七、居住	529.26	614.13	739.72	972.10
(一)住房	198.71	245.90	328.19	499.70
(二)水、电、燃料及其他	330.55	368.24	411.53	472.40
八、杂项商品	245.41	347.57	484.27	728.66
(一)个人消费	198.03	288.53	407.60	614.20
(二)其他商品	21.89	24.81	30.76	47.33
(三)其他服务	25.49	34.23	45.90	67.13

2001年城镇家庭消费支出构成(一)

单位：%

	总　计	最　低 收入户	其中： 困难户	低　收 入　户	中　等 偏下户
1.消费性支出	100.00	100.00	100.00	100.00	100.00
一、食品	37.94	48.35	49.33	45.47	42.66
(一)粮食	3.54	6.42	6.93	5.28	4.43
(二)淀粉及薯类	0.35	0.60	0.65	0.51	0.44
(三)干豆类及豆制品	0.58	0.94	0.99	0.80	0.71
(四)油脂类	1.11	2.02	2.13	1.67	1.40
(五)肉禽及其制品	7.79	10.83	11.11	10.10	9.18
(六)蛋类	1.07	1.69	1.76	1.49	1.30
(七)水产品类	2.86	3.62	3.69	3.36	3.20
(八)菜类	3.66	5.63	5.91	4.98	4.37
(九)调味品	0.57	0.87	0.91	0.78	0.69
(十)糖类	0.48	0.58	0.58	0.55	0.53
(十一)烟草类	1.96	2.31	2.32	2.32	2.33
(十二)酒和饮料	1.96	2.09	2.06	2.18	2.16
(十三)干鲜瓜果类	2.47	2.68	2.60	2.70	2.68
(十四)坚果及果仁	0.46	0.54	0.51	0.52	0.50
(十五)糕点类	0.80	0.87	0.82	0.89	0.87
(十六)奶及奶制品	1.51	1.44	1.40	1.48	1.57
(十七)其他食品	0.83	0.79	0.71	0.77	0.86
(十八)在外用餐	5.92	4.42	4.22	5.07	5.44
(十九)食品加工服务费	0.01	0.02	0.02	0.02	0.01
二、衣着	10.05	7.43	7.16	8.55	9.34
(一)服装	6.86	4.59	4.41	5.48	6.14
(二)衣着材料	0.40	0.40	0.37	0.42	0.41
(三)鞋、袜、帽及其他衣着	2.65	2.34	2.29	2.52	2.65
(四)衣着加工服务费	0.15	0.11	0.10	0.13	0.14

2001年城镇家庭消费支出构成(二)

单位:%

	中等收入户	中等偏上户	高收入户	最高收入户
1.消费性支出	100.00	100.00	100.00	100.00
一、食品	39.61	36.40	33.49	29.71
(一)粮食	3.75	3.02	2.59	2.09
(二)淀粉及薯类	0.37	0.31	0.26	0.22
(三)干豆类及豆制品	0.61	0.52	0.46	0.40
(四)油脂类	1.20	0.95	0.78	0.60
(五)肉禽及其制品	8.36	7.35	6.42	5.31
(六)蛋类	1.15	0.96	0.83	0.69
(七)水产品类	3.08	2.75	2.53	2.18
(八)菜类	3.83	3.34	2.97	2.46
(九)调味品	0.59	0.51	0.46	0.39
(十)糖类	0.49	0.45	0.44	0.41
(十一)烟草类	2.05	1.91	1.67	1.48
(十二)酒和饮料	2.08	1.93	1.80	1.61
(十三)干鲜瓜果类	2.58	2.48	2.32	2.06
(十四)坚果及果仁	0.48	0.46	0.42	0.39
(十五)糕点类	0.84	0.81	0.76	0.64
(十六)奶及奶制品	1.57	1.57	1.49	1.33
(十七)其他食品	0.84	0.88	0.82	0.75
(十八)在外用餐	5.72	6.20	6.46	6.69
(十九)食品加工服务费	0.02	0.01	0.01	0.01
二、衣着	10.30	10.83	10.81	10.40
(一)服装	6.99	7.51	7.54	7.43
(二)衣着材料	0.41	0.40	0.38	0.36
(三)鞋、袜、帽及其他衣着	2.76	2.77	2.72	2.45
(四)衣着加工服务费	0.15	0.15	0.17	0.16

2001年城镇家庭消费支出构成(三)

单位：%

	总　计	最　低 收入户	其中： 困难户	低　收 入　户	中　等 偏下户
三、家庭设备、用品及服务	8.27	4.49	3.95	5.11	6.31
(一)耐用消费品	4.72	1.79	1.35	2.27	3.20
(二)室内装饰品	0.27	0.10	0.08	0.10	0.16
(三)床上用品	0.45	0.32	0.29	0.36	0.39
(四)家庭日用杂品	1.75	1.78	1.76	1.82	1.80
(五)家具材料	0.15	0.01	0.01	0.04	0.07
(六)家庭服务	0.93	0.48	0.46	0.51	0.70
四、医疗保健	6.47	6.26	5.81	6.02	6.52
五、交通和通讯	8.61	6.09	5.90	6.80	7.54
(一)交通	3.31	2.13	2.05	2.31	2.77
(二)通讯	5.30	3.96	3.85	4.49	4.76
六、娱乐、教育、文化服务	13.00	11.78	11.81	13.12	12.62
(一)文娱用耐用消费品	2.62	0.83	0.73	2.04	1.84
(二)教育	8.07	9.24	9.51	9.11	8.75
(三)文化娱乐	2.30	1.71	1.56	1.98	2.03
七、居住	10.32	12.36	13.01	11.22	10.76
(一)住房	4.09	3.75	3.92	3.69	3.69
(二)水、电、燃料及其他	6.23	8.61	9.09	7.53	7.07
八、杂项商品	5.35	3.24	3.03	3.71	4.26
(一)个人消费	4.40	2.52	2.44	2.90	3.39
(二)其他商品	0.41	0.33	0.30	0.39	0.39
(三)其他服务	0.54	0.40	0.30	0.42	0.48

2001年城镇家庭消费支出构成(四)

单位:%

	中等收入户	中等偏上户	高收入户	最高收入户
三、家庭设备、用品及服务	7.37	8.41	9.81	12.64
(一)耐用消费品	3.99	4.82	5.91	8.17
(二)室内装饰品	0.24	0.31	0.35	0.45
(三)床上用品	0.45	0.47	0.52	0.50
(四)家庭日用杂品	1.73	1.76	1.74	1.69
(五)家具材料	0.17	0.16	0.19	0.25
(六)家庭服务	0.78	0.89	1.09	1.58
四、医疗保健	6.54	6.49	6.50	6.60
五、交通和通讯	8.21	9.30	9.18	10.42
(一)交通	3.04	3.55	3.28	4.69
(二)通讯	5.17	5.75	5.90	5.73
六、娱乐、教育、文化服务	12.88	13.15	13.88	12.95
(一)文娱用耐用消费品	2.30	2.79	3.57	3.70
(二)教育	8.34	7.92	7.71	6.64
(三)文化娱乐	2.23	2.43	2.60	2.61
七、居住	10.31	9.84	9.87	9.88
(一)住房	3.87	3.94	4.38	5.08
(二)水、电、燃料及其他	6.44	5.90	5.49	4.80
八、杂项商品	4.78	5.57	6.46	7.41
(一)个人消费	3.86	4.62	5.44	6.25
(二)其他商品	0.43	0.40	0.41	0.48
(三)其他服务	0.50	0.55	0.61	0.68

2001 年城镇居民家庭购买主要商品数量(一)

(平均每人全年)

	单位	总计	最低收入户	其中：困难户	低收入户	中等偏下户
粮食	千克	79.69	80.82	80.44	82.04	81.36
细粮	千克	76.76	78.25	77.97	79.47	78.54
大米	千克	44.35	45.67	45.66	46.87	45.76
糯米	千克	0.75	0.61	0.59	0.76	0.77
普通或标准粉	千克	9.32	11.76	11.74	10.52	9.98
富强粉	千克	5.73	6.22	6.62	5.99	5.85
面包	千克	1.14	0.68	0.60	0.83	0.97
馒头	千克	6.82	5.41	5.08	6.21	6.41
其他细粮及制品	千克	8.64	7.91	7.68	8.29	8.80
粗粮合计	千克	2.93	2.57	2.48	2.57	2.82
粗粮	千克	1.91	1.57	1.58	1.57	1.86
粗粮制品	千克	1.02	0.99	0.90	1.01	0.95
淀粉及薯类	千克	13.09	12.65	12.38	12.76	13.22
马铃薯	千克	8.33	8.75	8.61	8.42	8.51
红薯	千克	2.20	1.74	1.72	1.98	2.17
其他薯类	千克	0.75	0.57	0.53	0.64	0.75
各类淀粉及制品	千克	1.81	1.58	1.52	1.72	1.79
大豆	千克	0.37	0.25	0.22	0.35	0.40
杂豆	千克	0.75	0.57	0.52	0.65	0.74
豆腐	千克	5.26	4.74	4.71	4.98	5.04
油脂类	千克	8.47	8.36	8.10	8.73	8.65
花生油	千克	1.27	1.13	1.12	1.20	1.26
菜籽油	千克	1.86	2.01	1.96	2.17	1.95
芝麻油	千克	0.23	0.15	0.14	0.19	0.21
豆油	千克	2.56	2.74	2.68	2.70	2.71
卫生油	千克	0.13	0.15	0.13	0.14	0.13
其他植物油	千克	2.03	1.73	1.58	1.88	1.97
动物油	千克	0.39	0.46	0.48	0.43	0.41
猪肉	千克	15.95	12.88	12.30	14.67	15.53
牛肉	千克	1.92	1.43	1.33	1.65	1.91

2001年城镇居民家庭购买主要商品数量(二)

(平均每人全年)

	单位	中等收入户	中等偏上户	高收入户	最高收入户
粮食	千克	81.15	76.32	76.39	79.41
细粮	千克	78.29	73.45	73.16	75.27
大米	千克	45.47	41.87	41.49	42.46
糯米	千克	0.74	0.74	0.80	0.92
普通或标准粉	千克	9.45	8.16	7.03	7.50
富强粉	千克	5.83	5.50	5.35	5.23
面包	千克	1.17	1.33	1.47	1.67
馒头	千克	7.20	7.09	7.90	8.00
其他细粮及制品	千克	8.42	8.76	9.12	9.49
粗粮合计	千克	2.86	2.87	3.23	4.13
粗粮	千克	1.86	1.89	2.03	2.90
粗粮制品	千克	1.00	0.97	1.20	1.24
淀粉及薯类	千克	13.17	12.74	13.00	14.64
马铃薯	千克	8.32	7.92	7.90	8.72
红薯	千克	2.25	2.19	2.37	2.93
其他薯类	千克	0.74	0.79	0.88	0.92
各类淀粉及制品	千克	1.85	1.85	1.85	2.07
大豆	千克	0.37	0.37	0.41	0.46
杂豆	千克	0.77	0.80	0.85	0.90
豆腐	千克	5.29	5.32	5.59	6.40
油脂类	千克	8.86	8.28	7.96	8.00
花生油	千克	1.35	1.29	1.28	1.26
菜籽油	千克	1.90	1.74	1.57	1.53
芝麻油	千克	0.24	0.25	0.26	0.29
豆油	千克	2.75	2.35	2.16	2.27
卫生油	千克	0.11	0.15	0.10	0.13
其他植物油	千克	2.07	2.15	2.26	2.21
动物油	千克	0.42	0.35	0.33	0.32
猪肉	千克	16.55	16.70	17.32	18.35
牛肉	千克	1.97	2.13	2.06	2.23

2001年城镇居民家庭购买主要商品数量(三)

(平均每人全年)

	单位	总计	最低收入户	其中：困难户	低收入户	中等偏下户
羊肉	千克	1.25	0.78	0.72	1.02	1.11
其他肉及肉制品	千克	2.51	1.49	1.32	1.91	2.19
白条鸡	千克	1.88	1.50	1.42	1.73	1.83
活鸡	千克	2.60	1.65	1.52	2.15	2.45
活鸭	千克	0.81	0.60	0.59	0.67	0.79
其他禽类及禽制品	千克	2.02	1.26	1.17	1.60	1.79
蛋类	千克	11.10	9.17	8.75	10.28	10.78
鸡蛋	千克	9.91	8.35	7.98	9.25	9.70
鸭蛋	千克	0.50	0.38	0.36	0.47	0.46
其他蛋类及蛋制品	千克	0.69	0.44	0.41	0.55	0.62
黄花鱼	千克	0.22	0.15	0.14	0.18	0.19
带鱼	千克	1.17	0.97	0.96	1.06	1.11
草鱼	千克	0.84	0.66	0.63	0.78	0.80
鲤鱼	千克	0.98	0.63	0.56	0.81	0.92
鲢鱼	千克	0.37	0.39	0.38	0.40	0.37
鲫鱼	千克	0.87	0.61	0.62	0.73	0.81
虾类	千克	1.13	0.70	0.64	0.84	1.01
菜类	千克	117.95	102.39	99.32	110.64	114.66
鲜菜	千克	115.86	100.74	97.73	108.78	112.67
白菜	千克	18.38	18.08	17.93	18.12	18.26
洋白菜	千克	2.60	2.57	2.39	2.55	2.61
菠菜	千克	2.00	1.82	1.80	1.89	1.94
油菜	千克	4.97	4.39	4.21	4.78	4.96
芹菜	千克	3.05	2.70	2.61	2.90	3.00
韭菜	千克	2.01	1.81	1.77	1.93	2.01
空心菜	千克	1.03	0.94	0.92	1.05	0.97
大葱	千克	4.87	3.99	3.90	4.32	4.66
菜花	千克	1.50	1.36	1.32	1.49	1.47
萝卜	千克	4.56	3.97	3.86	4.30	4.41
胡萝卜	千克	1.72	1.43	1.36	1.51	1.63

2001年城镇居民家庭购买主要商品数量(四)

(平均每人全年)

	单 位	中 等 收入户	中 等 偏上户	高 收 入 户	最 高 收入户
羊肉	千克	1.29	1.48	1.44	1.76
其他肉及肉制品	千克	2.59	2.93	3.24	3.61
白条鸡	千克	1.98	2.01	2.02	2.09
活鸡	千克	2.71	2.88	3.15	3.40
活鸭	千克	0.86	0.89	0.92	0.97
其他禽类及禽制品	千克	2.12	2.36	2.44	2.69
蛋类	千克	11.48	11.57	11.91	12.79
鸡蛋	千克	10.25	10.30	10.53	11.21
鸭蛋	千克	0.52	0.51	0.55	0.62
其他蛋类及蛋制品	千克	0.72	0.76	0.82	0.96
黄花鱼	千克	0.23	0.23	0.27	0.30
带鱼	千克	1.25	1.24	1.31	1.32
草鱼	千克	0.90	0.90	0.88	0.97
鲤鱼	千克	1.02	1.09	1.19	1.27
鲢鱼	千克	0.38	0.37	0.34	0.38
鲫鱼	千克	0.92	0.94	1.02	1.13
虾类	千克	1.20	1.30	1.46	1.50
菜类	千克	118.56	121.75	127.24	137.71
鲜菜	千克	116.45	119.51	124.86	135.14
白菜	千克	18.58	18.07	18.86	19.34
洋白菜	千克	2.63	2.55	2.59	2.76
菠菜	千克	2.00	2.00	2.18	2.37
油菜	千克	4.94	5.08	5.35	5.55
芹菜	千克	3.07	3.14	3.25	3.37
韭菜	千克	2.02	2.04	2.10	2.20
空心菜	千克	1.01	1.04	1.08	1.19
大葱	千克	4.87	5.11	5.31	6.29
菜花	千克	1.55	1.53	1.59	1.58
萝卜	千克	4.54	4.75	4.82	5.36
胡萝卜	千克	1.73	1.81	1.81	2.25

2001年城镇居民家庭购买主要商品数量(五)

(平均每人全年)

	单位	总计	最低收入户	其中:困难户	低收入户	中等偏下户
葱头	千克	0.99	0.83	0.80	0.92	0.94
生姜	千克	0.81	0.62	0.57	0.72	0.77
莴笋	千克	1.45	1.26	1.13	1.39	1.42
蒜苔	千克	1.32	1.03	1.00	1.18	1.26
蒜头	千克	1.20	0.99	0.92	1.12	1.15
黄瓜	千克	6.82	5.44	5.16	6.02	6.48
冬瓜	千克	2.48	2.10	2.00	2.34	2.39
丝瓜	千克	0.90	0.77	0.69	0.84	0.87
西红柿	千克	7.67	6.35	6.05	6.92	7.41
茄子	千克	4.47	3.89	3.77	4.13	4.30
青椒	千克	3.87	3.32	3.26	3.69	3.79
豆角	千克	6.00	5.04	4.82	5.57	5.72
莲藕	千克	1.29	1.07	0.99	1.18	1.26
豆芽菜	千克	2.06	2.12	2.08	2.10	2.07
其他鲜菜	千克	27.85	22.85	22.43	25.81	26.94
干菜	千克	0.42	0.32	0.29	0.37	0.39
菜制品	千克	1.67	1.32	1.30	1.49	1.59
食糖	千克	1.67	1.53	1.48	1.71	1.73
糖果	千克	0.60	0.35	0.33	0.42	0.52
卷烟	盒	26.81	21.50	19.36	25.31	28.18
烟叶	千克	0.02	0.03	0.04	0.02	0.03
白酒	千克	2.57	2.18	2.03	2.65	2.66
果酒	千克	0.20	0.08	0.06	0.13	0.16
啤酒	千克	6.29	3.96	3.38	5.10	6.20
其他酒	千克	0.63	0.54	0.58	0.58	0.74
汽水、可乐	千克	1.73	1.06	0.91	1.41	1.57

2001年城镇居民家庭购买主要商品数量(六)

(平均每人全年)

	单位	中等收入户	中等偏上户	高收入户	最高收入户
葱头	千克	1.00	1.06	1.03	1.22
生姜	千克	0.84	0.87	0.92	1.01
莴笋	千克	1.46	1.49	1.56	1.69
蒜苔	千克	1.36	1.43	1.45	1.58
蒜头	千克	1.23	1.24	1.32	1.46
黄瓜	千克	6.88	7.28	7.74	8.39
冬瓜	千克	2.51	2.53	2.72	3.01
丝瓜	千克	0.89	0.94	0.97	1.09
西红柿	千克	7.81	8.01	8.64	9.01
茄子	千克	4.50	4.57	4.94	5.31
青椒	千克	3.95	3.99	4.12	4.35
豆角	千克	6.15	6.28	6.55	7.01
莲藕	千克	1.33	1.35	1.33	1.45
豆芽菜	千克	2.05	2.02	1.98	2.05
其他鲜菜	千克	27.53	29.33	30.63	34.21
干菜	千克	0.43	0.45	0.45	0.52
菜制品	千克	1.68	1.78	1.93	2.05
食糖	千克	1.69	1.61	1.72	1.78
糖果	千克	0.60	0.67	0.81	0.96
卷烟	盒	27.34	27.68	27.51	28.72
烟叶	千克	0.01	0.02	0.01	0.01
白酒	千克	2.66	2.56	2.53	2.60
果酒	千克	0.20	0.26	0.27	0.36
啤酒	千克	6.89	7.01	7.10	7.25
其他酒	千克	0.64	0.60	0.56	0.64
汽水、可乐	千克	1.79	1.92	2.18	2.30

2001年城镇居民家庭购买主要商品数量(七)

(平均每人全年)

	单位	总计	最低收入户	其中：困难户	低收入户	中等偏下户
茶叶	千克	0.24	0.19	0.19	0.23	0.24
咖啡、可可粉	千克	0.01	0.01	0.01	0.01	0.01
干鲜瓜果类	千克	60.44	38.26	34.33	47.85	55.32
苹果	千克	9.20	6.48	5.86	7.87	8.61
桔子	千克	4.42	2.78	2.58	3.45	4.02
柑橙	千克	1.53	0.90	0.79	1.08	1.35
桃子	千克	3.15	1.86	1.71	2.42	2.81
梨	千克	3.93	2.52	2.33	3.19	3.62
香蕉	千克	4.34	2.58	2.25	3.33	3.92
葡萄	千克	1.67	0.85	0.75	1.17	1.42
西瓜	千克	22.63	15.31	13.71	18.71	21.13
其他鲜瓜果及制品	千克	9.02	4.68	4.07	6.27	7.98
各种干果	千克	0.54	0.31	0.28	0.38	0.46
坚果及果仁	千克	3.37	2.36	2.09	2.71	3.06
坚果和果仁	千克	3.01	2.08	1.87	2.43	2.74
坚果和果仁制品	千克	0.35	0.27	0.22	0.28	0.32
糕点类	千克	3.26	1.95	1.71	2.53	2.96
鲜乳品	千克	11.90	5.61	4.96	7.73	9.69
奶粉	千克	0.50	0.29	0.27	0.34	0.46
酸奶	千克	1.36	0.55	0.46	0.78	1.10
购自单位食堂主食品	千克	3.19	1.53	1.47	2.30	3.07
购自饮食业主食品	千克	8.90	5.23	4.54	6.31	7.82
服装	件	6.59	3.38	3.01	4.49	5.59
男士服装	件	2.26	1.18	1.03	1.53	1.93
毛皮大衣	件	0.00	0.00	0.00	0.00	0.00
呢大衣	件	0.00	0.00	0.00	0.00	0.00
风雨衣	件	0.01	0.00	0.00	0.00	0.01
西服	件	0.07	0.02	0.02	0.04	0.05
中山装	件	0.00	0.00	0.00	0.00	0.00
茄克衫	件	0.08	0.04	0.04	0.05	0.07

2001 年城镇居民家庭购买主要商品数量(八)

(平均每人全年)

	单 位	中 等 收入户	中 等 偏上户	高 收 入 户	最 高 收入户
茶叶	千克	0.24	0.25	0.24	0.28
咖啡、可可粉	千克	0.01	0.02	0.02	0.03
干鲜瓜果类	千克	61.60	68.50	74.77	83.00
苹果	千克	9.53	10.24	10.65	11.49
桔子	千克	4.56	5.02	5.58	5.97
柑橙	千克	1.54	1.79	1.95	2.30
桃子	千克	3.22	3.64	3.97	4.53
梨	千克	4.01	4.50	4.76	5.25
香蕉	千克	4.38	5.08	5.53	6.05
葡萄	千克	1.67	1.99	2.31	2.66
西瓜	千克	23.08	24.82	27.47	30.00
其他鲜瓜果及制品	千克	9.05	10.76	11.80	13.93
各种干果	千克	0.55	0.64	0.74	0.82
坚果及果仁	千克	3.43	3.75	4.01	4.66
坚果和果仁	千克	3.08	3.36	3.57	4.14
坚果和果仁制品	千克	0.34	0.39	0.44	0.52
糕点类	千克	3.38	3.78	4.21	4.30
鲜乳品	千克	11.78	14.79	16.80	19.60
奶粉	千克	0.52	0.56	0.62	0.74
酸奶	千克	1.30	1.69	2.17	2.27
购自单位食堂主食品	千克	3.33	3.81	4.12	4.08
购自饮食业主食品	千克	9.22	10.32	11.85	12.77
服装	件	6.79	7.92	8.88	10.08
男士服装	件	2.34	2.69	3.00	3.45
毛皮大衣	件	0.01	0.01	0.01	0.01
呢大衣	件	0.01	0.01	0.01	0.01
风雨衣	件	0.01	0.01	0.01	0.01
西服	件	0.07	0.09	0.11	0.13
中山装	件	0.00	0.00	0.00	0.00
茄克衫	件	0.08	0.10	0.11	0.13

2001年城镇居民家庭购买主要商品数量(九)

(平均每人全年)

	单位	总 计	最 低 收入户	其中: 困难户	低 收 入 户	中 等 偏下户
羽绒衣	件	0.03	0.01	0.01	0.02	0.02
毛线衣	件	0.11	0.04	0.03	0.06	0.08
衬衫	件	0.30	0.15	0.13	0.20	0.25
裤子	件	0.44	0.23	0.21	0.30	0.38
其他男士服装	件	1.20	0.67	0.58	0.85	1.06
女士服装	件	3.30	1.61	1.41	2.19	2.75
毛皮大衣	件	0.01	0.00	0.00	0.00	0.00
呢大衣	件	0.02	0.01	0.01	0.01	0.01
风雨衣	件	0.02	0.01	0.00	0.01	0.02
西服	件	0.05	0.02	0.01	0.02	0.04
茄克衫	件	0.03	0.02	0.01	0.02	0.03
羽绒衣	件	0.05	0.01	0.01	0.03	0.03
毛线衣	件	0.23	0.08	0.07	0.13	0.17
衬衫	件	0.23	0.11	0.10	0.14	0.19
连衣裙	件	0.10	0.04	0.03	0.05	0.08
单裙	件	0.14	0.05	0.04	0.07	0.11
裤子	件	0.52	0.27	0.23	0.37	0.46
其他女士服装	件	1.90	0.99	0.88	1.32	1.61
各式童装	件	1.03	0.59	0.57	0.77	0.90
棉布	米	0.32	0.16	0.14	0.22	0.25
棉花化纤混纺布	米	0.09	0.05	0.04	0.06	0.07
化纤布	米	0.28	0.14	0.14	0.21	0.23
呢绒	米	0.04	0.01	0.01	0.02	0.03
绸缎	米	0.03	0.01	0.01	0.01	0.02
毛线	千克	0.17	0.11	0.09	0.14	0.16
鞋类	双	2.51	1.71	1.57	2.00	2.31
皮鞋	双	0.76	0.41	0.37	0.53	0.68
旅游鞋	双	0.10	0.07	0.07	0.08	0.09
布鞋	双	0.20	0.20	0.19	0.20	0.19
雨鞋	双	0.01	0.01	0.01	0.01	0.01

2001年城镇居民家庭购买主要商品数量(十)

(平均每人全年)

	单位	中等收入户	中等偏上户	高收入户	最高收入户
羽绒衣	件	0.03	0.04	0.04	0.05
毛线衣	件	0.11	0.13	0.15	0.20
衬衫	件	0.33	0.37	0.40	0.44
裤子	件	0.46	0.53	0.58	0.68
其他男士服装	件	1.23	1.42	1.59	1.78
女士服装	件	3.37	4.01	4.55	5.22
毛皮大衣	件	0.01	0.01	0.01	0.01
呢大衣	件	0.02	0.03	0.04	0.04
风雨衣	件	0.02	0.03	0.03	0.04
西服	件	0.05	0.06	0.07	0.08
茄克衫	件	0.03	0.04	0.04	0.05
羽绒衣	件	0.04	0.07	0.06	0.07
毛线衣	件	0.23	0.29	0.34	0.41
衬衫	件	0.24	0.29	0.33	0.38
连衣裙	件	0.11	0.14	0.15	0.19
单裙	件	0.14	0.18	0.22	0.25
裤子	件	0.53	0.62	0.67	0.77
其他女士服装	件	1.94	2.25	2.58	2.93
各式童装	件	1.08	1.22	1.33	1.42
棉布	米	0.30	0.40	0.40	0.62
棉花化纤混纺布	米	0.09	0.11	0.12	0.17
化纤布	米	0.28	0.34	0.38	0.50
呢绒	米	0.03	0.05	0.06	0.07
绸缎	米	0.04	0.03	0.04	0.07
毛线	千克	0.18	0.18	0.19	0.21
鞋类	双	2.60	2.80	3.02	3.28
皮鞋	双	0.79	0.91	0.99	1.10
旅游鞋	双	0.11	0.12	0.12	0.13
布鞋	双	0.21	0.19	0.20	0.22
雨鞋	双	0.01	0.01	0.01	0.01

2001年城镇居民家庭购买主要商品数量(十一)

(平均每人全年)

	单位	总计	最低收入户	其中：困难户	低收入户	中等偏下户
凉鞋	双	0.31	0.20	0.18	0.24	0.29
拖鞋	双	0.60	0.41	0.36	0.46	0.52
其他鞋	双	0.52	0.41	0.40	0.48	0.53
各种袜子	双	2.71	1.70	1.59	2.20	2.45
各种帽子	顶	0.10	0.06	0.05	0.07	0.09
肥皂	块	3.36	3.22	3.21	3.25	3.31
洗衣粉	千克	1.26	1.09	1.06	1.24	1.26
水	吨	31.38	23.04	21.95	25.42	28.50
电	度	298.97	189.81	179.73	228.02	262.29
煤炭	千克	129.51	158.47	167.26	142.40	143.02
液化石油气	千克	16.98	13.53	12.86	15.00	16.47
管道煤气	立方米	30.71	19.67	19.15	23.29	26.65
手表	只	0.03	0.01	0.01	0.02	0.02

2001年城镇居民家庭购买主要商品数量(十二)

(平均每人全年)

	单位	中等收入户	中等偏上户	高收入户	最高收入户
凉鞋	双	0.32	0.35	0.37	0.41
拖鞋	双	0.62	0.68	0.73	0.87
其他鞋	双	0.54	0.55	0.59	0.55
各种袜子	双	2.76	3.16	3.21	3.66
各种帽子	顶	0.10	0.12	0.15	0.17
肥皂	块	3.68	3.33	3.24	3.30
洗衣粉	千克	1.26	1.33	1.24	1.39
水	吨	31.48	34.48	37.57	43.43
电	度	296.40	339.70	392.29	441.05
煤炭	千克	130.45	111.28	95.32	118.18
液化石油气	千克	17.57	18.09	19.25	19.32
管道煤气	立方米	31.91	35.18	38.22	43.69
手表	只	0.03	0.03	0.04	0.04

2001年城镇居民家庭购买主要商品数量(十三)

(平均每人全年)

	单位	总 计	最 低 收入户	其中: 困难户	低 收 入 户	中 等 偏下户
组合家具	套	0.93	0.37	0.17	0.22	0.64
沙发床	个	1.84	0.52	0.45	0.73	1.16
沙发	个	6.20	1.57	1.67	1.85	4.01
大衣柜	个	0.69	0.28	0.11	0.29	0.35
写字台	张	0.86	0.34	0.31	0.35	0.72
地毯	平方米	2.60	1.11	1.07	0.30	2.10
地板革	平方米	6.40	2.85	1.59	4.51	4.15
缝纫机	台	0.06	0.03	0.05	0.05	0.03
洗衣机	台	3.32	1.00	0.74	1.51	2.68
电风扇	台	6.28	3.12	2.71	5.61	5.53
电冰箱	台	2.81	1.05	0.81	1.69	1.61
冰柜	台	0.20	0.17	0.11	0.20	0.18
微波炉	台	3.88	1.09	0.83	1.55	2.80
空调器	台	4.19	1.00	0.72	1.66	2.46
电炊具	台	7.23	3.84	3.36	5.22	6.20
淋浴热水器	台	3.05	0.63	0.25	1.15	2.18
排油烟机	台	2.38	0.68	0.45	0.99	1.51
排风扇	台	2.06	0.69	0.68	1.31	1.59
吸尘器	台	0.48	0.04	0.03	0.23	0.20
钟	个	6.06	3.82	4.25	4.80	5.15
毛毯	条	1.70	0.94	0.86	0.91	1.42
床单	条	16.02	10.86	9.00	10.80	14.83

2001 年城镇居民家庭购买主要商品数量(十四)

(平均每人全年)

	单位	中等收入户	中等偏上户	高收入户	最高收入户
组合家具	套	0.90	0.84	1.29	2.62
沙发床	个	1.60	2.00	2.49	5.10
沙发	个	5.43	8.29	9.09	14.00
大衣柜	个	0.71	0.80	0.90	1.74
写字台	张	0.67	0.89	1.44	1.94
地毯	平方米	1.94	3.14	3.60	6.64
地板革	平方米	4.58	10.95	8.47	8.83
缝纫机	台	0.07	0.06	0.10	0.05
洗衣机	台	3.01	3.82	4.99	6.65
电风扇	台	6.95	7.17	6.50	8.29
电冰箱	台	2.90	3.45	4.06	5.34
冰柜	台	0.21	0.18	0.31	0.21
微波炉	台	4.06	4.69	5.99	7.09
空调器	台	4.04	5.01	6.98	9.23
电炊具	台	6.86	8.46	10.17	10.08
淋浴热水器	台	2.97	3.52	5.15	6.23
排油烟机	台	2.44	3.08	3.33	4.69
排风扇	台	2.11	2.69	2.66	3.18
吸尘器	台	0.30	0.62	0.99	1.25
钟	个	5.99	6.96	7.18	8.60
毛毯	条	1.51	1.99	2.33	2.96
床单	条	15.58	19.17	20.07	19.27

2001年城镇居民家庭购买主要商品数量(十五)

(平均每人全年)

	单位	总 计	最 低 收入户	其中: 困难户	低 收 入 户	中 等 偏下户
摩托车	辆	1.22	0.27	0.27	0.47	0.87
自行车	辆	10.64	7.60	5.21	8.75	9.44
家用汽车	辆	0.08	0.00	0.00	0.00	0.03
电话	部	8.14	5.17	4.00	7.99	7.30
BP机	部	1.39	0.84	0.50	1.20	1.04
彩色电视机	台	5.09	1.39	1.24	2.65	3.77
影碟机	台	2.88	1.27	1.16	1.47	2.57
录放像机	台	0.09	0.00	0.00	0.15	0.13
家用电脑	台	2.62	0.32	0.19	1.44	1.36
组合音响	台	0.74	0.16	0.06	0.42	0.48
录音机	台	2.34	1.28	0.52	2.04	1.98
摄像机	台	0.07	0.00	0.00	0.00	0.03
收音机	台	2.28	1.01	1.08	1.66	2.00
照相机	架	1.15	0.24	0.20	0.40	0.71
钢琴	架	0.07	0.00	0.00	0.01	0.02
其他中高档乐器	件	0.00	0.00	0.00	0.00	0.00

2001年城镇居民家庭购买主要商品数量(十六)

(平均每人全年)

	单 位	中 等 收入户	中 等 偏上户	高 收 入 户	最 高 收入户
摩托车	辆	1.30	1.82	1.78	1.67
自行车	辆	11.46	11.84	12.61	11.97
家用汽车	辆	0.06	0.09	0.03	0.41
电话	部	7.65	8.76	10.35	10.44
BP机	部	1.56	1.34	1.83	2.11
彩色电视机	台	5.02	6.13	7.89	9.17
影碟机	台	2.97	3.44	3.38	4.66
录放像机	台	0.07	0.04	0.10	0.17
家用电脑	台	2.25	3.32	5.04	5.57
组合音响	台	0.64	0.92	1.09	1.70
录音机	台	2.20	2.51	3.51	3.19
摄像机	台	0.03	0.07	0.19	0.23
收音机	台	2.46	2.65	3.12	2.78
照相机	架	1.30	1.32	1.83	2.39
钢琴	架	0.01	0.05	0.19	0.33
其他中高档乐器	件	0.00	0.00	0.00	0.01

2001年城镇居民家庭年末主要消费品拥有量(一)

(平均每百户)

	单位	总 计	最 低 收入户	其中: 困难户	低 收 入 户	中 等 偏下户
毛皮大衣	件	64.74	33.24	30.88	46.49	56.12
呢大衣	件	172.67	123.78	117.25	141.52	158.15
毛 毯	条	146.17	101.26	96.79	120.28	132.45
地 毯	平方米	90.74	51.92	59.51	57.20	73.74
组合家具	套	64.14	46.38	44.97	51.88	57.06
沙发床	个	55.61	37.00	35.35	41.49	49.83
沙 发	个	204.93	153.11	152.95	165.90	186.42
大衣柜	个	84.68	76.70	76.86	76.93	81.81
写字台	张	84.79	71.32	69.90	73.91	79.51
摩托车	辆	20.40	12.90	12.39	16.17	17.94
自行车	辆	165.42	159.16	156.05	164.18	165.96
家用汽车	辆	0.60	0.37	0.50	0.43	0.47
缝纫机	台	50.64	49.46	49.26	49.97	50.52
洗衣机	台	92.22	79.21	76.83	85.30	89.67
电风扇	台	170.74	147.81	141.09	158.84	168.62
电冰箱	台	81.87	63.11	60.07	70.82	77.03
冰 柜	台	6.62	5.53	5.03	6.29	6.23
彩色电视机	台	120.52	103.04	100.21	108.61	115.00
影碟机	台	42.62	25.95	24.34	31.39	36.98
录放像机	台	19.89	13.02	12.36	14.71	17.46
家用电脑	台	13.31	3.87	3.19	6.28	8.47
组合音响	套	23.84	12.20	12.05	15.88	20.47
录音机	台	48.90	39.95	36.69	43.04	47.39
摄像机	台	1.63	0.54	0.66	0.96	1.00
照相机	架	39.79	20.65	18.45	25.88	32.14
钢 琴	架	1.33	0.46	0.56	0.63	0.75
其他中高档乐器	件	6.12	1.75	1.34	3.56	4.40
微波炉	台	22.27	8.71	7.27	11.69	16.04
空调器	台	35.79	14.29	13.13	20.47	25.40
电炊具	台	107.87	78.90	72.69	86.16	97.29
淋浴热水器	台	52.00	30.77	28.18	38.59	45.27
排油烟机	台	55.49	33.93	32.87	41.34	48.71
吸尘器	台	11.83	5.19	5.26	6.86	7.81
健身器材	件	3.98	1.14	0.88	1.46	2.31
移动电话	台	33.97	9.68	8.95	15.38	22.16

2001年城镇居民家庭年末主要消费品拥有量(二)

(平均每百户)

	单 位	中 等 收入户	中 等 偏上户	高 收 入 户	最 高 收入户
毛皮大衣	件	66.78	74.54	81.71	91.08
呢大衣	件	174.27	189.16	206.87	211.33
毛 毯	条	146.29	163.56	172.70	182.91
地 毯	平方米	86.79	112.01	112.29	140.93
组合家具	套	83.96	64.04	64.62	68.45
沙发床	个	55.41	61.75	69.24	74.38
沙 发	个	206.26	223.59	239.88	257.90
大衣柜	个	83.62	87.78	89.24	97.47
写字台	张	84.99	90.37	94.05	98.91
摩托车	辆	20.73	23.86	24.37	25.54
自行车	辆	168.45	168.28	165.50	160.00
家用汽车	辆	0.56	0.54	0.89	1.12
缝纫机	台	49.97	49.32	52.63	54.73
洗衣机	台	93.12	96.18	98.70	101.04
电风扇	台	173.33	179.18	178.41	180.13
电冰箱	台	83.59	87.92	92.66	95.03
冰 柜	台	5.83	6.61	8.52	8.51
彩色电视机	台	121.00	126.00	131.53	138.03
影碟机	台	43.01	49.55	53.76	55.98
录放像机	台	19.38	22.85	24.75	27.06
家用电脑	台	12.49	16.50	22.10	25.99
组合音响	套	23.88	28.67	31.64	32.61
录音机	台	49.84	51.31	53.47	55.43
摄像机	台	1.20	2.03	2.25	4.11
照相机	架	39.54	46.72	53.59	60.98
钢 琴	架	1.01	1.67	2.32	3.03
其他中高档乐器	件	5.74	8.04	8.46	11.08
微波炉	台	21.56	27.71	33.13	38.56
空调器	台	34.81	43.48	52.59	63.18
电炊具	台	108.62	119.73	125.77	136.57
淋浴热水器	台	52.14	58.69	67.19	71.18
排油烟机	台	57.52	63.72	67.60	72.10
吸尘器	台	10.80	14.76	17.87	21.65
健身器材	件	3.29	4.77	6.49	10.02
移动电话	台	32.06	45.25	53.43	62.23

2. 2000～2001年主要指标对比资料

城镇居民家庭生活基本情况变化表

（平均每户）

	单　位	2001年	2000年	2001年比上年增减(%)
调查户数	户	43839.95	42220.04	1619.91
家庭人口数	人	3.1	3.13	－0.03
有收入者人数	人	2.11	2.12	－0.02
就业人口数	人	1.65	1.68	－0.03
国有经济单位职工人数	人	1.17	1.21	－0.04
集体经济单位职工人数	人	0.17	0.18	－0.01
其他经济单位职工人数	人	0.08	0.07	0.01
个体经营者数	人	0.10	0.10	0.01
个体被雇人员数	人	0.06	0.05	0.01
离退休再就业人员数	人	0.04	0.04	0.00
其他就业人员数	人	0.03	0.03	0.00
离退休人数	人	0.45	0.44	0.01
其他有收入者人数	人	0.01	0.01	0.00
无收入者人数	人	0.99	1.00	－0.01
期末家庭人口数	人	3.09	3.12	－0.03
非家庭人口经常在家用饭人数	人	0.06	0.06	0.00

城镇居民家庭现金收入和支出变化表(一)

(平均每人全年)

	2001年	2000年	2001年比上年增减	2001年比上年增幅(%)
期初手存现金	481.68	317.43	164.25	51.74
可支配收入	6859.58	6279.98	579.6	9.23
现金收入	8568.42	7870.09	698.33	8.87
实际收入	6907.08	6316.81	590.27	9.34
全民经济单位职工收入	3745.98	3500.63	245.35	7.01
工资性收入	3564.23	3317.09	247.14	7.45
其中:奖金	389.52	372.52	17.00	4.56
非工资性收入	181.75	183.54	−1.79	−0.97
集体经济单位职工收入	315.81	312.33	3.47	1.11
工资性收入	302.19	299.27	2.92	0.98
其中:奖金	28.09	28.81	−0.71	−2.48
非工资性收入	13.61	13.06	0.55	4.21
其他经济单位职工收入	314.13	269.82	44.31	16.42
其中:奖金	39.66	37.68	1.98	5.26
个体经营者的净收益	274.05	246.24	27.81	11.29
个体被雇者收入	126.29	101.95	24.34	23.87
离退休再就业人员收入	70.68	60.74	9.94	16.37
其他就业者收入	36.92	30.96	5.96	19.27
其他劳动收入	214.77	197.74	17.03	8.61
财产性收入	134.62	128.38	6.24	4.86
利　息	23.38	28.79	−5.41	−18.78
红　利	16.41	14.78	1.63	11.06
其他财产租金收入	94.83	84.82	10.01	11.80

城镇居民家庭现金收入和支出变化表(二)

(平均每人全年)

	2001 年	2000 年	2001 年比上年增减	2001 年比上年增幅(%)
转移收入	1668.55	1461.68	206.87	14.15
离退休金	1273.47	1136.24	137.22	12.08
价格补贴	1.62	1.63	−0.01	−0.41
赡养收入	61.49	60.36	1.13	1.87
赠送收入	154.93	147.30	7.63	5.18
亲友搭伙费	30.09	29.43	0.66	2.24
记账补贴	31.33	24.93	6.40	25.66
出售财物收入	38.20	20.9	17.29	82.73
其　他	77.44	40.89	36.55	89.39
家庭副业生产收入	5.29	6.33	−1.05	−16.56
借贷收入	1661.34	1553.28	108.06	6.96
提取储蓄存款	1237.31	1172.7	64.62	5.51
提取基金会款	8.16	10.92	−2.76	−25.27
借入款	177.84	181.74	−3.90	−2.15
收回借出款	38.14	35.88	2.27	6.33
收回储蓄性保险本金	6.94	3.95	2.99	75.60
兑售有价证券	21.67	18.22	3.45	18.92
赊　购	0.82	0.25	0.58	233.92
为购置房屋从银行贷款	77.88	56.45	21.43	37.97
其他借贷收入	92.56	73.17	19.39	26.5
现金支出	8377.62	7606.63	770.99	10.14
实际支出	6553.56	6147.38	406.18	6.61
消费性支出	5309.01	4998.00	311.01	6.22

城镇居民家庭现金收入和支出变化表(三)

(平均每人全年)

	2001 年	2000 年	2001 年比上年增减	2001 年比上年增幅(%)
非消费性支出	1240.81	1146.12	94.69	8.26
贷款利息	2.53	2.33	0.20	8.57
个人所得税	12.42	8.64	3.78	43.74
其他各种税金	4.83	4.58	0.25	5.40
各种非储蓄性保险支出	23.36	16.73	6.63	39.63
赡养支出	158.7	139.67	19.02	13.62
赠送支出	500.02	475.86	24.16	5.08
购房与建房支出	493.98	454.79	39.20	8.62
其他非消费性支出	44.98	43.52	1.45	3.34
家庭副业生产支出	3.75	3.26	0.49	14.96
借贷支出	1824.06	1459.26	364.80	25.00
存入储蓄款	1351.90	1043.32	308.58	29.58
存入储金会款	10.28	8.85	1.43	16.19
归还借款	76.33	84.30	−7.97	−9.45
借出款	29.83	32.20	−2.37	−7.37
储蓄性保险支出	135.89	102.53	33.37	32.55
购置有价证券	53.40	42.59	10.81	25.39
预购	0.99	6.61	−5.61	−84.95
归还为购置住房的银行款	49.07	30.15	18.92	62.75
其他借贷支出	116.37	108.72	7.65	7.04
期末手存现金	672.48	580.89	91.59	15.77

城镇居民家庭消费支出变化表(一)

(平均每人全年) 单位:元

	2001年	2000年	2001年比上年增减	2001年比上年增幅(%)
消费性支出	5309.01	4998.00	311.01	6.22
食品	2014.02	1958.31	55.70	2.84
粮食	188.13	188.66	−0.53	−0.28
淀粉及薯类	18.72	19.07	−0.35	−1.86
干豆类及豆制品	31.04	29.86	1.17	3.93
油脂类	58.85	66.48	−7.63	−11.47
肉禽及其制品	413.54	411.31	2.23	0.54
蛋类	56.78	56.59	0.19	0.33
水产品类	151.99	143.54	8.45	5.89
菜类	194.33	192.32	2.00	1.04
调味品	30.17	29.73	0.44	1.48
糖类	25.39	24.31	1.08	4.43
烟草类	103.83	100.85	2.98	2.95
酒和饮料	103.9	103.18	0.72	0.70
干鲜瓜果类	131.26	127.51	3.75	2.94
坚果及果仁	24.63	23.84	0.79	3.32
糕点类	42.53	41.81	0.71	1.71
奶及奶制品	80.06	68.57	11.49	16.75
其他食品	43.84	41.99	1.86	4.42
在外用餐	314.24	287.80	26.44	9.19
食品加工服务费	0.78	0.87	−0.09	−10.27
衣着	533.66	500.46	33.20	6.63
服装	364.27	337.24	27.03	8.02
衣着材料	20.98	23.46	−2.48	−10.59
鞋、袜、帽及其他衣着	140.56	130.75	9.81	7.5
衣着加工服务费	7.86	9.02	−1.16	−12.84

城镇居民家庭消费支出变化表(二)

(平均每人全年)　　单位:元

	2001年	2000年	2001年比上年增减	2001年比上年增幅(%)
家庭设备、用品及服务	438.92	439.29	−0.37	−0.08
耐用消费品	250.55	259.10	−8.55	−3.30
室内装饰品	14.48	15.66	−1.18	−7.52
床上用品	23.82	20.47	3.35	16.38
家庭日用杂品	93.01	91.61	1.40	1.53
家具材料	7.84	6.6	1.24	18.75
家庭服务	49.22	45.85	3.37	7.36
医疗保健	343.28	318.07	25.22	7.93
交通和通讯	457.02	395.01	62.01	15.70
交通	175.54	162.22	13.32	8.21
通讯	281.48	232.79	48.69	20.91
娱乐、教育、文化服务	690.00	627.82	62.18	9.9
文娱用耐用消费品	139.35	146.92	−7.57	−5.15
教育	428.28	363.75	64.54	17.74
文化娱乐	122.36	117.15	5.20	4.44
居住	547.96	500.49	47.48	9.49
住房	216.98	201.59	15.38	7.63
水、电、燃料及其他	330.99	298.89	32.09	10.74
杂项商品	284.13	258.54	25.59	9.9
个人消费	233.60	210.49	23.11	10.98
其他商品	21.91	20.65	1.26	6.09
其他服务	28.62	27.4	1.23	4.48

城镇居民家庭购买主要商品数量变化表(一)

(平均每人全年)

	单 位	2001年	2000年	2001年比上年增减	2001年比上年增幅(%)
粮食	千克	79.69	82.31	−2.62	−3.19
细粮	千克	76.76	79.45	−2.69	−3.39
大米	千克	44.35	45.91	−1.56	−3.40
糯米	千克	0.75	0.71	0.04	6.05
普通或标准粉	千克	9.32	10.73	−1.41	−13.15
富强粉	千克	5.73	5.79	−0.06	−1.00
面包	千克	1.14	1.03	0.11	10.70
馒头	千克	6.82	6.54	0.29	4.40
其他细粮及制品	千克	8.64	8.75	−0.11	−1.21
粗粮合计	千克	2.93	2.85	0.07	2.56
粗粮	千克	1.91	1.86	0.05	2.52
粗粮制品	千克	1.02	0.99	0.03	2.65
淀粉及薯类	千克	13.09	13.43	−0.34	−2.51
马铃薯	千克	8.33	8.44	−0.10	−1.24
红薯	千克	2.20	2.39	−0.19	−7.85
其他薯类	千克	0.75	0.71	0.04	5.76
各类淀粉及制品	千克	1.81	1.90	−0.09	−4.53
大豆	千克	0.37	0.33	0.04	11.56
杂豆	千克	0.75	0.71	0.04	5.41
豆腐	千克	5.26	5.19	0.07	1.44
油脂类	千克	8.47	8.61	−0.14	−1.60
花生油	千克	1.27	1.29	−0.02	−1.91
菜籽油	千克	1.86	2.02	−0.16	−7.72
芝麻油	千克	0.23	0.21	0.01	6.96
豆油	千克	2.56	2.66	−0.10	−3.79
卫生油	千克	0.13	0.15	−0.02	−12.65
其他植物油	千克	2.03	1.82	0.21	11.47
动物油	千克	0.39	0.45	−0.06	−13.39
猪肉	千克	15.95	16.73	−0.78	−4.65
牛肉	千克	1.92	1.98	−0.06	−3.09

城镇居民家庭购买主要商品数量变化表(二)

(平均每人全年)

	单 位	2001年	2000年	2001年比上年增减	2001年比上年增幅(%)
羊肉	千克	1.25	1.35	−0.10	−7.21
其他肉及肉制品	千克	2.51	2.41	0.11	4.38
白条鸡	千克	1.88	1.96	−0.07	−3.68
活鸡	千克	2.60	2.61	−0.01	−0.25
活鸭	千克	0.81	0.87	−0.06	−6.75
其他禽类及禽制品	千克	2.02	1.94	0.08	3.98
蛋类	千克	11.10	11.89	−0.80	−6.72
鸡蛋	千克	9.91	10.66	−0.75	−7.01
鸭蛋	千克	0.50	0.55	−0.05	−9.54
其他蛋类及蛋制品	千克	0.69	0.69	0.00	−0.09
黄花鱼	千克	0.22	0.19	0.03	14.67
带鱼	千克	1.17	0.99	0.19	18.83
草鱼	千克	0.84	0.86	−0.02	−2.38
鲤鱼	千克	0.98	0.98	0.00	0.20
鲢鱼	千克	0.37	0.42	−0.05	−11.01
鲫鱼	千克	0.87	0.86	0.01	1.02
虾类	千克	1.13	0.96	0.17	18.16
菜类	千克	117.95	116.82	1.13	0.97
鲜菜	千克	115.86	114.74	1.12	0.98
白菜	千克	18.38	18.13	0.25	1.36
洋白菜	千克	2.60	2.59	0.01	0.53
菠菜	千克	2.00	1.90	0.10	5.15
油菜	千克	4.97	4.93	0.05	0.92
芹菜	千克	3.05	2.98	0.07	2.24
韭菜	千克	2.01	1.94	0.07	3.53
空心菜	千克	1.03	0.96	0.07	7.09
大葱	千克	4.87	5.00	−0.13	−2.58
菜花	千克	1.50	1.42	0.09	6.32
萝卜	千克	4.56	4.64	−0.09	−1.88
胡萝卜	千克	1.72	1.72	0.00	0.04

城镇居民家庭购买主要商品数量变化表(三)

(平均每人全年)

	单位	2001年	2000年	2001年比上年增减	2001年比上年增幅(%)
葱头	千克	0.99	0.87	0.12	14.23
生姜	千克	0.81	0.74	0.07	9.74
莴笋	千克	1.45	1.16	0.29	25.03
蒜苔	千克	1.32	1.08	0.24	22.64
蒜头	千克	1.20	1.18	0.02	1.99
黄瓜	千克	6.82	6.70	0.12	1.84
冬瓜	千克	2.48	2.45	0.03	1.29
丝瓜	千克	0.90	0.85	0.05	6.16
西红柿	千克	7.67	7.55	0.12	1.64
茄子	千克	4.47	4.57	−0.11	−2.35
青椒	千克	3.87	3.81	0.06	1.62
豆角	千克	6.00	5.88	0.12	2.05
莲藕	千克	1.29	1.15	0.13	11.61
豆芽菜	千克	2.06	1.96	0.09	4.77
其他鲜菜	千克	27.85	28.59	−0.75	−2.61
干菜	千克	0.42	0.43	−0.01	−3.15
菜制品	千克	1.67	1.65	0.02	1.30
食糖	千克	1.67	1.70	−0.03	−1.49
糖果	千克	0.60	0.62	−0.03	−4.15
卷烟	盒	26.81	27.50	−0.69	−2.50
烟叶	千克	0.02	0.02	0.00	−1.53
白酒	千克	2.57	2.66	−0.09	−3.55
果酒	千克	0.20	0.18	0.02	11.21
啤酒	千克	6.29	6.51	−0.22	−3.34
其他酒	千克	0.63	0.66	−0.03	−4.96
汽水、可乐	千克	1.73	1.76	−0.03	−1.82

城镇居民家庭购买主要商品数量变化表(四)

(平均每人全年)

	单　位	2001年	2000年	2001年比上年增减	2001年比上年增幅(%)
茶叶	千克	0.24	0.24	0.00	1.37
咖啡、可可粉	千克	0.01	0.01	0.00	17.29
干鲜瓜果类	千克	60.44	58.05	2.40	4.13
苹果	千克	9.20	10.46	−1.26	−12.02
桔子	千克	4.42	3.81	0.61	16.00
柑橙	千克	1.53	1.68	−0.16	−9.41
桃子	千克	3.15	3.61	−0.46	−12.69
梨	千克	3.93	4.39	−0.46	−10.41
香蕉	千克	4.34	2.75	1.59	57.98
葡萄	千克	1.67	1.85	−0.18	−9.52
西瓜	千克	22.63	20.57	2.06	10.00
其他鲜瓜果及制品	千克	9.02	8.35	0.67	7.98
各种干果	千克	0.54	0.57	−0.02	−4.35
坚果及果仁	千克	3.37	3.30	0.07	2.10
坚果和果仁	千克	3.01	2.97	0.04	1.35
坚果和果仁制品	千克	0.35	0.33	0.03	9.04
糕点类	千克	3.26	3.25	0.02	0.47
鲜乳品	千克	11.90	9.94	1.96	19.73
奶粉	千克	0.50	0.49	0.01	1.79
酸奶	千克	1.36	1.12	0.24	21.46
购自单位食堂主食品	千克	3.19	3.04	0.15	4.96
购自饮食业主食品	千克	8.90	8.53	0.37	4.34
服装	件	6.59	6.24	0.35	5.60
男士服装	件	2.26	2.16	0.10	4.54
毛皮大衣	件	0.00	0.01	0.00	−38.42
呢大衣	件	0.00	0.01	0.00	−8.40
风雨衣	件	0.01	0.01	0.00	9.17
西服	件	0.07	0.07	0.00	−4.55
中山装	件	0.00	0.00	0.00	−19.71
茄克衫	件	0.08	0.08	0.01	6.91

城镇居民家庭购买主要商品数量变化表(五)

(平均每人全年)

	单 位	2001 年	2000 年	2001 年比上年增减	2001 年比上年增幅(%)
羽绒衣	件	0.03	0.02	0.01	42.54
毛线衣	件	0.11	0.11	0.00	−0.54
衬衫	件	0.30	0.31	−0.01	−2.76
裤子	件	0.44	0.42	0.02	4.72
其他男士服装	件	1.20	1.13	0.08	7.02
女士服装	件	3.30	3.05	0.25	8.11
毛皮大衣	件	0.01	0.01	0.00	−27.12
呢大衣	件	0.02	0.03	0.00	−14.89
风雨衣	件	0.02	0.02	0.00	18.86
西服	件	0.05	0.05	0.00	−9.82
茄克衫	件	0.03	0.03	0.00	9.76
羽绒衣	件	0.05	0.03	0.01	29.84
毛线衣	件	0.23	0.22	0.00	1.72
衬衫	件	0.23	0.24	−0.01	−2.12
连衣裙	件	0.10	0.12	−0.01	−11.56
单裙	件	0.14	0.14	0.00	1.99
裤子	件	0.52	0.45	0.07	15.68
其他女士服装	件	1.90	1.72	0.18	10.69
各式童装	件	1.03	1.03	0.00	0.37
棉布	米	0.32	0.32	0.00	1.39
棉花化纤混纺布	米	0.09	0.09	0.00	1.02
化纤布	米	0.28	0.37	−0.09	−23.48
呢绒	米	0.04	0.05	−0.01	−24.38
绸缎	米	0.03	0.03	0.00	−14.03
毛线	千克	0.17	0.18	−0.01	−6.74
鞋类	双	2.51	2.50	0.00	0.13
皮鞋	双	0.76	0.78	−0.01	−1.68
旅游鞋	双	0.10	0.10	0.00	3.90
布鞋	双	0.20	0.21	−0.01	−5.69
雨鞋	双	0.01	0.01	0.00	−30.74

城镇居民家庭购买主要商品数量变化表(六)

(平均每人全年)

	单 位	2001 年	2000 年	2001 年比上年增减	2001 年比上年增幅(%)
凉鞋	双	0.31	0.30	0.01	4.53
拖鞋	双	0.60	0.59	0.01	2.08
其他鞋	双	0.52	0.52	0.00	0.59
各种袜子	双	2.71	2.60	0.11	4.27
各种帽子	顶	0.10	0.11	−0.01	−7.14
肥皂	块	3.36	3.56	−0.20	−5.53
洗衣粉	千克	1.26	1.26	0.00	−0.16
水	吨	31.38	31.83	−0.45	−1.42
电	度	298.97	274.17	24.80	9.05
煤炭	千克	129.51	128.07	1.45	1.13
液化石油气	千克	16.98	16.62	0.35	2.13
管道煤气	立方米	30.71	30.48	0.23	0.75
手表	只	0.03	0.03	0.00	−3.18

城镇居民家庭购买主要商品数量变化表(七)

(平均每人全年)

	单 位	2001 年	2000 年	2001 年比上年增减	2001 年比上年增幅(%)
组合家具	套	0.93	0.99	−0.07	−6.57
沙发床	个	1.84	2.13	−0.30	−13.94
沙发	个	6.20	6.53	−0.33	−5.08
大衣柜	个	0.69	0.75	−0.06	−7.84
写字台	张	0.86	0.90	−0.04	−4.20
地毯	平方米	2.60	3.28	−0.68	−20.85
地板革	平方米	6.40	6.97	−0.57	−8.17
缝纫机	台	0.06	0.09	−0.03	−36.68
床单	条	16.02	13.53	2.49	18.38
肥皂	块	3.36	3.56	−0.20	−5.53
洗衣粉	千克	1.26	1.26	0.00	−0.16

城镇居民家庭购买主要商品数量变化表(八)

(平均每人全年)

	单 位	2001年	2000年	2001年比上年增减	2001年比上年增幅(%)
摩托车	辆	1.22	1.36	-0.14	-10.36
自行车	辆	10.64	10.98	-0.34	-3.05
家用汽车	辆	0.08	0.04	0.04	87.59
电话	部	8.14	8.91	-0.77	-8.65
BP机	部	1.39	2.51	-1.12	-44.79
彩色电视机	台	5.09	5.64	-0.54	-9.65
影碟机	台	2.88	3.33	-0.45	-13.65
录放像机	台	0.09	0.06	0.03	46.08
家用电脑	台	2.62	2.47	0.15	6.03
组合音响	台	0.74	0.84	-0.09	-11.02
录音机	台	2.34	2.30	0.04	1.77
摄像机	台	0.07	0.05	0.02	32.11
收音机	台	2.28	2.22	0.06	2.72
照相机	架	1.15	1.01	0.14	13.79
钢琴	架	0.07	0.08	-0.01	-13.36
其他中高档乐器	件	0.00	0.00	0.00	7.27

城镇居民家庭年末主要消费品拥有量变化表

(平均每百户)

	单 位	2001年	2000年	2001年比上年增减	2001年比上年增幅(%)
毛皮大衣	件	64.74	61.88	2.86	4.63
呢大衣	件	172.67	169.63	3.04	1.79
毛毯	条	146.17	143.27	2.91	2.03
地毯	平方米	90.74	92.79	−2.05	−2.21
组合家具	套	64.14	57.82	6.33	10.94
沙发床	个	55.61	52.22	3.39	6.48
沙发	个	204.93	198.82	6.11	3.07
大衣柜	个	84.68	83.45	1.23	1.47
写字台	张	84.79	83.44	1.36	1.63
摩托车	辆	20.40	18.83	1.58	8.37
自行车	辆	165.42	162.72	2.71	1.66
家用汽车	辆	0.60	0.51	0.09	16.80
缝纫机	台	50.64	51.46	−0.82	−1.59
洗衣机	台	92.22	90.52	1.70	1.88
电风扇	台	170.74	167.91	2.83	1.69
电冰箱	台	81.87	80.13	1.75	2.18
冰柜	台	6.62	6.52	0.10	1.48
彩色电视机	台	120.52	116.56	3.96	3.40
影碟机	台	42.62	37.53	5.08	13.54
录放像机	台	19.89	20.13	−0.24	−1.18
家用电脑	台	13.31	9.72	3.60	37.01
组合音响	套	23.84	22.20	1.64	7.39
录音机	台	48.90	47.93	0.96	2.01
摄像机	台	1.63	1.34	0.29	21.99
照相机	架	39.79	38.44	1.35	3.50
钢琴	架	1.33	1.26	0.07	5.20
其他中高档乐器	件	6.12	5.34	0.78	14.51
微波炉	台	22.27	17.61	4.66	26.48
空调器	台	35.79	30.76	5.03	16.34
电炊具	台	107.87	101.94	5.93	5.81
淋浴热水器	台	52.00	49.11	2.88	5.87
排油烟机	台	55.49	54.07	1.42	2.63
吸尘器	台	11.83	11.17	0.65	5.86
健身器材	件	3.98	3.48	0.50	14.46
移动电话	台	33.97	19.49	14.48	74.28

（二）分省、自治区、直辖市调查资料

2001年各地区城镇居民家庭人口就业情况(一)

(平均每百户)

单位:人

	调查户数	家庭人口数	(一)有收入者人数	1.就业人口数	(1)国有经济单位职工数
全国合计	**43839.95**	**310.00**	**210.63**	**164.65**	**116.70**
北京	1000.00	302.60	234.99	175.98	125.46
天津	500.00	308.94	229.94	158.83	114.79
河北	2160.08	306.53	215.28	164.70	129.12
山西	1570.00	309.45	205.94	157.31	122.51
内蒙古	2300.00	305.33	198.70	163.39	123.21
辽宁	3250.00	307.36	222.28	168.03	107.05
吉林	1350.01	309.82	204.75	163.31	117.23
黑龙江	2000.02	304.43	199.58	143.71	97.97
上海	500.00	299.97	237.20	154.72	94.05
江苏	2600.00	303.12	217.36	160.86	96.61
浙江	1900.00	288.52	206.33	156.85	73.58
安徽	1750.00	304.14	209.42	163.69	99.35
福建	1700.00	320.32	222.45	180.87	116.09
江西	1280.00	304.12	208.09	168.05	136.55
山东	2450.00	306.41	208.12	182.40	145.98
河南	2920.00	317.77	211.50	160.21	120.49
湖北	1540.00	310.18	212.29	176.70	140.06
湖南	1000.00	306.10	204.05	173.19	136.19
广东	1600.02	351.66	226.09	187.72	110.28
广西	1200.00	314.70	207.04	175.52	138.97
海南	300.00	374.20	217.61	182.57	146.63
重庆	300.00	304.89	219.75	168.92	129.98
四川	1450.05	296.75	199.85	147.68	100.73
贵州	980.01	312.26	202.79	166.23	129.50
云南	1250.01	304.05	206.10	160.05	121.35
西藏	100.00	343.00	187.00	177.00	156.00
陕西	1400.00	308.65	202.21	155.15	126.18
甘肃	880.00	304.89	196.83	164.16	124.99
青海	550.00	318.45	194.00	147.06	115.44
宁夏	1200.01	307.75	188.18	148.27	102.56
新疆	860.00	308.30	194.53	158.71	139.68

2001年各地区城镇居民家庭人口就业情况(二)

(平均每百户)

单位:人

	(2)集体经济单位职工人数	(3)其它经济类型职工人数	(4)个体经营者人员数	(5)个体被雇人员数	(6)离退休再就业人员数
全国合计	**16.67**	**7.68**	**10.47**	**6.27**	**3.94**
北京	9.10	19.69	1.04	2.40	17.41
天津	11.65	10.48	5.48	4.05	10.18
河北	14.81	1.46	8.56	4.49	3.20
山西	12.56	11.13	4.86	2.65	2.73
内蒙古	8.66	3.91	17.66	6.36	1.50
辽宁	33.74	4.83	5.77	7.53	5.91
吉林	15.89	2.42	11.09	9.15	2.13
黑龙江	12.82	2.71	11.84	11.02	1.12
上海	8.67	20.25	1.97	2.40	26.44
江苏	36.89	6.71	11.27	4.61	3.79
浙江	17.14	35.44	12.07	10.06	5.94
安徽	25.79	12.18	16.19	5.92	1.78
福建	16.49	9.85	15.63	15.39	2.12
江西	10.71	1.19	11.05	5.61	0.43
山东	22.26	8.17	3.04	1.61	1.01
河南	14.67	1.94	13.72	5.35	2.93
湖北	17.21	5.30	6.37	3.30	2.61
湖南	14.58	9.20	8.50	2.38	0.00
广东	21.63	19.28	16.45	13.74	1.40
广西	8.92	1.47	13.75	7.36	1.37
海南	9.96	2.37	9.14	4.47	0.67
重庆	16.39	5.16	4.61	7.00	5.78
四川	12.15	6.95	13.33	9.43	2.62
贵州	13.79	1.63	14.61	3.01	2.18
云南	15.27	2.52	12.09	4.62	2.14
西藏	14.00	0.00	0.00	2.00	0.00
陕西	10.63	1.68	4.68	6.05	4.33
甘肃	15.77	2.82	13.77	3.74	1.16
青海	7.18	0.77	8.45	7.18	2.15
宁夏	9.09	8.17	15.42	9.22	3.26
新疆	2.85	1.23	12.15	2.58	0.23

2001年各地区城镇居民家庭人口就业情况(三)

(平均每百户) 单位:人

	(7)其它就业人员数	2.离退休人员数	其它有收入者人数	(二)无收入者人数
全国合计	**2.92**	**45.02**	**0.96**	**99.37**
北京	0.88	58.16	0.85	67.61
天津	2.20	68.53	2.58	78.99
河北	3.05	50.32	0.26	91.25
山西	0.87	48.34	0.28	103.50
内蒙古	2.10	34.65	0.66	106.63
辽宁	3.20	53.23	1.02	85.08
吉林	5.39	41.28	0.16	105.08
黑龙江	6.24	54.55	1.32	104.85
上海	0.95	82.48	0.00	62.77
江苏	0.98	55.29	1.20	85.76
浙江	2.62	46.38	3.10	82.19
安徽	2.48	44.57	1.16	94.71
福建	5.30	40.64	0.95	97.87
江西	2.52	39.92	0.12	96.03
山东	0.34	25.27	0.45	98.29
河南	1.11	50.74	0.55	106.27
湖北	1.84	34.94	0.66	97.89
湖南	2.34	30.60	0.26	102.05
广东	4.93	36.12	2.26	125.57
广西	3.68	31.42	0.11	107.66
海南	9.33	30.37	4.67	156.59
重庆	0.00	50.81	0.03	85.14
四川	2.47	49.95	2.21	96.90
贵州	1.51	36.22	0.34	109.48
云南	2.05	42.92	3.14	97.94
西藏	5.00	10.00	0.00	156.00
陕西	1.59	46.34	0.72	106.45
甘肃	1.91	31.60	1.07	108.06
青海	5.88	45.82	1.12	124.45
宁夏	0.53	38.58	1.34	119.56
新疆	0.00	35.75	0.07	113.78

2001年各地区城镇居民家庭人口就业情况(四)

(平均每百户)　　　　单位:人

	期末家庭人口数	附:非家庭人口经常在家用饭人数
全国合计	**309.20**	**6.04**
北京	302.20	4.74
天津	306.80	5.62
河北	306.10	5.86
山西	308.88	2.70
内蒙古	304.64	3.02
辽宁	306.13	3.84
吉林	306.97	0.29
黑龙江	304.21	1.54
上海	297.20	2.23
江苏	302.15	16.97
浙江	286.78	9.78
安徽	304.30	10.59
福建	319.59	10.60
江西	303.42	9.26
山东	306.31	1.10
河南	316.90	7.22
湖北	309.95	4.68
湖南	305.90	4.57
广东	351.46	8.71
广西	313.93	10.65
海南	374.00	22.03
重庆	304.67	14.86
四川	295.25	11.47
贵州	312.01	6.62
云南	303.95	7.19
西藏	343.00	0.00
陕西	307.99	4.58
甘肃	304.65	1.94
青海	318.18	1.39
宁夏	303.79	9.24
新疆	308.40	0.56

2001年各地区城镇居民家庭现金收入和支出(一)

(平均每人全年)

单位:元

	一、期初手存现金	二、可支配收入	三、现金收入	(一)实际收入
全国合计	**481.68**	**6859.58**	**8568.42**	**6907.08**
北京	1279.81	11577.78	13768.79	11658.99
天津	547.47	8958.70	11989.95	8999.37
河北	472.10	5984.82	7742.52	6027.75
山西	445.37	5391.05	6716.89	5416.33
内蒙古	353.80	5535.89	6997.84	5561.13
辽宁	329.39	5797.01	7165.83	5832.55
吉林	303.33	5340.46	6595.30	5361.44
黑龙江	435.73	5425.87	6291.84	5461.74
上海	1269.76	12883.46	16406.88	12981.53
江苏	758.01	7375.10	9194.93	7427.51
浙江	986.24	10464.67	13608.20	10540.37
安徽	325.47	5668.80	7176.16	5715.52
福建	656.51	8313.08	10006.24	8384.64
江西	460.34	5506.02	6694.45	5545.72
山东	423.50	7101.08	8712.66	7141.16
河南	410.25	5267.42	6391.94	5292.09
湖北	222.73	5855.98	7204.41	5888.71
湖南	403.83	6780.56	8428.06	6832.59
广东	596.99	10415.19	13273.28	10534.67
广西	355.36	6665.73	8467.64	6722.81
海南	399.47	5838.84	7095.31	5927.37
重庆	220.96	6721.09	8349.86	6755.45
四川	281.96	6360.47	7643.08	6406.56
贵州	243.05	5451.91	6363.57	5467.18
云南	269.56	6797.71	9337.54	6849.73
西藏	224.75	7869.16	10304.81	7912.36
陕西	347.75	5483.73	7256.08	5513.77
甘肃	229.87	5382.91	6627.89	5413.65
青海	319.61	5853.72	7368.62	5883.75
宁夏	180.84	5544.17	7986.90	5582.18
新疆	286.83	6395.04	8222.19	6456.85

2001年各地区城镇居民家庭现金收入和支出(二)

(平均每人全年)

单位:元

	1.国有经济单位职工工资	(1)工资性收入	其中:奖金	(2)非工资性收入
全国合计	**3745.98**	**3564.23**	**389.52**	**181.75**
北京	6239.26	6036.70	893.73	202.55
天津	4152.18	4002.14	584.76	150.04
河北	3456.85	3345.48	222.27	111.37
山西	3140.95	3060.72	204.68	80.24
内蒙古	3392.55	3310.58	109.56	81.98
辽宁	2809.88	2668.01	201.13	141.87
吉林	3084.12	3007.92	101.52	76.20
黑龙江	2664.09	2557.68	99.52	106.41
上海	5171.35	4914.84	930.51	256.51
江苏	3472.64	3304.48	439.66	168.16
浙江	4394.40	4088.32	1059.44	306.08
安徽	2859.25	2713.22	244.62	146.04
福建	4622.20	4459.52	587.28	162.68
江西	3685.09	3446.28	222.40	238.81
山东	4982.71	4756.76	376.95	225.94
河南	2791.00	2704.87	178.20	86.14
湖北	3821.45	3608.73	341.45	212.72
湖南	4387.30	4047.84	468.49	339.46
广东	5132.82	4715.69	939.25	417.13
广西	4370.15	4127.24	666.55	242.91
海南	3726.38	3570.98	469.13	155.40
重庆	4130.22	3918.09	617.20	212.13
四川	3321.47	3178.21	471.39	143.26
贵州	3508.89	3315.96	177.83	192.93
云南	4192.21	4012.14	296.80	180.07
西藏	6958.30	6564.65	70.88	393.65
陕西	3347.05	3133.70	266.46	213.35
甘肃	3645.29	3486.36	151.18	158.93
青海	3641.91	3517.33	68.28	124.59
宁夏	3242.54	2948.83	216.94	293.71
新疆	4614.02	4281.24	167.24	332.78

2001年各地区城镇居民家庭现金收入和支出(三)

(平均每人全年)　　单位:元

	2.集体经济单位职工工资	(1)工资性收入	其中:奖金	(2)非工资性收入	3.其他经济类型职工收入
全国合计	**315.81**	**302.19**	**28.09**	**13.61**	**314.13**
北京	318.54	308.21	39.53	10.34	1097.81
天津	182.99	173.30	12.84	9.69	500.55
河北	228.03	221.87	7.50	6.16	34.88
山西	150.61	147.69	4.01	2.92	255.52
内蒙古	128.61	126.85	1.81	1.76	71.46
辽宁	425.36	406.43	24.27	18.94	168.49
吉林	210.17	203.84	5.13	6.33	55.60
黑龙江	192.42	188.61	3.79	3.81	66.98
上海	274.60	264.55	37.89	10.05	1456.60
江苏	749.94	717.00	61.67	32.94	247.94
浙江	628.35	593.87	132.95	34.47	1340.64
安徽	412.93	400.04	29.35	12.89	284.33
福建	361.62	351.61	36.98	10.00	397.03
江西	179.73	170.98	6.87	8.75	23.00
山东	521.13	499.36	34.11	21.77	315.78
河南	199.41	196.32	8.05	3.10	50.58
湖北	249.18	237.32	15.01	11.85	131.17
湖南	243.96	233.23	15.27	10.73	287.87
广东	778.04	711.58	120.32	66.46	1039.12
广西	133.25	129.09	8.37	4.16	46.86
海南	121.70	118.52	7.81	3.17	53.24
重庆	316.49	304.99	29.93	11.50	181.20
四川	219.97	214.05	18.58	5.92	215.01
贵州	202.84	197.45	8.30	5.39	35.86
云南	313.47	303.90	12.65	9.57	71.61
西藏	271.11	271.11	0.00	0.00	5.56
陕西	144.78	140.67	4.85	4.10	41.91
甘肃	191.30	188.63	8.92	2.67	36.64
青海	107.52	102.38	0.97	5.15	19.87
宁夏	149.51	141.78	3.72	7.72	203.12
新疆	67.98	66.38	2.40	1.60	50.71

2001年各地区城镇居民家庭现金收入和支出(四)

(平均每人全年)

单位:元

	其中:奖金	4.个体经营者的净收益	5.个体被雇者收入	6.离退休再就业人员收入
全国合计	**39.66**	**274.05**	**126.29**	**70.68**
北京	93.39	56.86	91.31	310.30
天津	45.58	233.32	84.56	230.61
河北	4.89	196.09	65.64	43.31
山西	23.77	129.23	30.49	31.87
内蒙古	1.71	500.17	106.10	24.17
辽宁	12.51	138.45	127.76	69.42
吉林	3.49	312.49	174.07	25.11
黑龙江	7.66	356.99	187.10	13.24
上海	131.12	119.38	83.52	579.66
江苏	37.99	361.88	119.73	59.38
浙江	246.01	553.23	319.09	140.73
安徽	29.90	389.50	100.07	22.88
福建	29.63	480.14	360.73	43.22
江西	1.45	256.84	89.70	5.96
山东	28.61	93.22	26.81	19.00
河南	5.39	241.78	73.83	36.09
湖北	17.30	119.92	43.99	26.35
湖南	52.16	169.98	43.95	0.00
广东	158.37	603.67	409.37	38.05
广西	13.81	262.91	104.86	21.00
海南	1.84	231.53	39.16	9.49
重庆	15.10	117.90	142.91	138.70
四川	29.74	282.42	177.47	54.23
贵州	0.92	285.13	31.70	27.03
云南	2.93	298.28	84.99	28.70
西藏	0.00	0.00	29.68	0.00
陕西	0.00	111.96	106.38	64.20
甘肃	10.20	221.89	63.97	14.54
青海	0.00	204.56	93.09	17.25
宁夏	15.81	364.58	135.60	52.56
新疆	1.16	236.96	48.38	3.75

2001年各地区城镇居民家庭现金收入和支出(五)

(平均每人全年)

单位:元

	7.其它就业者收入	8.其它劳动收入	9.财产性收入	(1)利息	(2)红利
全国合计	**36.92**	**214.77**	**134.62**	**23.38**	**16.41**
北京	11.11	275.42	105.11	44.38	14.38
天津	23.30	529.59	108.19	29.63	1.49
河北	49.62	183.13	133.87	58.74	23.37
山西	7.07	161.52	37.31	20.50	4.99
内蒙古	10.16	154.63	58.97	9.20	11.57
辽宁	33.54	437.45	45.68	13.89	12.25
吉林	54.36	137.78	32.42	9.19	1.15
黑龙江	66.82	237.10	30.21	5.07	1.02
上海	22.22	444.19	38.46	12.63	6.79
江苏	22.92	194.79	91.01	41.62	21.83
浙江	58.05	332.30	165.32	64.67	35.17
安徽	36.20	191.22	76.65	18.07	10.08
福建	86.15	193.93	164.42	28.25	36.48
江西	22.91	87.25	85.55	13.80	11.26
山东	3.27	110.90	147.83	25.87	41.12
河南	13.20	122.31	340.24	24.65	11.06
湖北	26.66	255.12	116.43	24.03	8.48
湖南	17.97	182.79	239.48	28.35	41.30
广东	106.73	164.26	491.49	33.64	40.92
广西	37.98	169.76	354.32	22.22	42.02
海南	65.40	441.28	89.01	8.58	22.30
重庆	0.00	140.34	184.13	9.53	4.91
四川	34.99	151.43	199.53	32.67	22.59
贵州	7.48	191.97	18.71	4.58	5.73
云南	30.03	138.24	203.65	12.82	13.69
西藏	123.16	33.03	10.20	4.37	5.83
陕西	31.76	145.85	53.82	17.46	10.69
甘肃	17.87	137.97	41.98	14.23	3.78
青海	56.15	176.16	18.84	5.97	4.79
宁夏	5.30	114.02	40.35	6.55	7.48
新疆	0.00	121.14	41.49	8.27	5.39

2001年各地区城镇居民家庭现金收入和支出(六)

(平均每人全年)

单位:元

	(3)其它财产租金收入	10.转移收入	(1)离退休金	(2)价格补贴	(3)赡养收入
全国合计	**94.83**	**1668.55**	**1273.47**	**1.62**	**61.49**
北京	46.35	3153.25	2658.25	2.87	78.78
天津	77.08	2954.09	2226.70	0.70	132.66
河北	51.76	1633.68	1410.23	0.00	47.42
山西	11.82	1452.91	1243.37	0.09	53.11
内蒙古	38.21	1099.49	885.42	15.19	30.12
辽宁	19.54	1572.80	1281.53	3.96	30.75
吉林	22.09	1274.50	1027.37	0.35	49.10
黑龙江	24.13	1640.18	1313.46	0.21	50.28
上海	19.05	4791.53	3514.39	0.96	119.14
江苏	27.57	2106.97	1653.90	1.55	50.55
浙江	65.48	2607.68	1893.38	0.21	49.85
安徽	48.51	1342.23	1089.30	0.79	43.82
福建	99.68	1665.14	1079.18	0.48	62.53
江西	60.49	1097.87	849.15	0.30	51.59
山东	80.84	918.25	706.66	0.40	32.73
河南	304.53	1421.34	1198.15	0.00	66.64
湖北	83.93	1090.51	809.48	0.32	37.84
湖南	169.82	1254.65	745.88	0.46	54.75
广东	416.92	1766.74	966.83	0.26	123.85
广西	290.07	1208.06	769.33	0.00	50.75
海南	58.13	1091.00	672.06	1.29	86.05
重庆	169.69	1403.57	1132.49	0.00	29.81
四川	144.27	1740.48	1327.59	0.00	83.13
贵州	8.40	1154.40	955.03	0.30	30.33
云南	177.15	1487.78	1223.22	1.27	44.43
西藏	0.00	478.01	293.40	11.85	11.37
陕西	25.67	1462.57	1082.32	0.30	174.68
甘肃	23.97	1041.20	884.66	14.64	35.64
青海	8.08	1545.42	1318.62	1.04	117.78
宁夏	26.32	1269.62	1036.54	0.00	81.14
新疆	27.83	1270.43	1081.10	0.15	28.99

2001年各地区城镇居民家庭现金收入和支出(七)

(平均每人全年)　　单位:元

	(4)赠送收入	(5)亲友搭伙费	(6)记帐补贴	(7)出售财物收入	(8)其它
全国合计	**154.93**	**30.09**	**31.33**	**38.20**	**77.44**
北京	152.99	41.22	63.81	4.74	150.61
天津	244.97	24.37	14.54	5.45	304.71
河北	80.26	17.05	35.65	9.60	33.48
山西	116.35	4.11	19.86	14.36	1.67
内蒙古	84.44	2.50	17.25	30.34	34.24
辽宁	182.10	8.95	23.73	11.82	29.96
吉林	136.50	1.72	18.36	4.74	36.35
黑龙江	127.76	4.57	25.42	21.81	96.68
上海	182.76	31.30	41.32	779.07	122.59
江苏	174.51	59.49	45.26	17.25	104.47
浙江	235.68	66.97	49.22	21.67	290.70
安徽	127.59	35.49	34.22	0.98	10.04
福建	215.55	83.66	55.03	12.56	156.14
江西	106.54	50.41	24.38	6.47	9.03
山东	100.07	5.32	24.49	19.40	29.18
河南	85.07	11.43	20.26	11.64	28.15
湖北	159.43	20.59	21.97	10.07	30.81
湖南	324.57	23.84	39.23	3.37	62.55
广东	357.19	67.67	54.03	5.35	191.56
广西	182.37	54.19	41.17	4.76	105.49
海南	163.78	78.67	30.53	2.17	56.45
重庆	106.17	84.88	30.52	0.95	18.76
四川	158.59	69.16	30.72	9.09	62.20
贵州	74.20	32.30	11.99	3.88	46.38
云南	95.69	33.02	41.89	4.23	44.04
西藏	49.93	2.04	38.48	11.39	59.54
陕西	126.42	11.89	23.03	17.45	26.47
甘肃	55.63	13.71	28.52	3.19	5.20
青海	50.82	6.32	23.55	2.95	24.35
宁夏	73.39	6.07	32.22	16.54	23.71
新疆	69.36	2.13	40.80	30.21	17.70

2001年各地区城镇居民家庭现金收入和支出(八)

(平均每人全年)　　单位:元

	11.家庭副业生产收入	(二)借　贷收　入	1.提取储蓄存款	2.提取储金会款	3. 借入款
全国合计	**5.29**	**1661.34**	**1237.31**	**8.16**	**177.84**
北　京	0.00	2109.80	1575.30	18.27	217.81
天　津	0.00	2990.58	2371.67	4.29	159.65
河　北	2.65	1714.77	1258.78	7.80	243.20
山　西	18.85	1300.56	937.77	5.71	265.06
内蒙古	14.80	1436.72	1112.16	2.27	172.01
辽　宁	3.73	1333.28	995.54	9.59	147.95
吉　林	0.80	1233.87	1013.03	3.36	102.96
黑龙江	6.60	830.09	682.53	0.62	91.93
上　海	0.00	3425.35	2620.78	0.07	69.53
江　苏	0.30	1767.42	1370.45	14.93	198.42
浙　江	0.57	3067.83	2068.73	24.76	192.14
安　徽	0.23	1460.64	949.27	4.49	262.27
福　建	10.06	1621.60	1135.85	45.43	201.05
江　西	11.80	1148.73	835.79	1.17	81.68
山　东	2.26	1571.50	1232.89	0.23	207.92
河　南	2.30	1099.85	799.03	1.85	176.06
湖　北	7.92	1315.70	940.73	7.83	174.39
湖　南	4.65	1595.47	1184.98	9.23	241.95
广　东	4.39	2738.61	2186.01	3.83	176.47
广　西	13.68	1744.82	1197.17	10.96	228.90
海　南	59.19	1167.93	736.23	6.39	255.70
重　庆	0.00	1594.41	1199.11	0.66	244.84
四　川	9.57	1236.53	914.16	16.98	135.61
贵　州	3.17	896.39	781.85	7.07	50.53
云　南	0.77	2487.81	1864.36	20.62	325.45
西　藏	3.32	2392.45	703.15	3.79	172.10
陕　西	3.50	1742.31	1148.74	2.87	278.88
甘　肃	1.00	1214.24	858.75	10.92	145.63
青　海	2.98	1484.86	1137.84	2.28	278.55
宁　夏	4.97	2404.71	1629.01	7.19	341.80
新　疆	1.99	1765.34	1139.31	0.38	219.25

2001 年各地区城镇居民家庭现金收入和支出(九)

(平均每人全年) 单位:元

	4. 收回借出款	5. 收回储蓄性保险本金	6. 兑售有价证券	7. 赊购	8. 为购置房屋从银行贷款
全国合计	**38.14**	**6.94**	**21.67**	**0.82**	**77.88**
北京	6.99	3.22	9.58	0.00	128.88
天津	37.93	1.67	3.24	8.18	81.57
河北	47.67	6.53	23.56	0.00	83.39
山西	48.11	0.51	6.37	0.09	30.52
内蒙古	37.07	2.22	4.35	2.38	68.70
辽宁	32.72	10.08	8.85	0.00	78.72
吉林	10.88	3.88	13.93	0.00	82.35
黑龙江	15.79	0.37	3.10	0.00	20.78
上海	1.04	22.62	149.48	1.06	421.80
江苏	20.38	3.66	29.92	0.00	64.10
浙江	77.30	13.27	43.55	1.46	167.38
安徽	86.56	1.90	21.27	0.16	90.30
福建	73.16	11.34	35.49	0.25	71.36
江西	19.61	5.20	21.35	0.53	26.85
山东	16.09	4.52	20.89	0.07	6.90
河南	47.02	2.99	8.80	0.00	18.63
湖北	64.93	4.04	25.55	1.11	51.79
湖南	48.02	7.60	10.69	0.27	13.74
广东	31.48	25.03	34.66	8.20	108.48
广西	123.62	3.61	20.61	0.00	130.67
海南	22.36	12.28	11.22	0.00	62.36
重庆	21.68	4.37	67.11	0.00	54.66
四川	65.14	4.93	23.48	0.00	43.47
贵州	15.39	8.65	0.00	0.00	0.56
云南	54.75	13.76	12.33	0.01	129.05
西藏	52.04	0.00	1.33	8.14	1451.90
陕西	33.03	6.75	0.92	0.00	69.43
甘肃	30.83	2.52	14.28	0.50	53.71
青海	11.17	6.22	0.00	0.00	41.67
宁夏	58.50	4.89	4.33	0.03	223.56
新疆	37.18	15.90	3.00	0.00	73.48

2001年各地区城镇居民家庭现金收入和支出(十)

(平均每人全年)　　单位:元

	9.其它借贷收入	四.现金支出	(一)实际支出	1.消费性支出	2.非消费性支出
全国合计	**92.56**	**8377.62**	**6553.56**	**5309.01**	**1240.81**
北京	149.75	12782.90	10676.45	8922.72	1753.49
天津	322.38	11262.15	8366.96	6987.22	1379.74
河北	43.85	7577.53	5749.71	4479.75	1267.65
山西	6.42	6576.57	5284.92	4123.01	1160.07
内蒙古	35.56	7056.61	5246.73	4195.62	1044.92
辽宁	49.82	6989.38	5998.18	4654.42	1340.86
吉林	3.47	6556.14	5371.63	4337.22	1033.93
黑龙江	14.97	6245.03	5128.39	4192.36	931.54
上海	138.97	15927.81	11977.37	9336.10	2641.27
江苏	65.56	8971.30	6967.75	5532.74	1434.87
浙江	479.23	13216.56	10073.91	7952.39	2121.23
安徽	44.44	7018.36	5756.99	4517.65	1236.77
福建	47.67	9659.82	7603.62	6015.11	1583.87
江西	156.54	6501.41	4684.06	3894.51	777.54
山东	82.01	8562.10	6386.11	5252.41	1132.91
河南	45.47	6385.70	4894.74	4110.17	784.11
湖北	45.35	7150.68	5774.79	4804.79	961.50
湖南	79.01	8289.40	6925.54	5546.22	1377.59
广东	164.45	12939.72	9607.25	8099.63	1498.80
广西	29.28	8396.17	6531.74	5224.73	1302.24
海南	61.40	6931.74	5397.90	4367.85	976.60
重庆	1.98	8222.02	6668.70	5873.69	794.40
四川	32.76	7401.32	6113.98	5176.17	927.22
贵州	32.33	6131.20	5098.58	4273.90	822.14
云南	67.49	9098.34	6485.49	5252.60	1228.40
西藏	0.00	10313.18	8431.65	5994.39	2435.30
陕西	201.70	7180.34	5647.65	4637.74	1008.57
甘肃	97.09	6387.14	5174.46	4420.31	753.95
青海	7.13	7428.59	5664.57	4698.59	961.79
宁夏	135.39	7996.66	6064.23	4595.40	1466.64
新疆	276.83	8001.04	5940.04	4931.40	1003.33

2001年各地区城镇居民家庭现金收入和支出(十一)

(平均每人全年)

单位:元

	(1)借款利息	(2)个人所得税	(3)其它各种税金	(4)各种非储蓄性保险支出	(5)赡养支出
全国合计	**2.53**	**12.42**	**4.83**	**23.36**	**158.70**
北京	0.00	17.15	7.59	71.56	176.36
天津	2.45	26.13	24.35	18.03	163.29
河北	4.58	4.98	3.52	16.25	145.11
山西	2.71	3.59	1.53	64.05	135.25
内蒙古	2.89	1.81	2.60	71.11	81.89
辽宁	0.76	8.92	1.73	45.02	163.80
吉林	0.59	2.14	2.19	4.59	125.74
黑龙江	0.09	5.97	3.15	12.02	109.71
上海	0.00	56.75	3.61	10.36	121.82
江苏	0.53	7.01	7.96	24.00	125.11
浙江	6.11	26.20	13.65	17.03	202.73
安徽	0.09	9.93	0.52	19.67	163.16
福建	13.03	11.88	8.88	26.02	247.95
江西	1.34	3.30	3.48	8.66	149.33
山东	5.11	14.81	3.30	89.35	121.78
河南	2.15	3.95	0.33	13.97	115.39
湖北	0.92	2.27	1.07	9.38	151.83
湖南	0.77	11.08	2.86	6.23	193.61
广东	10.02	56.62	11.54	20.49	285.26
广西	1.63	11.14	3.95	14.73	264.49
海南	1.44	4.54	7.69	41.35	190.69
重庆	0.00	3.22	2.01	11.67	124.51
四川	1.97	4.77	10.28	22.37	202.51
贵州	1.79	0.74	0.67	6.21	116.57
云南	4.43	5.65	4.66	15.58	232.17
西藏	8.54	2.75	0.31	0.92	346.94
陕西	2.54	5.67	1.44	11.28	245.15
甘肃	0.46	2.03	0.94	7.44	108.83
青海	0.78	2.30	7.96	22.56	192.85
宁夏	9.22	3.60	0.80	8.46	291.01
新疆	0.90	15.70	3.72	17.14	156.49

2001 年各地区城镇居民家庭现金收入和支出(十二)

(平均每人全年)

单位:元

	(6)赠送支出	(7)购房与建房支出	(8)其它非消费支出	3.家庭副业生产支出	(二)借贷支出
全国合计	**500.02**	**493.98**	**44.98**	**3.75**	**1824.06**
北京	425.23	1000.24	55.37	0.25	2106.45
天津	481.24	641.95	22.31	0.00	2895.18
河北	385.12	671.34	36.75	2.31	1827.81
山西	447.34	486.18	19.42	1.83	1291.65
内蒙古	446.38	411.77	26.47	6.18	1809.88
辽宁	587.69	472.70	60.24	2.90	991.20
吉林	486.71	380.31	31.66	0.48	1184.50
黑龙江	535.43	231.89	33.29	4.48	1116.64
上海	681.41	1618.54	148.79	0.00	3950.44
江苏	633.92	606.17	30.18	0.14	2003.55
浙江	682.05	1125.27	48.19	0.29	3142.65
安徽	465.37	555.71	22.33	2.57	1261.37
福建	646.87	603.36	25.89	4.64	2056.20
江西	420.85	147.66	42.92	12.02	1817.35
山东	423.24	434.32	41.01	0.79	2175.98
河南	362.60	257.76	27.97	0.46	1490.96
湖北	534.20	212.96	48.88	8.50	1375.89
湖南	769.89	357.17	35.99	1.73	1363.86
广东	459.81	609.85	45.20	8.83	3332.46
广西	382.81	565.61	57.87	4.77	1864.43
海南	275.10	308.19	147.58	53.46	1533.84
重庆	363.44	265.74	23.80	0.62	1553.32
四川	438.46	212.46	34.41	10.59	1287.34
贵州	590.52	69.21	36.43	2.54	1032.63
云南	520.35	410.81	34.74	4.49	2612.85
西藏	458.08	1597.81	19.93	1.97	1881.53
陕西	282.66	419.78	40.04	1.34	1532.69
甘肃	286.39	310.32	37.56	0.20	1212.68
青海	335.68	318.49	81.17	4.19	1764.02
宁夏	329.50	799.89	24.16	2.19	1932.43
新疆	378.04	308.06	123.28	5.31	2061.01

2001年各地区城镇居民家庭现金收入和支出(十三)

(平均每人全年) 单位:元

	1.存入储蓄款	2.存入储金会款	3.归还借款	4.借出款	5.储蓄性保险支出
全国合计	**1351.90**	**10.28**	**76.33**	**29.83**	**135.89**
北京	1599.86	0.16	32.51	12.78	242.36
天津	2249.39	1.06	78.15	16.95	175.46
河北	1568.93	1.67	91.52	44.81	33.45
山西	918.45	4.32	115.76	63.15	27.38
内蒙古	1562.25	2.24	90.96	20.29	55.21
辽宁	714.84	5.25	46.58	38.58	76.23
吉林	958.65	0.89	41.18	9.47	64.28
黑龙江	881.00	2.12	47.03	26.17	72.70
上海	2178.75	0.06	22.16	5.40	571.84
江苏	1526.07	23.67	57.15	29.48	149.17
浙江	2407.18	48.55	107.99	34.68	215.46
安徽	812.62	0.77	77.56	36.90	140.99
福建	1165.84	77.28	86.69	28.40	228.28
江西	1530.91	7.71	47.43	16.89	63.46
山东	1658.27	10.85	73.70	56.47	125.98
河南	1112.96	0.85	90.52	53.71	88.82
湖北	1026.98	6.95	125.18	37.29	78.36
湖南	888.12	6.16	77.95	16.48	149.84
广东	2557.15	0.64	68.81	5.36	335.15
广西	1429.61	3.36	102.19	35.17	74.98
海南	1248.55	13.06	133.08	3.16	57.25
重庆	1154.67	1.78	45.09	8.88	62.82
四川	828.01	18.65	73.34	45.45	157.67
贵州	763.66	9.34	60.11	5.92	74.34
云南	2066.76	40.17	181.04	36.25	113.76
西藏	927.40	0.87	163.98	59.24	1.89
陕西	1037.61	2.54	142.88	15.95	136.21
甘肃	921.32	9.50	117.71	30.50	90.09
青海	1326.55	15.42	160.04	38.74	62.67
宁夏	1358.28	1.83	132.92	51.56	137.15
新疆	1399.08	5.31	93.02	29.49	167.03

2001年各地区城镇居民家庭现金收入和支出(十四)

(平均每人全年)

单位:元

	6.购置有价证券	7.预　　购	8.归还为购房的银行贷款	9.其它借贷支出	五. 期末手存现金
全国合计	**53.40**	**0.99**	**49.07**	**116.37**	**672.48**
北　　京	88.52	0.16	17.92	112.17	2265.70
天　　津	13.11	0.00	49.97	311.09	1275.28
河　　北	25.96	0.14	22.99	38.34	637.09
山　　西	22.14	1.84	14.22	124.40	585.69
内 蒙 古	9.94	8.59	43.12	17.29	295.04
辽　　宁	15.42	5.27	24.35	64.68	505.83
吉　　林	21.68	0.00	17.69	70.67	342.50
黑 龙 江	4.30	0.00	26.68	56.65	482.54
上　　海	628.38	0.00	109.17	434.68	1748.83
江　　苏	59.92	1.36	46.05	110.69	981.64
浙　　江	81.79	1.11	79.67	166.22	1377.87
安　　徽	74.85	0.01	44.71	72.97	483.27
福　　建	87.31	0.05	165.11	217.24	1002.92
江　　西	93.70	0.44	14.07	42.74	653.39
山　　东	51.28	1.09	12.85	185.50	574.06
河　　南	12.61	0.00	11.94	119.56	416.49
湖　　北	20.81	3.77	47.46	29.09	276.47
湖　　南	54.88	0.00	30.16	140.27	542.49
广　　东	44.66	0.03	90.56	230.11	930.55
广　　西	22.36	0.01	104.70	92.06	426.83
海　　南	1.34	0.00	42.36	35.04	563.03
重　　庆	34.77	0.00	59.75	185.57	348.80
四　　川	39.05	0.00	42.31	82.85	523.72
贵　　州	11.04	0.95	68.35	38.92	475.42
云　　南	20.58	0.00	76.77	77.54	508.76
西　　藏	4.37	3.14	636.37	84.27	216.38
陕　　西	17.45	0.00	28.83	151.21	423.49
甘　　肃	8.99	0.00	15.35	19.22	470.63
青　　海	19.99	0.00	48.70	91.91	259.64
宁　　夏	2.63	0.00	91.59	156.47	171.08
新　　疆	16.70	1.43	209.43	139.50	507.98

2001年各地区城镇居民家庭消费支出(一)

(平均每人全年) 单位:元

	消费性支出	一、食品	(一)粮食	1.细粮	2.粗粮
全国合计	**5309.01**	**2014.02**	**188.13**	**181.16**	**6.97**
北京	8922.72	3229.28	220.36	207.88	12.48
天津	6987.22	2588.10	229.73	221.94	7.79
河北	4479.75	1583.68	205.43	193.26	12.17
山西	4123.01	1412.95	229.00	208.88	20.12
内蒙古	4195.62	1423.22	176.36	165.86	10.50
辽宁	4654.42	1846.11	205.74	193.29	12.46
吉林	4337.22	1650.95	197.13	187.43	9.71
黑龙江	4192.36	1561.00	202.80	191.49	11.31
上海	9336.10	4021.77	245.82	240.86	4.95
江苏	5532.74	2194.04	164.03	160.40	3.63
浙江	7952.39	2888.28	183.50	177.45	6.05
安徽	4517.65	1998.95	168.98	167.20	1.78
福建	6015.11	2651.11	246.51	244.48	2.03
江西	3894.51	1587.55	160.67	159.46	1.20
山东	5252.41	1801.34	152.35	144.96	7.39
河南	4110.17	1424.90	201.59	195.73	5.86
湖北	4804.79	1799.38	145.17	143.43	1.73
湖南	5546.22	1943.55	169.31	167.38	1.93
广东	8099.63	3089.63	221.07	214.34	6.73
广西	5224.73	1968.02	152.38	145.06	7.32
海南	4367.85	2022.19	151.63	149.53	2.11
重庆	5873.69	2337.65	184.05	175.40	8.65
四川	5176.17	2082.18	165.55	160.90	4.64
贵州	4273.90	1748.83	163.34	159.99	3.35
云南	5252.60	2105.66	205.42	202.83	2.60
西藏	5994.39	2626.99	265.74	254.24	11.50
陕西	4637.74	1589.44	180.25	176.11	4.14
甘肃	4420.31	1639.17	176.57	172.74	3.83
青海	4698.59	1790.27	224.83	222.96	1.87
宁夏	4595.40	1562.57	189.58	187.45	2.13
新疆	4931.40	1716.80	198.15	194.16	3.99

2001年各地区城镇居民家庭消费支出(二)

(平均每人全年)

单位:元

	(二)淀粉及薯类	(三)干豆类及豆制品	(四)油脂类	(五)肉禽及其制品	1. 猪肉
全国合计	**18.72**	**31.04**	**58.85**	**413.54**	**178.21**
北京	22.96	45.80	62.38	566.63	186.75
天津	26.52	49.16	59.56	438.37	190.37
河北	19.29	27.58	82.42	297.63	138.31
山西	29.72	27.40	58.27	226.46	106.64
内蒙古	22.79	18.47	37.25	287.84	113.70
辽宁	24.88	31.22	48.62	366.80	181.88
吉林	28.31	32.97	53.87	325.06	150.24
黑龙江	25.97	29.78	53.31	313.24	140.34
上海	23.16	61.63	72.09	641.43	218.09
江苏	17.51	40.36	56.75	470.25	211.36
浙江	14.32	46.62	48.03	432.99	174.78
安徽	12.14	41.20	73.92	415.64	231.26
福建	13.86	28.50	84.87	538.13	218.51
江西	11.52	33.99	76.81	392.05	226.57
山东	17.30	24.06	39.07	327.81	133.58
河南	19.35	28.45	57.82	291.72	136.21
湖北	14.65	29.64	64.62	334.39	186.52
湖南	11.00	31.76	75.44	439.59	203.65
广东	11.37	26.16	73.44	820.22	296.55
广西	10.24	27.57	62.14	654.26	226.94
海南	7.34	12.28	62.44	576.49	262.55
重庆	22.53	33.87	81.40	508.46	207.41
四川	17.12	25.20	74.93	499.17	244.71
贵州	12.83	24.92	46.64	402.36	229.36
云南	18.40	28.09	45.46	437.26	222.30
西藏	34.54	10.57	80.46	562.14	181.94
陕西	19.74	30.78	51.43	242.87	117.36
甘肃	18.60	20.78	53.67	266.60	122.82
青海	23.78	11.19	51.68	386.38	122.12
宁夏	20.66	21.20	64.20	291.96	77.80
新疆	17.26	15.96	56.53	433.75	58.02

2001年各地区城镇居民家庭消费支出(三)

(平均每人全年) 单位:元

	2.牛　肉	3.羊　肉	(六)蛋　类	(七)水产品类	(八)菜　类
全国合计	**25.50**	**18.97**	**56.78**	**151.99**	**194.33**
北　京	46.21	51.03	69.61	144.33	236.62
天　津	34.71	40.27	92.39	257.55	201.13
河　北	30.14	21.10	75.89	82.05	181.29
山　西	9.95	18.39	60.43	36.22	156.44
内蒙古	39.96	46.96	40.45	37.56	118.10
辽　宁	39.69	25.32	66.87	147.75	247.27
吉　林	37.99	14.94	58.68	89.35	202.14
黑龙江	33.60	19.77	59.22	77.03	168.72
上　海	25.03	8.42	68.14	623.84	306.68
江　苏	19.02	6.60	61.78	231.74	189.20
浙　江	12.81	2.73	46.17	412.88	233.56
安　徽	24.57	7.90	70.91	120.42	192.64
福　建	26.57	11.59	57.93	472.35	240.12
江　西	12.01	0.92	45.81	101.77	175.02
山　东	10.54	13.86	72.01	127.42	146.50
河　南	11.13	22.59	67.69	41.62	142.62
湖　北	19.83	4.49	48.72	95.27	193.86
湖　南	20.27	3.99	44.37	98.96	191.11
广　东	28.06	6.31	41.00	338.43	269.29
广　西	34.26	4.95	37.84	128.55	177.17
海　南	18.91	14.78	24.57	289.33	200.50
重　庆	19.62	3.87	70.92	93.20	236.44
四　川	22.01	3.37	56.26	59.17	216.38
贵　州	14.47	1.34	51.14	37.21	180.00
云　南	27.38	3.67	52.22	72.76	239.80
西　藏	236.79	18.33	48.20	111.50	303.95
陕　西	11.03	13.26	42.82	36.39	147.36
甘　肃	15.93	17.56	43.43	40.24	165.26
青　海	44.04	99.39	36.43	42.56	160.79
宁　夏	38.41	69.13	36.78	39.86	161.67
新　疆	49.80	192.98	40.01	47.24	165.09

2001年各地区城镇居民家庭消费支出(四)

(平均每人全年)　　单位:元

	1.鲜　菜	2.干　菜	3. 菜制品	(九)调味品	(十)糖　类
全国合计	**178.66**	**9.21**	**6.45**	**30.17**	**25.39**
北　　京	213.72	10.81	12.09	57.85	40.49
天　　津	185.34	9.69	6.10	44.65	27.17
河　　北	168.63	7.64	5.02	25.24	30.64
山　　西	148.68	4.28	3.48	27.38	19.87
内 蒙 古	110.91	3.85	3.34	22.30	18.17
辽　　宁	229.91	12.43	4.93	34.55	27.08
吉　　林	188.63	7.90	5.62	31.17	24.55
黑 龙 江	159.55	4.93	4.25	21.08	18.70
上　　海	267.84	23.19	15.65	46.97	56.81
江　　苏	171.97	7.91	9.32	35.54	24.62
浙　　江	204.39	14.53	14.64	31.88	28.53
安　　徽	177.53	9.73	5.38	33.31	18.17
福　　建	204.50	28.09	7.53	31.92	19.59
江　　西	155.02	13.62	6.38	24.15	18.53
山　　东	137.93	4.13	4.43	22.90	20.96
河　　南	132.98	6.37	3.27	26.41	19.13
湖　　北	182.46	5.18	6.23	27.53	22.17
湖　　南	178.40	6.93	5.78	20.37	24.06
广　　东	239.08	18.37	11.84	30.76	33.29
广　　西	155.85	9.56	11.76	21.56	25.66
海　　南	189.95	6.53	4.02	32.68	16.36
重　　庆	216.06	14.59	5.80	49.21	38.15
四　　川	204.11	8.77	3.50	39.91	31.46
贵　　州	168.19	7.41	4.40	29.74	35.13
云　　南	228.55	5.21	6.04	29.23	24.84
西　　藏	284.86	17.96	1.13	22.17	62.68
陕　　西	138.94	4.76	3.66	28.11	17.78
甘　　肃	159.03	3.78	2.45	28.99	23.35
青　　海	153.50	3.30	3.98	25.07	27.32
宁　　夏	156.29	3.05	2.33	25.68	23.89
新　　疆	156.99	4.99	3.12	20.22	28.76

2001年各地区城镇居民家庭消费支出(五)

(平均每人全年)　　单位:元

	(十一)烟草类	(十二)酒和饮料	(十三)干鲜瓜果类	(十四)坚果及果仁	(十五)糕点类
全国合计	**103.83**	**103.90**	**131.26**	**24.63**	**42.53**
北　京	100.40	224.72	232.24	58.76	112.32
天　津	92.95	147.50	174.18	45.00	75.55
河　北	81.42	119.05	112.55	29.11	30.88
山　西	108.09	77.33	94.39	16.85	33.79
内蒙古	80.88	83.71	98.22	19.86	24.38
辽　宁	100.58	105.12	156.07	31.37	33.78
吉　林	60.54	85.12	148.40	24.90	27.87
黑龙江	70.20	84.90	135.01	20.43	26.86
上　海	196.24	187.85	238.09	47.80	119.37
江　苏	131.94	111.60	105.34	24.73	44.99
浙　江	218.87	148.14	187.01	39.72	58.23
安　徽	168.47	152.92	97.32	18.55	41.53
福　建	138.01	153.57	198.44	17.74	36.98
江　西	61.95	54.28	91.67	17.97	29.43
山　东	53.58	119.01	121.40	25.36	53.06
河　南	71.81	93.85	85.62	19.99	29.13
湖　北	112.43	86.54	83.65	16.54	36.37
湖　南	104.82	73.23	147.32	19.65	31.16
广　东	68.33	79.85	172.17	20.15	63.33
广　西	59.09	63.04	127.52	16.76	30.22
海　南	59.12	42.18	87.80	4.81	36.65
重　庆	137.92	92.35	139.81	20.40	38.90
四　川	147.21	108.74	110.59	21.80	33.48
贵　州	159.90	102.81	109.40	24.65	37.85
云　南	234.40	73.05	140.47	16.83	36.89
西　藏	306.00	168.62	152.59	22.02	29.67
陕　西	89.14	81.29	99.44	22.18	41.56
甘　肃	129.05	125.70	109.13	21.13	27.13
青　海	99.67	125.43	98.61	19.69	24.66
宁　夏	100.43	72.28	116.47	25.20	26.95
新　疆	51.90	73.18	127.93	30.67	39.60

2001年各地区城镇居民家庭消费支出(六)

(平均每人全年)

单位:元

	(十六)奶及奶制品	(十七)其它食品	(十八)在外用餐	(十九)食品加工服务费	二、衣着
全国合计	**80.06**	**43.84**	**314.24**	**0.78**	**533.66**
北京	198.75	85.33	749.64	0.07	821.72
天津	108.03	52.05	465.81	0.78	531.97
河北	70.85	21.13	90.02	1.22	530.02
山西	81.11	32.25	97.51	0.43	518.10
内蒙古	66.11	46.21	223.41	1.14	594.69
辽宁	74.91	21.97	120.47	1.05	592.01
吉林	54.35	39.65	165.68	1.19	547.04
黑龙江	68.06	29.53	155.63	0.51	531.98
上海	230.57	107.25	748.04	0.01	577.39
江苏	86.20	63.75	331.55	2.17	525.88
浙江	96.60	60.07	600.61	0.54	669.03
安徽	62.66	22.79	287.03	0.35	466.55
福建	125.04	16.19	231.18	0.17	506.94
江西	58.43	33.41	199.47	0.62	353.44
山东	106.58	55.56	315.28	1.14	700.29
河南	50.90	17.27	159.09	0.83	484.16
湖北	53.03	34.45	399.32	1.03	582.66
湖南	49.89	50.79	360.46	0.27	551.47
广东	74.22	96.55	649.56	0.47	382.98
广西	51.71	25.85	296.03	0.43	363.16
海南	36.89	21.15	359.77	0.20	208.83
重庆	127.12	31.60	430.81	0.52	589.28
四川	88.07	20.96	364.91	1.29	489.78
贵州	52.76	22.14	254.68	1.32	486.20
云南	46.54	40.66	363.02	0.29	535.41
西藏	298.67	33.05	106.21	8.22	1001.52
陕西	59.78	41.93	355.67	0.91	443.74
甘肃	67.46	53.35	267.63	1.10	537.94
青海	62.37	79.84	289.22	0.76	532.51
宁夏	69.50	37.14	238.71	0.38	572.03
新疆	67.62	33.15	269.16	0.61	690.14

2001年各地区城镇居民家庭消费支出(七)

(平均每人全年)　　单位:元

	(一)服　装	1.男士服装	2.女士服装	3.各式童装	(二)衣着材料
全国合计	**364.27**	**144.44**	**190.92**	**28.90**	**20.98**
北　京	546.52	223.82	294.56	28.14	33.07
天　津	359.20	138.61	196.95	23.64	29.98
河　北	339.69	139.49	175.78	24.42	34.74
山　西	346.86	141.21	179.13	26.52	25.67
内蒙古	386.21	147.60	212.93	25.68	29.60
辽　宁	394.25	162.71	211.42	20.12	21.43
吉　林	369.38	152.39	193.79	23.20	21.47
黑龙江	350.78	137.32	189.76	23.71	15.36
上　海	387.92	159.32	213.62	14.97	24.39
江　苏	360.45	154.95	175.51	29.99	20.41
浙　江	471.52	191.18	243.22	37.12	21.22
安　徽	324.92	124.98	162.14	37.81	19.99
福　建	383.02	145.97	191.00	46.05	8.48
江　西	235.74	93.68	120.99	21.06	16.95
山　东	476.53	201.42	242.45	32.66	35.09
河　南	330.59	137.26	164.34	28.98	24.53
湖　北	410.14	163.39	208.26	38.49	18.35
湖　南	384.99	155.62	201.00	28.37	17.36
广　东	281.44	101.77	146.97	32.70	3.29
广　西	260.31	87.36	145.58	27.38	11.12
海　南	150.77	58.87	65.58	26.32	2.69
重　庆	425.49	140.67	256.71	28.11	9.34
四　川	351.50	131.59	191.91	28.00	13.31
贵　州	327.39	107.25	189.84	30.30	14.11
云　南	396.87	133.69	209.46	53.72	12.71
西　藏	776.99	373.82	332.09	71.08	11.95
陕　西	297.15	113.59	154.64	28.91	22.70
甘　肃	347.74	133.62	189.54	24.58	35.65
青　海	356.74	129.72	191.53	35.49	24.25
宁　夏	388.76	132.75	212.03	43.97	29.48
新　疆	451.26	170.95	240.22	40.09	37.04

2001年各地区城镇居民家庭消费支出(八)

(平均每人全年)　　单位:元

	(三)鞋袜帽及其它衣着	(四)衣着加工服务费	三、家庭设备用品及服务	(一)耐用消费品	1. 家具
全国合计	**140.56**	**7.86**	**438.92**	**250.55**	**58.78**
北京	224.44	17.69	847.39	522.89	153.76
天津	133.06	9.73	806.36	565.00	92.27
河北	145.82	9.77	399.04	277.03	67.15
山西	141.55	4.02	316.99	181.45	61.12
内蒙古	165.96	12.93	292.42	151.98	54.93
辽宁	167.80	8.53	272.75	149.45	31.91
吉林	148.70	7.49	257.73	123.14	25.61
黑龙江	158.52	7.32	259.61	129.53	33.87
上海	156.25	8.83	642.08	341.29	90.83
江苏	133.89	11.14	603.36	378.55	55.79
浙江	165.37	10.93	926.68	544.83	73.45
安徽	114.29	7.35	327.36	191.44	28.01
福建	108.20	7.24	488.37	252.93	50.34
江西	93.69	7.07	292.10	153.43	35.71
山东	176.59	12.08	522.36	340.58	80.72
河南	120.79	8.25	333.24	201.03	47.28
湖北	147.98	6.19	347.84	184.17	37.41
湖南	143.55	5.58	460.15	257.08	69.44
广东	95.62	2.62	556.14	265.45	85.48
广西	87.09	4.64	480.73	280.18	81.48
海南	53.85	1.52	282.49	117.91	56.60
重庆	152.40	2.05	509.82	300.82	49.93
四川	122.53	2.43	460.55	239.77	59.56
贵州	140.57	4.13	361.88	187.38	39.99
云南	124.75	1.08	306.73	171.94	53.74
西藏	211.30	1.27	258.21	144.12	68.34
陕西	116.70	7.20	529.68	328.22	77.70
甘肃	140.93	13.61	367.32	202.00	73.93
青海	143.90	7.61	350.85	210.57	53.81
宁夏	144.42	9.37	469.18	297.92	98.65
新疆	187.15	14.69	440.37	233.33	62.29

2001年各地区城镇居民家庭消费支出(九)

(平均每人全年) 单位:元

	2. 住房装饰	3. 家庭设备	(二) 室内装饰品	(三)床上用品	(四)家庭日用杂品
全国合计	**62.70**	**129.07**	**14.48**	**23.82**	**93.01**
北京	66.82	302.32	22.55	32.49	172.91
天津	220.69	252.04	17.45	30.80	96.37
河北	52.64	157.23	12.90	18.82	65.72
山西	26.90	93.44	18.89	22.95	66.20
内蒙古	26.12	70.93	16.18	16.08	70.38
辽宁	42.92	74.62	10.21	22.87	67.45
吉林	35.72	61.81	9.74	17.15	75.45
黑龙江	37.44	58.22	8.05	16.93	59.76
上海	63.09	187.36	13.04	50.04	126.54
江苏	134.22	188.54	11.44	28.12	119.92
浙江	234.39	236.99	28.52	37.38	115.40
安徽	42.09	121.34	9.51	10.51	68.10
福建	63.17	139.43	12.03	36.04	100.63
江西	22.17	95.55	10.65	18.80	82.59
山东	70.57	189.28	20.31	23.69	100.70
河南	41.53	112.22	14.55	18.99	63.58
湖北	26.87	119.89	14.03	13.97	113.90
湖南	45.88	141.76	17.95	30.22	113.28
广东	41.26	138.71	18.71	32.37	149.55
广西	58.95	139.76	10.99	26.79	93.83
海南	0.42	60.88	19.26	13.82	102.27
重庆	129.94	120.95	10.75	26.55	83.14
四川	37.32	142.89	15.88	25.22	106.63
贵州	52.06	95.33	12.53	23.18	101.77
云南	39.41	78.80	20.48	34.23	56.27
西藏	9.67	66.11	14.51	15.93	61.89
陕西	109.87	140.64	18.20	21.60	94.62
甘肃	44.88	83.18	15.87	17.51	89.82
青海	55.36	101.40	17.97	20.57	77.44
宁夏	100.45	98.82	24.40	16.52	67.58
新疆	75.06	95.98	21.47	18.22	96.76

2001年各地区城镇居民家庭消费支出(十)

(平均每人全年)　　单位:元

	(五)家具材料	(六)家庭服务	四、医疗保健	(一)医疗器具	(二)保健用品
全国合计	**7.84**	**49.22**	**343.28**	**3.51**	**4.78**
北　京	5.40	91.15	677.66	13.74	14.26
天　津	1.19	95.55	435.38	2.85	10.50
河　北	5.69	18.88	420.15	6.13	7.83
山　西	4.78	22.72	347.49	1.45	3.50
内蒙古	8.84	28.97	268.88	1.56	1.77
辽　宁	5.15	17.62	378.31	3.90	11.11
吉　林	5.12	27.14	325.37	2.78	7.98
黑龙江	3.35	41.99	353.48	3.00	3.27
上　海	0.21	110.96	557.96	5.24	6.70
江　苏	12.53	52.80	297.46	2.63	4.83
浙　江	39.03	161.51	532.69	10.58	5.51
安　徽	7.79	40.01	205.13	3.94	1.76
福　建	7.89	78.85	283.24	2.13	2.65
江　西	4.67	21.96	149.98	0.13	1.24
山　东	7.86	29.23	327.49	2.72	5.48
河　南	2.20	32.89	298.74	3.18	5.37
湖　北	5.75	16.03	241.87	1.71	3.00
湖　南	5.53	36.09	328.63	0.91	2.65
广　东	4.22	85.84	392.41	3.60	4.70
广　西	19.08	49.86	253.23	1.42	1.01
海　南	11.08	18.16	243.85	1.92	0.66
重　庆	0.16	88.40	334.05	3.73	1.21
四　川	13.21	59.85	300.26	7.76	3.23
贵　州	3.25	33.77	249.39	0.48	1.53
云　南	2.40	21.40	369.63	2.64	3.77
西　藏	9.21	12.55	220.06	1.52	5.91
陕　西	13.86	53.18	361.18	2.00	4.05
甘　肃	9.83	32.30	361.40	1.20	2.17
青　海	3.00	21.31	374.40	2.21	1.36
宁　夏	3.94	58.82	409.96	3.31	2.44
新　疆	8.31	62.28	302.82	1.80	2.74

2001年各地区城镇居民家庭消费支出(十一)

(平均每人全年) 单位:元

	(三)医药费	(四)滋补药品	(五)医疗保健服务	(六)其　它	五、交通和通讯
全国合计	**260.69**	**22.69**	**49.35**	**2.26**	**457.02**
北　京	452.66	64.27	119.28	13.44	768.34
天　津	337.07	8.63	67.36	8.97	585.94
河　北	369.31	10.13	22.63	4.11	390.24
山　西	287.18	7.26	46.58	1.53	317.83
内蒙古	213.80	2.26	48.96	0.52	390.18
辽　宁	314.79	17.83	28.32	2.35	347.47
吉　林	271.44	10.14	32.37	0.66	344.97
黑龙江	285.12	8.59	52.39	1.12	318.34
上　海	301.44	157.02	80.41	7.15	875.35
江　苏	211.85	27.41	49.90	0.83	483.77
浙　江	350.44	107.23	56.43	2.49	689.00
安　徽	164.60	7.91	26.35	0.57	333.39
福　建	207.77	18.41	50.32	1.96	559.69
江　西	118.89	7.96	20.33	1.42	310.94
山　东	237.84	14.29	66.00	1.16	411.29
河　南	235.67	4.19	49.62	0.72	299.89
湖　北	201.78	7.07	26.48	1.83	336.19
湖　南	252.01	11.60	59.14	2.32	474.69
广　东	280.17	42.99	59.70	1.26	1075.32
广　西	194.71	6.80	46.79	2.50	457.24
海　南	174.27	5.79	58.59	2.63	349.44
重　庆	236.02	11.58	80.92	0.58	442.50
四　川	235.09	11.90	41.80	0.48	381.47
贵　州	208.29	4.30	33.74	1.05	371.68
云　南	324.44	3.61	32.86	2.32	467.60
西　藏	207.34	1.17	3.06	1.06	628.39
陕　西	274.90	4.50	74.87	0.87	366.30
甘　肃	307.37	5.68	41.37	3.62	320.88
青　海	357.06	2.75	9.76	1.26	361.90
宁　夏	307.52	6.01	88.65	2.02	437.72
新　疆	223.51	10.26	60.76	3.75	406.72

2001 年各地区城镇居民家庭消费支出(十二)

(平均每人全年)

单位:元

	(一)交通	1. 家庭交通工具	2. 燃料充电费	3. 交通费	4. 交通工具维修服务费
全国合计	**175.54**	**53.46**	**9.10**	**96.34**	**16.65**
北京	267.29	36.98	6.55	190.22	33.54
天津	311.37	189.40	2.46	109.36	10.14
河北	143.95	69.97	11.56	52.18	10.25
山西	108.70	24.56	4.66	74.64	4.84
内蒙古	159.56	56.16	11.50	75.70	16.20
辽宁	102.34	10.09	1.49	84.75	6.01
吉林	125.27	11.67	2.12	106.74	4.75
黑龙江	100.18	8.27	0.81	84.64	6.45
上海	411.61	113.88	3.34	277.38	17.01
江苏	215.00	111.66	14.40	66.97	21.97
浙江	261.72	96.64	18.33	124.51	22.24
安徽	114.13	16.17	5.22	80.77	11.97
福建	181.37	54.87	18.48	90.62	17.40
江西	82.14	16.19	2.79	56.13	7.03
山东	174.85	60.26	10.85	90.66	13.07
河南	91.91	31.32	5.32	46.84	8.42
湖北	145.93	26.85	3.64	108.65	6.79
湖南	168.95	30.15	5.25	121.63	11.92
广东	489.36	220.89	46.84	122.13	99.49
广西	227.08	91.73	23.39	66.38	45.59
海南	133.48	13.50	36.54	72.00	11.44
重庆	168.47	0.61	0.19	167.57	0.10
四川	129.10	20.46	2.66	101.17	4.81
贵州	130.14	8.77	4.17	114.05	3.14
云南	163.59	74.94	13.17	63.53	11.95
西藏	152.39	28.87	0.93	118.74	3.85
陕西	130.39	30.02	3.65	89.02	7.70
甘肃	109.80	13.69	0.52	87.32	8.28
青海	115.29	5.01	2.21	102.53	5.54
宁夏	148.62	46.21	8.15	83.72	10.54
新疆	146.42	14.56	2.81	121.10	7.95

2001年各地区城镇居民家庭消费支出(十三)

(平均每人全年) 单位:元

	(二)通讯	1.通讯工具	2.电讯费	3.邮费	4.其它
全国合计	**281.48**	**54.70**	**220.95**	**2.31**	**3.52**
北京	501.05	131.27	358.77	3.87	7.14
天津	274.58	49.65	220.64	2.19	2.09
河北	246.29	49.86	190.01	2.25	4.16
山西	209.12	25.50	179.49	1.99	2.14
内蒙古	230.61	45.47	180.70	3.03	1.41
辽宁	245.13	38.60	201.28	1.87	3.37
吉林	219.69	30.59	184.47	1.41	3.22
黑龙江	218.16	25.77	185.27	2.84	4.28
上海	463.75	116.66	331.39	4.73	10.97
江苏	268.77	67.91	195.06	2.05	3.75
浙江	427.28	133.64	281.98	2.55	9.11
安徽	219.26	33.75	181.26	0.94	3.30
福建	378.31	67.48	305.50	2.58	2.75
江西	228.80	42.40	181.93	3.19	1.28
山东	236.44	49.58	181.98	2.44	2.43
河南	207.98	21.83	183.39	1.63	1.14
湖北	190.25	36.17	149.67	2.78	1.63
湖南	305.74	63.32	238.53	2.09	1.80
广东	585.96	89.49	490.55	2.19	3.74
广西	230.16	53.51	166.27	1.02	9.35
海南	215.96	25.03	183.19	1.56	6.18
重庆	274.04	34.24	236.82	1.60	1.38
四川	252.37	55.08	192.96	2.95	1.39
贵州	241.54	49.20	188.59	2.00	1.76
云南	304.00	69.49	231.18	1.95	1.38
西藏	476.00	94.69	335.30	2.79	43.21
陕西	235.91	45.85	184.74	2.04	3.27
甘肃	211.08	51.80	152.99	3.39	2.89
青海	246.61	44.37	197.67	3.19	1.37
宁夏	289.10	69.38	215.38	1.89	2.45
新疆	260.30	42.89	210.99	3.85	2.57

2001年各地区城镇居民家庭消费支出(十四)

(平均每人全年)　　单位:元

	六、娱乐教育文化服务费	(一)文娱用耐用消费品	(二)教　育	1. 教材及参考书	2. 学杂费
全国合计	**690.00**	**139.35**	**428.28**	**31.29**	**307.74**
北　京	1429.15	360.57	751.91	47.08	552.36
天　津	897.02	250.01	497.07	48.14	325.07
河　北	498.06	97.30	338.24	23.86	224.42
山　西	567.85	106.72	382.24	25.67	284.05
内蒙古	548.21	84.14	355.08	13.68	270.38
辽　宁	575.06	109.72	385.53	27.61	244.41
吉　林	528.61	90.53	343.53	31.27	245.55
黑龙江	534.22	70.22	377.97	26.61	304.20
上　海	1359.75	387.67	731.48	88.30	494.27
江　苏	691.50	141.07	419.63	25.54	310.34
浙　江	1065.10	251.28	636.40	59.85	426.17
安　徽	585.44	77.10	414.08	19.29	302.87
福　建	598.95	130.72	351.86	31.36	250.36
江　西	488.24	80.14	329.38	21.22	252.51
山　东	777.79	168.53	466.14	29.36	367.78
河　南	427.88	89.76	253.86	23.80	182.99
湖　北	698.89	112.29	480.43	33.84	326.08
湖　南	826.89	122.09	567.47	26.00	419.96
广　东	961.79	200.49	565.87	36.65	387.10
广　西	704.58	168.76	419.41	34.60	314.42
海　南	525.92	91.86	332.03	19.89	263.79
重　庆	850.15	150.58	543.31	66.59	394.10
四　川	674.80	124.22	417.21	38.32	318.57
贵　州	522.74	101.25	322.31	14.11	220.92
云　南	595.92	168.03	333.59	16.64	212.72
西　藏	494.99	186.36	257.83	6.51	164.71
陕　西	642.45	107.53	428.37	45.78	328.42
甘　肃	592.72	139.52	332.77	13.73	251.29
青　海	594.03	102.90	381.11	15.79	274.00
宁　夏	542.39	148.84	297.39	37.48	185.74
新　疆	626.58	101.58	381.21	14.38	260.94

2001年各地区城镇居民家庭消费支出(十五)

(平均每人全年)　　单位:元

	3.托幼费	4.成人教育	5.其　它	(三)文化娱乐	1.文娱用品
全国合计	**21.62**	**29.52**	**38.12**	**122.36**	**34.16**
北　京	31.21	35.27	86.00	316.66	82.86
天　津	17.72	29.16	76.99	149.94	55.08
河　北	15.06	39.50	35.39	62.53	12.53
山　西	12.57	10.58	49.38	78.88	18.84
内蒙古	17.65	24.75	28.62	108.99	33.93
辽　宁	18.89	29.34	65.28	79.82	18.68
吉　林	20.35	24.77	21.59	94.56	25.97
黑龙江	14.92	20.13	12.10	86.03	24.51
上　海	12.62	79.01	57.28	240.60	56.69
江　苏	22.13	18.96	42.66	130.80	41.72
浙　江	34.06	46.14	70.18	177.42	61.34
安　徽	16.80	32.01	43.12	94.26	20.33
福　建	20.42	23.09	26.63	116.37	25.12
江　西	12.13	12.78	30.74	78.73	20.31
山　东	23.14	24.87	21.00	143.11	44.92
河　南	18.68	17.34	11.04	84.26	17.94
湖　北	20.77	50.63	49.11	106.16	24.41
湖　南	25.21	19.67	76.63	137.33	35.41
广　东	77.49	27.82	36.82	195.42	67.66
广　西	21.39	39.72	9.29	116.41	33.80
海　南	14.36	6.97	27.02	102.03	32.75
重　庆	26.19	14.49	41.94	156.26	35.43
四　川	8.29	30.78	21.25	133.38	33.80
贵　州	21.48	20.62	45.17	99.18	21.24
云　南	20.12	49.20	34.91	94.29	32.28
西　藏	37.98	39.62	9.02	50.80	3.00
陕　西	14.54	28.11	11.52	106.55	30.31
甘　肃	12.85	19.44	35.46	120.42	29.27
青　海	13.12	32.57	45.63	110.02	27.87
宁　夏	18.88	36.50	18.78	96.16	31.01
新　疆	30.90	47.29	27.69	143.79	50.68

2001年各地区城镇居民家庭消费支出(十六)

(平均每人全年)　　单位:元

	2.书报杂志	3.文娱费	七、居住	(一)住房	1.建筑材料
全国合计	**32.69**	**55.51**	**547.96**	**216.98**	**75.21**
北京	88.67	145.13	587.98	230.70	97.02
天津	37.34	57.51	808.05	362.29	39.68
河北	25.15	24.85	461.18	110.46	51.45
山西	33.95	26.09	391.06	151.30	101.27
内蒙古	25.58	49.48	403.69	140.77	93.07
辽宁	25.64	35.49	412.09	110.95	43.07
吉林	23.67	44.92	453.85	111.87	52.52
黑龙江	20.19	41.33	432.09	110.12	67.24
上海	72.31	111.60	732.44	205.30	86.34
江苏	32.99	56.09	438.16	113.53	66.80
浙江	40.98	75.10	724.46	371.91	57.72
安徽	30.57	43.36	407.13	117.92	63.33
福建	32.39	58.86	639.83	221.30	128.28
江西	22.18	36.23	527.16	281.25	80.54
山东	46.33	51.86	441.46	138.88	47.52
河南	24.37	41.95	650.25	379.92	67.34
湖北	27.31	54.44	586.33	262.33	119.20
湖南	30.49	71.43	662.40	378.37	148.76
广东	42.84	84.93	1126.74	513.11	108.33
广西	37.05	45.56	740.06	395.32	89.79
海南	24.28	45.00	460.06	178.61	99.62
重庆	40.35	80.48	563.72	218.00	13.86
四川	34.97	64.60	530.25	231.86	82.42
贵州	19.46	58.49	333.73	110.67	72.91
云南	24.18	37.83	508.82	254.95	54.74
西藏	20.64	27.16	369.10	114.04	43.13
陕西	27.78	48.46	452.73	213.90	59.49
甘肃	34.41	56.75	322.94	83.95	53.79
青海	21.94	60.21	295.48	93.12	57.72
宁夏	14.84	50.32	323.16	69.89	39.15
新疆	31.56	61.54	474.61	183.66	112.18

2001年各地区城镇居民家庭消费支出(十七)

(平均每人全年) 单位:元

	2.房租	3.维修服务费	(二)水电燃料及其它	1.水	2.电
全国合计	**111.58**	**30.18**	**330.99**	**37.47**	**141.45**
北京	87.21	46.48	357.28	52.17	170.86
天津	187.25	135.35	445.77	40.44	149.53
河北	34.37	24.64	350.72	29.58	106.83
山西	25.15	24.87	239.77	29.63	87.09
内蒙古	16.78	30.92	262.93	19.03	90.20
辽宁	44.50	23.38	301.14	31.69	119.74
吉林	39.35	20.01	341.98	27.46	111.45
黑龙江	28.71	14.16	321.97	27.07	127.95
上海	118.12	0.84	527.13	81.58	268.79
江苏	23.64	23.09	324.62	38.49	155.73
浙江	289.31	24.88	352.55	44.95	193.44
安徽	39.85	14.74	289.21	33.90	134.59
福建	33.71	59.31	418.53	66.60	205.58
江西	175.24	25.46	245.91	30.86	102.97
山东	76.43	14.92	302.58	24.12	104.12
河南	293.33	19.25	270.33	33.95	113.98
湖北	85.93	57.19	324.01	37.16	146.79
湖南	176.23	53.38	284.02	40.03	121.49
广东	358.77	46.01	613.63	72.57	320.88
广西	280.90	24.63	344.74	46.58	143.93
海南	18.34	60.65	281.45	42.37	108.83
重庆	200.03	4.12	345.72	50.91	173.93
四川	128.29	21.16	298.38	42.55	139.18
贵州	10.13	27.63	223.06	31.63	118.67
云南	175.12	25.08	253.87	37.43	127.48
西藏	49.30	21.61	255.06	17.08	80.39
陕西	136.20	18.21	238.83	24.17	91.31
甘肃	12.37	17.79	238.99	15.21	66.79
青海	10.59	24.81	202.36	13.10	71.69
宁夏	14.94	15.80	253.28	25.90	91.78
新疆	15.87	55.61	290.95	21.23	73.38

2001年各地区城镇居民家庭消费支出(十八)

(平均每人全年)　　单位:元

	3.燃　料	(1)煤　炭	(2)液　化 石油气	八、杂项商品 和服务	(一)个人消费
全国合计	**117.63**	**26.55**	**54.31**	**284.13**	**233.60**
北　京	121.24	27.47	27.58	561.19	485.63
天　津	107.03	4.07	9.34	334.40	242.14
河　北	126.62	46.55	48.79	197.39	158.68
山　西	95.23	18.69	20.63	250.74	222.58
内蒙古	81.39	38.62	22.78	274.33	221.30
辽　宁	115.40	14.58	33.38	230.62	202.39
吉　林	120.48	35.56	42.71	228.70	204.26
黑龙江	111.16	42.55	34.50	201.64	164.64
上　海	156.15	0.24	8.60	569.37	478.28
江　苏	119.71	18.34	69.20	298.58	225.08
浙　江	109.73	4.67	88.80	457.15	359.19
安　徽	116.11	35.95	56.23	193.70	163.93
福　建	143.06	10.57	118.70	287.00	236.41
江　西	111.42	16.34	77.42	185.11	146.72
山　东	94.02	27.24	34.38	270.38	219.01
河　南	106.71	44.38	38.37	191.10	150.88
湖　北	138.28	31.27	86.08	211.63	166.31
湖　南	117.88	28.71	73.88	298.45	238.03
广　东	197.86	5.28	173.16	514.61	424.49
广　西	150.71	5.14	137.99	257.72	203.93
海　南	129.89	1.05	123.57	275.06	192.51
重　庆	106.56	0.35	2.39	246.51	215.98
四　川	106.78	20.27	16.91	256.88	213.48
贵　州	71.24	28.78	30.61	199.45	167.60
云　南	81.55	11.16	48.79	362.84	294.39
西　藏	157.40	0.51	153.13	395.13	369.74
陕　西	84.67	31.23	37.58	252.22	216.46
甘　肃	90.34	25.73	40.28	277.94	231.82
青　海	70.29	27.31	31.04	399.14	302.68
宁　夏	68.38	27.81	37.28	278.39	237.73
新　疆	102.73	29.81	54.87	273.37	244.68

2001年各地区城镇居民家庭消费支出(十九)

(平均每人全年)

单位:元

	1.个人用品	2.理发美容用品	3.旅　游	4.服务费
全国合计	**66.93**	**36.50**	**99.96**	**30.21**
北　京	138.69	81.46	234.05	31.44
天　津	106.09	44.85	66.21	24.99
河　北	41.02	28.99	47.25	41.42
山　西	39.46	32.49	114.03	36.59
内蒙古	61.24	44.69	77.53	37.85
辽　宁	54.90	30.96	63.38	53.14
吉　林	56.81	36.06	65.11	46.29
黑龙江	57.43	24.22	50.57	32.41
上　海	202.48	49.71	192.32	33.78
江　苏	76.09	32.10	82.66	34.24
浙　江	99.78	38.72	185.82	34.87
安　徽	31.51	26.63	58.32	47.47
福　建	58.75	38.41	107.94	31.32
江　西	42.45	19.63	68.57	16.07
山　东	73.12	47.40	77.20	21.30
河　南	36.93	31.10	63.00	19.86
湖　北	52.42	24.32	68.91	20.67
湖　南	68.81	32.21	117.41	19.61
广　东	91.84	52.79	245.59	34.27
广　西	52.35	37.39	99.04	15.15
海　南	58.89	21.24	95.20	17.19
重　庆	64.04	37.63	105.14	9.18
四　川	52.94	33.10	109.41	18.03
贵　州	45.79	20.41	63.12	38.28
云　南	50.27	49.46	152.75	41.90
西　藏	72.38	69.59	150.02	77.75
陕　西	58.52	37.08	98.05	22.80
甘　肃	67.30	38.94	102.23	23.36
青　海	50.99	28.04	183.97	39.69
宁　夏	57.62	49.21	113.44	17.47
新　疆	64.57	58.51	99.43	22.16

2001年各地区城镇居民家庭消费支出(二十)

(平均每人全年)　　单位:元

	(二)其它商品	(三)其它服务
全国合计	**21.91**	**28.62**
北京	23.38	52.18
天津	25.10	67.16
河北	11.79	26.92
山西	13.81	14.35
内蒙古	16.97	36.05
辽宁	13.86	14.37
吉林	11.41	13.03
黑龙江	13.82	23.18
上海	49.45	41.64
江苏	34.61	38.88
浙江	28.31	69.65
安徽	7.30	22.47
福建	18.92	31.66
江西	20.63	17.76
山东	27.24	24.13
河南	15.67	24.55
湖北	25.31	20.00
湖南	21.76	38.66
广东	50.78	39.34
广西	23.79	30.00
海南	39.91	42.63
重庆	20.54	10.00
四川	19.49	23.91
贵州	21.04	10.81
云南	15.09	53.36
西藏	17.09	8.29
陕西	12.02	23.75
甘肃	20.18	25.93
青海	54.45	42.01
宁夏	12.33	28.33
新疆	12.12	16.57

2001年各地区城镇居民家庭消费支出构成(一)

单位:%

	消费性支出	一、食品	(一)粮食	1. 细粮	2.粗粮
全国合计	**100.00**	**37.94**	**3.54**	**3.41**	**0.13**
北京	100.00	36.19	2.47	2.33	0.14
天津	100.00	37.04	3.29	3.18	0.11
河北	100.00	35.35	4.59	4.31	0.27
山西	100.00	34.27	5.55	5.07	0.49
内蒙古	100.00	33.92	4.20	3.95	0.25
辽宁	100.00	39.66	4.42	4.15	0.27
吉林	100.00	38.06	4.55	4.32	0.22
黑龙江	100.00	37.23	4.84	4.57	0.27
上海	100.00	43.08	2.63	2.58	0.05
江苏	100.00	39.66	2.96	2.90	0.07
浙江	100.00	36.32	2.31	2.23	0.08
安徽	100.00	44.25	3.74	3.70	0.04
福建	100.00	44.07	4.10	4.06	0.03
江西	100.00	40.76	4.13	4.09	0.03
山东	100.00	34.30	2.90	2.76	0.14
河南	100.00	34.67	4.90	4.76	0.14
湖北	100.00	37.45	3.02	2.99	0.04
湖南	100.00	35.04	3.05	3.02	0.03
广东	100.00	38.15	2.73	2.65	0.08
广西	100.00	37.67	2.92	2.78	0.14
海南	100.00	46.30	3.47	3.42	0.05
重庆	100.00	39.80	3.13	2.99	0.15
四川	100.00	40.23	3.20	3.11	0.09
贵州	100.00	40.92	3.82	3.74	0.08
云南	100.00	40.09	3.91	3.86	0.05
西藏	100.00	43.82	4.43	4.24	0.19
陕西	100.00	34.27	3.89	3.80	0.09
甘肃	100.00	37.08	3.99	3.91	0.09
青海	100.00	38.10	4.78	4.75	0.04
宁夏	100.00	34.00	4.13	4.08	0.05
新疆	100.00	34.81	4.02	3.94	0.08

2001年各地区城镇居民家庭消费支出构成(二)

单位:%

	(二)淀粉及薯类	(三)干豆类及豆制品	(四)油脂类	(五)肉禽及其制品	1. 猪肉
全国合计	**0.35**	**0.58**	**1.11**	**7.79**	**3.36**
北京	0.26	0.51	0.70	6.35	2.09
天津	0.38	0.70	0.85	6.27	2.72
河北	0.43	0.62	1.84	6.64	3.09
山西	0.72	0.66	1.41	5.49	2.59
内蒙古	0.54	0.44	0.89	6.86	2.71
辽宁	0.53	0.67	1.04	7.88	3.91
吉林	0.65	0.76	1.24	7.49	3.46
黑龙江	0.62	0.71	1.27	7.47	3.35
上海	0.25	0.66	0.77	6.87	2.34
江苏	0.32	0.73	1.03	8.50	3.82
浙江	0.18	0.59	0.60	5.44	2.20
安徽	0.27	0.91	1.64	9.20	5.12
福建	0.23	0.47	1.41	8.95	3.63
江西	0.30	0.87	1.97	10.07	5.82
山东	0.33	0.46	0.74	6.24	2.54
河南	0.47	0.69	1.41	7.10	3.31
湖北	0.30	0.62	1.34	6.96	3.88
湖南	0.20	0.57	1.36	7.93	3.67
广东	0.14	0.32	0.91	10.13	3.66
广西	0.20	0.53	1.19	12.52	4.34
海南	0.17	0.28	1.43	13.20	6.01
重庆	0.38	0.58	1.39	8.66	3.53
四川	0.33	0.49	1.45	9.64	4.73
贵州	0.30	0.58	1.09	9.41	5.37
云南	0.35	0.53	0.87	8.32	4.23
西藏	0.58	0.18	1.34	9.38	3.04
陕西	0.43	0.66	1.11	5.24	2.53
甘肃	0.42	0.47	1.21	6.03	2.78
青海	0.51	0.24	1.10	8.22	2.60
宁夏	0.45	0.46	1.40	6.35	1.69
新疆	0.35	0.32	1.15	8.80	1.18

2001年各地区城镇居民家庭消费支出构成(三)

单位:%

	2.牛　肉	3.羊　肉	(六)蛋　类	(七)水产品类	(八)菜类
全国合计	**0.48**	**0.36**	**1.07**	**2.86**	**3.66**
北　京	0.52	0.57	0.78	1.62	2.65
天　津	0.50	0.58	1.32	3.69	2.88
河　北	0.67	0.47	1.69	1.83	4.05
山　西	0.24	0.45	1.47	0.88	3.79
内蒙古	0.95	1.12	0.96	0.90	2.81
辽　宁	0.85	0.54	1.44	3.17	5.31
吉　林	0.88	0.34	1.35	2.06	4.66
黑龙江	0.80	0.47	1.41	1.84	4.02
上　海	0.27	0.09	0.73	6.68	3.28
江　苏	0.34	0.12	1.12	4.19	3.42
浙　江	0.16	0.03	0.58	5.19	2.94
安　徽	0.54	0.17	1.57	2.67	4.26
福　建	0.44	0.19	0.96	7.85	3.99
江　西	0.31	0.02	1.18	2.61	4.49
山　东	0.20	0.26	1.37	2.43	2.79
河　南	0.27	0.55	1.65	1.01	3.47
湖　北	0.41	0.09	1.01	1.98	4.03
湖　南	0.37	0.07	0.80	1.78	3.45
广　东	0.35	0.08	0.51	4.18	3.32
广　西	0.66	0.09	0.72	2.46	3.39
海　南	0.43	0.34	0.56	6.62	4.59
重　庆	0.33	0.07	1.21	1.59	4.03
四　川	0.43	0.07	1.09	1.14	4.18
贵　州	0.34	0.03	1.20	0.87	4.21
云　南	0.52	0.07	0.99	1.39	4.57
西　藏	3.95	0.31	0.80	1.86	5.07
陕　西	0.24	0.29	0.92	0.78	3.18
甘　肃	0.36	0.40	0.98	0.91	3.74
青　海	0.94	2.12	0.78	0.91	3.42
宁　夏	0.84	1.50	0.80	0.87	3.52
新　疆	1.01	3.91	0.81	0.96	3.35

2001年各地区城镇居民家庭消费支出构成(四)

单位:%

	1. 鲜　菜	2. 干　菜	3. 菜制品	(九) 调味品	(十) 糖类
全国合计	**3.37**	**0.17**	**0.12**	**0.57**	**0.48**
北　京	2.40	0.12	0.14	0.65	0.45
天　津	2.65	0.14	0.09	0.64	0.39
河　北	3.76	0.17	0.11	0.56	0.68
山　西	3.61	0.10	0.08	0.66	0.48
内蒙古	2.64	0.09	0.08	0.53	0.43
辽　宁	4.94	0.27	0.11	0.74	0.58
吉　林	4.35	0.18	0.13	0.72	0.57
黑龙江	3.81	0.12	0.10	0.50	0.45
上　海	2.87	0.25	0.17	0.50	0.61
江　苏	3.11	0.14	0.17	0.64	0.44
浙　江	2.57	0.18	0.18	0.40	0.36
安　徽	3.93	0.22	0.12	0.74	0.40
福　建	3.40	0.47	0.13	0.53	0.33
江　西	3.98	0.35	0.16	0.62	0.48
山　东	2.63	0.08	0.08	0.44	0.40
河　南	3.24	0.15	0.08	0.64	0.47
湖　北	3.80	0.11	0.13	0.57	0.46
湖　南	3.22	0.12	0.10	0.37	0.43
广　东	2.95	0.23	0.15	0.38	0.41
广　西	2.98	0.18	0.23	0.41	0.49
海　南	4.35	0.15	0.09	0.75	0.37
重　庆	3.68	0.25	0.10	0.84	0.65
四　川	3.94	0.17	0.07	0.77	0.61
贵　州	3.94	0.17	0.10	0.70	0.82
云　南	4.35	0.10	0.11	0.56	0.47
西　藏	4.75	0.30	0.02	0.37	1.05
陕　西	3.00	0.10	0.08	0.61	0.38
甘　肃	3.60	0.09	0.06	0.66	0.53
青　海	3.27	0.07	0.08	0.53	0.58
宁　夏	3.40	0.07	0.05	0.56	0.52
新　疆	3.18	0.10	0.06	0.41	0.58

2001年各地区城镇居民家庭消费支出构成(五)

单位:%

	(十一)烟草类	(十二)酒和饮料	(十三)干鲜瓜果类	(十四)坚果及果仁	(十五)糕点类
全国合计	**1.96**	**1.96**	**2.47**	**0.46**	**0.80**
北京	1.13	2.52	2.60	0.66	1.26
天津	1.33	2.11	2.49	0.64	1.08
河北	1.82	2.66	2.51	0.65	0.69
山西	2.62	1.88	2.29	0.41	0.82
内蒙古	1.93	2.00	2.34	0.47	0.58
辽宁	2.16	2.26	3.35	0.67	0.73
吉林	1.40	1.96	3.42	0.57	0.64
黑龙江	1.67	2.03	3.22	0.49	0.64
上海	2.10	2.01	2.55	0.51	1.28
江苏	2.38	2.02	1.90	0.45	0.81
浙江	2.75	1.86	2.35	0.50	0.73
安徽	3.73	3.38	2.15	0.41	0.92
福建	2.29	2.55	3.30	0.29	0.61
江西	1.59	1.39	2.35	0.46	0.76
山东	1.02	2.27	2.31	0.48	1.01
河南	1.75	2.28	2.08	0.49	0.71
湖北	2.34	1.80	1.74	0.34	0.76
湖南	1.89	1.32	2.66	0.35	0.56
广东	0.84	0.99	2.13	0.25	0.78
广西	1.13	1.21	2.44	0.32	0.58
海南	1.35	0.97	2.01	0.11	0.84
重庆	2.35	1.57	2.38	0.35	0.66
四川	2.84	2.10	2.14	0.42	0.65
贵州	3.74	2.41	2.56	0.58	0.89
云南	4.46	1.39	2.67	0.32	0.70
西藏	5.10	2.81	2.55	0.37	0.49
陕西	1.92	1.75	2.14	0.48	0.90
甘肃	2.92	2.84	2.47	0.48	0.61
青海	2.12	2.67	2.10	0.42	0.52
宁夏	2.19	1.57	2.53	0.55	0.59
新疆	1.05	1.48	2.59	0.62	0.80

2001年各地区城镇居民家庭消费支出构成(六)

单位:%

	(十六)奶及奶制品	(十七)其它食品	(十八)在外用餐	(十九)食品加工服务费	二、衣着
全国合计	**1.51**	**0.83**	**5.92**	**0.01**	**10.05**
北京	2.23	0.96	8.40	0.00	9.21
天津	1.55	0.74	6.67	0.01	7.61
河北	1.58	0.47	2.01	0.03	11.83
山西	1.97	0.78	2.36	0.01	12.57
内蒙古	1.58	1.10	5.32	0.03	14.17
辽宁	1.61	0.47	2.59	0.02	12.72
吉林	1.25	0.91	3.82	0.03	12.61
黑龙江	1.62	0.70	3.71	0.01	12.69
上海	2.47	1.15	8.01	0.00	6.18
江苏	1.56	1.15	5.99	0.04	9.50
浙江	1.21	0.76	7.55	0.01	8.41
安徽	1.39	0.50	6.35	0.01	10.33
福建	2.08	0.27	3.84	0.00	8.43
江西	1.50	0.86	5.12	0.02	9.08
山东	2.03	1.06	6.00	0.02	13.33
河南	1.24	0.42	3.87	0.02	11.78
湖北	1.10	0.72	8.31	0.02	12.13
湖南	0.90	0.92	6.50	0.00	9.94
广东	0.92	1.19	8.02	0.01	4.73
广西	0.99	0.49	5.67	0.01	6.95
海南	0.84	0.48	8.24	0.00	4.78
重庆	2.16	0.54	7.33	0.01	10.03
四川	1.70	0.40	7.05	0.02	9.46
贵州	1.23	0.52	5.96	0.03	11.38
云南	0.89	0.77	6.91	0.01	10.19
西藏	4.98	0.55	1.77	0.14	16.71
陕西	1.29	0.90	7.67	0.02	9.57
甘肃	1.53	1.21	6.05	0.02	12.17
青海	1.33	1.70	6.16	0.02	11.33
宁夏	1.51	0.81	5.19	0.01	12.45
新疆	1.37	0.67	5.46	0.01	13.99

2001 年各地区城镇居民家庭消费支出构成(七)

单位:%

	(一)服　装	1.男士服装	2.女士服装	3.各式童装	(二)衣着材料
全国合计	**6.86**	**2.72**	**3.60**	**0.54**	**0.40**
北　京	6.13	2.51	3.30	0.32	0.37
天　津	5.14	1.98	2.82	0.34	0.43
河　北	7.58	3.11	3.92	0.55	0.78
山　西	8.41	3.42	4.34	0.64	0.62
内蒙古	9.21	3.52	5.08	0.61	0.71
辽　宁	8.47	3.50	4.54	0.43	0.46
吉　林	8.52	3.51	4.47	0.53	0.50
黑龙江	8.37	3.28	4.53	0.57	0.37
上　海	4.16	1.71	2.29	0.16	0.26
江　苏	6.51	2.80	3.17	0.54	0.37
浙　江	5.93	2.40	3.06	0.47	0.27
安　徽	7.19	2.77	3.59	0.84	0.44
福　建	6.37	2.43	3.18	0.77	0.14
江　西	6.05	2.41	3.11	0.54	0.44
山　东	9.07	3.83	4.62	0.62	0.67
河　南	8.04	3.34	4.00	0.71	0.60
湖　北	8.54	3.40	4.33	0.80	0.38
湖　南	6.94	2.81	3.62	0.51	0.31
广　东	3.47	1.26	1.81	0.40	0.04
广　西	4.98	1.67	2.79	0.52	0.21
海　南	3.45	1.35	1.50	0.60	0.06
重　庆	7.24	2.39	4.37	0.48	0.16
四　川	6.79	2.54	3.71	0.54	0.26
贵　州	7.66	2.51	4.44	0.71	0.33
云　南	7.56	2.55	3.99	1.02	0.24
西　藏	12.96	6.24	5.54	1.19	0.20
陕　西	6.41	2.45	3.33	0.62	0.49
甘　肃	7.87	3.02	4.29	0.56	0.81
青　海	7.59	2.76	4.08	0.76	0.52
宁　夏	8.46	2.89	4.61	0.96	0.64
新　疆	9.15	3.47	4.87	0.81	0.75

2001年各地区城镇居民家庭消费支出构成(八)

单位:%

	(三)鞋袜帽及其它衣着	(四)衣着加工服务费	三、家庭设备用品及服务	(一)耐用消费品	1.家具
全国合计	**2.65**	**0.15**	**8.27**	**4.72**	**1.11**
北京	2.52	0.20	9.50	5.86	1.72
天津	1.90	0.14	11.54	8.09	1.32
河北	3.26	0.22	8.91	6.18	1.50
山西	3.43	0.10	7.69	4.40	1.48
内蒙古	3.96	0.31	6.97	3.62	1.31
辽宁	3.61	0.18	5.86	3.21	0.69
吉林	3.43	0.17	5.94	2.84	0.59
黑龙江	3.78	0.17	6.19	3.09	0.81
上海	1.67	0.09	6.88	3.66	0.97
江苏	2.42	0.20	10.91	6.84	1.01
浙江	2.08	0.14	11.65	6.85	0.92
安徽	2.53	0.16	7.25	4.24	0.62
福建	1.80	0.12	8.12	4.20	0.84
江西	2.41	0.18	7.50	3.94	0.92
山东	3.36	0.23	9.95	6.48	1.54
河南	2.94	0.20	8.11	4.89	1.15
湖北	3.08	0.13	7.24	3.83	0.78
湖南	2.59	0.10	8.30	4.64	1.25
广东	1.18	0.03	6.87	3.28	1.06
广西	1.67	0.09	9.20	5.36	1.56
海南	1.23	0.03	6.47	2.70	1.30
重庆	2.59	0.03	8.68	5.12	0.85
四川	2.37	0.05	8.90	4.63	1.15
贵州	3.29	0.10	8.47	4.38	0.94
云南	2.38	0.02	5.84	3.27	1.02
西藏	3.53	0.02	4.31	2.40	1.14
陕西	2.52	0.16	11.42	7.08	1.68
甘肃	3.19	0.31	8.31	4.57	1.67
青海	3.06	0.16	7.47	4.48	1.15
宁夏	3.14	0.20	10.21	6.48	2.15
新疆	3.80	0.30	8.93	4.73	1.26

2001年各地区城镇居民家庭消费支出构成(九)

单位:%

	2.住房装饰	3.家庭设备	(二)室内装饰品	(三)床上用品	(四)家庭日用杂品
全国合计	**1.18**	**2.43**	**0.27**	**0.45**	**1.75**
北京	0.75	3.39	0.25	0.36	1.94
天津	3.16	3.61	0.25	0.44	1.38
河北	1.18	3.51	0.29	0.42	1.47
山西	0.65	2.27	0.46	0.56	1.61
内蒙古	0.62	1.69	0.39	0.38	1.68
辽宁	0.92	1.60	0.22	0.49	1.45
吉林	0.82	1.43	0.22	0.40	1.74
黑龙江	0.89	1.39	0.19	0.40	1.43
上海	0.68	2.01	0.14	0.54	1.36
江苏	2.43	3.41	0.21	0.51	2.17
浙江	2.95	2.98	0.36	0.47	1.45
安徽	0.93	2.69	0.21	0.23	1.51
福建	1.05	2.32	0.20	0.60	1.67
江西	0.57	2.45	0.27	0.48	2.12
山东	1.34	3.60	0.39	0.45	1.92
河南	1.01	2.73	0.35	0.46	1.55
湖北	0.56	2.50	0.29	0.29	2.37
湖南	0.83	2.56	0.32	0.54	2.04
广东	0.51	1.71	0.23	0.40	1.85
广西	1.13	2.67	0.21	0.51	1.80
海南	0.01	1.39	0.44	0.32	2.34
重庆	2.21	2.06	0.18	0.45	1.42
四川	0.72	2.76	0.31	0.49	2.06
贵州	1.22	2.23	0.29	0.54	2.38
云南	0.75	1.50	0.39	0.65	1.07
西藏	0.16	1.10	0.24	0.27	1.03
陕西	2.37	3.03	0.39	0.47	2.04
甘肃	1.02	1.88	0.36	0.40	2.03
青海	1.18	2.16	0.38	0.44	1.65
宁夏	2.19	2.15	0.53	0.36	1.47
新疆	1.52	1.95	0.44	0.37	1.96

2001年各地区城镇居民家庭消费支出构成(十)

单位:%

	(五)家具材料	(六)家庭服务	四、医疗保健	(一)医疗器具	(二)保健用品
全国合计	**0.15**	**0.93**	**6.47**	**0.07**	**0.09**
北京	0.06	1.02	7.59	0.15	0.16
天津	0.02	1.37	6.23	0.04	0.15
河北	0.13	0.42	9.38	0.14	0.17
山西	0.12	0.55	8.43	0.04	0.08
内蒙古	0.21	0.69	6.41	0.04	0.04
辽宁	0.11	0.38	8.13	0.08	0.24
吉林	0.12	0.63	7.50	0.06	0.18
黑龙江	0.08	1.00	8.43	0.07	0.08
上海	0.00	1.19	5.98	0.06	0.07
江苏	0.23	0.95	5.38	0.05	0.09
浙江	0.49	2.03	6.70	0.13	0.07
安徽	0.17	0.89	4.54	0.09	0.04
福建	0.13	1.31	4.71	0.04	0.04
江西	0.12	0.56	3.85	0.00	0.03
山东	0.15	0.56	6.24	0.05	0.10
河南	0.05	0.80	7.27	0.08	0.13
湖北	0.12	0.33	5.03	0.04	0.06
湖南	0.10	0.65	5.93	0.02	0.05
广东	0.05	1.06	4.84	0.04	0.06
广西	0.37	0.95	4.85	0.03	0.02
海南	0.25	0.42	5.58	0.04	0.02
重庆	0.00	1.51	5.69	0.06	0.02
四川	0.26	1.16	5.80	0.15	0.06
贵州	0.08	0.79	5.84	0.01	0.04
云南	0.05	0.41	7.04	0.05	0.07
西藏	0.15	0.21	3.67	0.03	0.10
陕西	0.30	1.15	7.79	0.04	0.09
甘肃	0.22	0.73	8.18	0.03	0.05
青海	0.06	0.45	7.97	0.05	0.03
宁夏	0.09	1.28	8.92	0.07	0.05
新疆	0.17	1.26	6.14	0.04	0.06

2001年各地区城镇居民家庭消费支出构成(十一)

单位:%

	(三)医药费	(四)滋补药品	(五)医疗保健服务	(六)其 它	五、交通和通讯
全国合计	**4.91**	**0.43**	**0.93**	**0.04**	**8.61**
北 京	5.07	0.72	1.34	0.15	8.61
天 津	4.82	0.12	0.96	0.13	8.39
河 北	8.24	0.23	0.51	0.09	8.71
山 西	6.97	0.18	1.13	0.04	7.71
内 蒙 古	5.10	0.05	1.17	0.01	9.30
辽 宁	6.76	0.38	0.61	0.05	7.47
吉 林	6.26	0.23	0.75	0.02	7.95
黑 龙 江	6.80	0.20	1.25	0.03	7.59
上 海	3.23	1.68	0.86	0.08	9.38
江 苏	3.83	0.50	0.90	0.02	8.74
浙 江	4.41	1.35	0.71	0.03	8.66
安 徽	3.64	0.18	0.58	0.01	7.38
福 建	3.45	0.31	0.84	0.03	9.30
江 西	3.05	0.20	0.52	0.04	7.98
山 东	4.53	0.27	1.26	0.02	7.83
河 南	5.73	0.10	1.21	0.02	7.30
湖 北	4.20	0.15	0.55	0.04	7.00
湖 南	4.54	0.21	1.07	0.04	8.56
广 东	3.46	0.53	0.74	0.02	13.28
广 西	3.73	0.13	0.90	0.05	8.75
海 南	3.99	0.13	1.34	0.06	8.00
重 庆	4.02	0.20	1.38	0.01	7.53
四 川	4.54	0.23	0.81	0.01	7.37
贵 州	4.87	0.10	0.79	0.02	8.70
云 南	6.18	0.07	0.63	0.04	8.90
西 藏	3.46	0.02	0.05	0.02	10.48
陕 西	5.93	0.10	1.61	0.02	7.90
甘 肃	6.95	0.13	0.94	0.08	7.26
青 海	7.60	0.06	0.21	0.03	7.70
宁 夏	6.69	0.13	1.93	0.04	9.53
新 疆	4.53	0.21	1.23	0.08	8.25

2001年各地区城镇居民家庭消费支出构成(十二)

单位:%

	(一)交　通	1. 家庭交通工具	2. 燃料充电　费	3. 交通费	4. 交通工具维修服务费
全国合计	**3.31**	**1.01**	**0.17**	**1.81**	**0.31**
北　京	3.00	0.41	0.07	2.13	0.38
天　津	4.46	2.71	0.04	1.57	0.15
河　北	3.21	1.56	0.26	1.16	0.23
山　西	2.64	0.60	0.11	1.81	0.12
内蒙古	3.80	1.34	0.27	1.80	0.39
辽　宁	2.20	0.22	0.03	1.82	0.13
吉　林	2.89	0.27	0.05	2.46	0.11
黑龙江	2.39	0.20	0.02	2.02	0.15
上　海	4.41	1.22	0.04	2.97	0.18
江　苏	3.89	2.02	0.26	1.21	0.40
浙　江	3.29	1.22	0.23	1.57	0.28
安　徽	2.53	0.36	0.12	1.79	0.26
福　建	3.02	0.91	0.31	1.51	0.29
江　西	2.11	0.42	0.07	1.44	0.18
山　东	3.33	1.15	0.21	1.73	0.25
河　南	2.24	0.76	0.13	1.14	0.20
湖　北	3.04	0.56	0.08	2.26	0.14
湖　南	3.05	0.54	0.09	2.19	0.21
广　东	6.04	2.73	0.58	1.51	1.23
广　西	4.35	1.76	0.45	1.27	0.87
海　南	3.06	0.31	0.84	1.65	0.26
重　庆	2.87	0.01	0.00	2.85	0.00
四　川	2.49	0.40	0.05	1.95	0.09
贵　州	3.05	0.21	0.10	2.67	0.07
云　南	3.11	1.43	0.25	1.21	0.23
西　藏	2.54	0.48	0.02	1.98	0.06
陕　西	2.81	0.65	0.08	1.92	0.17
甘　肃	2.48	0.31	0.01	1.98	0.19
青　海	2.45	0.11	0.05	2.18	0.12
宁　夏	3.23	1.01	0.18	1.82	0.23
新　疆	2.97	0.30	0.06	2.46	0.16

2001年各地区城镇居民家庭消费支出构成(十三)

单位:%

	(二)通　讯	1.通讯工具	2.电 讯 费	3.邮　费	4.其　它
全国合计	**5.30**	**1.03**	**4.16**	**0.04**	**0.07**
北　京	5.62	1.47	4.02	0.04	0.08
天　津	3.93	0.71	3.16	0.03	0.03
河　北	5.50	1.11	4.24	0.05	0.09
山　西	5.07	0.62	4.35	0.05	0.05
内蒙古	5.50	1.08	4.31	0.07	0.03
辽　宁	5.27	0.83	4.32	0.04	0.07
吉　林	5.07	0.71	4.25	0.03	0.07
黑龙江	5.20	0.61	4.42	0.07	0.10
上　海	4.97	1.25	3.55	0.05	0.12
江　苏	4.86	1.23	3.53	0.04	0.07
浙　江	5.37	1.68	3.55	0.03	0.11
安　徽	4.85	0.75	4.01	0.02	0.07
福　建	6.29	1.12	5.08	0.04	0.05
江　西	5.87	1.09	4.67	0.08	0.03
山　东	4.50	0.94	3.46	0.05	0.05
河　南	5.06	0.53	4.46	0.04	0.03
湖　北	3.96	0.75	3.12	0.06	0.03
湖　南	5.51	1.14	4.30	0.04	0.03
广　东	7.23	1.10	6.06	0.03	0.05
广　西	4.41	1.02	3.18	0.02	0.18
海　南	4.94	0.57	4.19	0.04	0.14
重　庆	4.67	0.58	4.03	0.03	0.02
四　川	4.88	1.06	3.73	0.06	0.03
贵　州	5.65	1.15	4.41	0.05	0.04
云　南	5.79	1.32	4.40	0.04	0.03
西　藏	7.94	1.58	5.59	0.05	0.72
陕　西	5.09	0.99	3.98	0.04	0.07
甘　肃	4.78	1.17	3.46	0.08	0.07
青　海	5.25	0.94	4.21	0.07	0.03
宁　夏	6.29	1.51	4.69	0.04	0.05
新　疆	5.28	0.87	4.28	0.08	0.05

2001年各地区城镇居民家庭消费支出构成(十四)

单位:%

	六、娱乐教育文化服务费	(一)文娱用耐用消费品	(二)教　育	1. 教材及参考书	2.学杂费
全国合计	**13.00**	**2.62**	**8.07**	**0.59**	**5.80**
北　京	16.02	4.04	8.43	0.53	6.19
天　津	12.84	3.58	7.11	0.69	4.65
河　北	11.12	2.17	7.55	0.53	5.01
山　西	13.77	2.59	9.27	0.62	6.89
内蒙古	13.07	2.01	8.46	0.33	6.44
辽　宁	12.36	2.36	8.28	0.59	5.25
吉　林	12.19	2.09	7.92	0.72	5.66
黑龙江	12.74	1.67	9.02	0.63	7.26
上　海	14.56	4.15	7.83	0.95	5.29
江　苏	12.50	2.55	7.58	0.46	5.61
浙　江	13.39	3.16	8.00	0.75	5.36
安　徽	12.96	1.71	9.17	0.43	6.70
福　建	9.96	2.17	5.85	0.52	4.16
江　西	12.54	2.06	8.46	0.54	6.48
山　东	14.81	3.21	8.87	0.56	7.00
河　南	10.41	2.18	6.18	0.58	4.45
湖　北	14.55	2.34	10.00	0.70	6.79
湖　南	14.91	2.20	10.23	0.47	7.57
广　东	11.87	2.48	6.99	0.45	4.78
广　西	13.49	3.23	8.03	0.66	6.02
海　南	12.04	2.10	7.60	0.46	6.04
重　庆	14.47	2.56	9.25	1.13	6.71
四　川	13.04	2.40	8.06	0.74	6.15
贵　州	12.23	2.37	7.54	0.33	5.17
云　南	11.35	3.20	6.35	0.32	4.05
西　藏	8.26	3.11	4.30	0.11	2.75
陕　西	13.85	2.32	9.24	0.99	7.08
甘　肃	13.41	3.16	7.53	0.31	5.68
青　海	12.64	2.19	8.11	0.34	5.83
宁　夏	11.80	3.24	6.47	0.82	4.04
新　疆	12.71	2.06	7.73	0.29	5.29

2001年各地区城镇居民家庭消费支出构成(十五)

单位:%

	3.托幼费	4.成人教育	5.其它	(三)文化娱乐	1.文娱用品
全国合计	**0.41**	**0.56**	**0.72**	**2.30**	**0.64**
北京	0.35	0.40	0.96	3.55	0.93
天津	0.25	0.42	1.10	2.15	0.79
河北	0.34	0.88	0.79	1.40	0.28
山西	0.30	0.26	1.20	1.91	0.46
内蒙古	0.42	0.59	0.68	2.60	0.81
辽宁	0.41	0.63	1.40	1.71	0.40
吉林	0.47	0.57	0.50	2.18	0.60
黑龙江	0.36	0.48	0.29	2.05	0.58
上海	0.14	0.85	0.61	2.58	0.61
江苏	0.40	0.34	0.77	2.36	0.75
浙江	0.43	0.58	0.88	2.23	0.77
安徽	0.37	0.71	0.95	2.09	0.45
福建	0.34	0.38	0.44	1.93	0.42
江西	0.31	0.33	0.79	2.02	0.52
山东	0.44	0.47	0.40	2.72	0.86
河南	0.45	0.42	0.27	2.05	0.44
湖北	0.43	1.05	1.02	2.21	0.51
湖南	0.45	0.35	1.38	2.48	0.64
广东	0.96	0.34	0.45	2.41	0.84
广西	0.41	0.76	0.18	2.23	0.65
海南	0.33	0.16	0.62	2.34	0.75
重庆	0.45	0.25	0.71	2.66	0.60
四川	0.16	0.59	0.41	2.58	0.65
贵州	0.50	0.48	1.06	2.32	0.50
云南	0.38	0.94	0.66	1.80	0.61
西藏	0.63	0.66	0.15	0.85	0.05
陕西	0.31	0.61	0.25	2.30	0.65
甘肃	0.29	0.44	0.80	2.72	0.66
青海	0.28	0.69	0.97	2.34	0.59
宁夏	0.41	0.79	0.41	2.09	0.67
新疆	0.63	0.96	0.56	2.92	1.03

2001年各地区城镇居民家庭消费支出构成(十六)

单位:%

	2.书报杂志	3.文娱费	七、居住	(一)住房	1.建筑材料
全国合计	**0.62**	**1.05**	**10.32**	**4.09**	**1.42**
北京	0.99	1.63	6.59	2.59	1.09
天津	0.53	0.82	11.56	5.18	0.57
河北	0.56	0.55	10.29	2.47	1.15
山西	0.82	0.63	9.48	3.67	2.46
内蒙古	0.61	1.18	9.62	3.36	2.22
辽宁	0.55	0.76	8.85	2.38	0.93
吉林	0.55	1.04	10.46	2.58	1.21
黑龙江	0.48	0.99	10.31	2.63	1.60
上海	0.77	1.20	7.85	2.20	0.92
江苏	0.60	1.01	7.92	2.05	1.21
浙江	0.52	0.94	9.11	4.68	0.73
安徽	0.68	0.96	9.01	2.61	1.40
福建	0.54	0.98	10.64	3.68	2.13
江西	0.57	0.93	13.54	7.22	2.07
山东	0.88	0.99	8.40	2.64	0.90
河南	0.59	1.02	15.82	9.24	1.64
湖北	0.57	1.13	12.20	5.46	2.48
湖南	0.55	1.29	11.94	6.82	2.68
广东	0.53	1.05	13.91	6.33	1.34
广西	0.71	0.87	14.16	7.57	1.72
海南	0.56	1.03	10.53	4.09	2.28
重庆	0.69	1.37	9.60	3.71	0.24
四川	0.68	1.25	10.24	4.48	1.59
贵州	0.46	1.37	7.81	2.59	1.71
云南	0.46	0.72	9.69	4.85	1.04
西藏	0.34	0.45	6.16	1.90	0.72
陕西	0.60	1.04	9.76	4.61	1.28
甘肃	0.78	1.28	7.31	1.90	1.22
青海	0.47	1.28	6.29	1.98	1.23
宁夏	0.32	1.10	7.03	1.52	0.85
新疆	0.64	1.25	9.62	3.72	2.27

2001年各地区城镇居民家庭消费支出构成(十七)

单位:%

	2.房　租	3.维　修服务费	(二)水电燃料及其它	1.水	2.电
全国合计	**2.10**	**0.57**	**6.23**	**0.71**	**2.66**
北　京	0.98	0.52	4.00	0.58	1.91
天　津	2.68	1.94	6.38	0.58	2.14
河　北	0.77	0.55	7.83	0.66	2.38
山　西	0.61	0.60	5.82	0.72	2.11
内蒙古	0.40	0.74	6.27	0.45	2.15
辽　宁	0.96	0.50	6.47	0.68	2.57
吉　林	0.91	0.46	7.88	0.63	2.57
黑龙江	0.68	0.34	7.68	0.65	3.05
上　海	1.27	0.01	5.65	0.87	2.88
江　苏	0.43	0.42	5.87	0.70	2.81
浙　江	3.64	0.31	4.43	0.57	2.43
安　徽	0.88	0.33	6.40	0.75	2.98
福　建	0.56	0.99	6.96	1.11	3.42
江　西	4.50	0.65	6.31	0.79	2.64
山　东	1.46	0.28	5.76	0.46	1.98
河　南	7.14	0.47	6.58	0.83	2.77
湖　北	1.79	1.19	6.74	0.77	3.06
湖　南	3.18	0.96	5.12	0.72	2.19
广　东	4.43	0.57	7.58	0.90	3.96
广　西	5.38	0.47	6.60	0.89	2.75
海　南	0.42	1.39	6.44	0.97	2.49
重　庆	3.41	0.07	5.89	0.87	2.96
四　川	2.48	0.41	5.76	0.82	2.69
贵　州	0.24	0.65	5.22	0.74	2.78
云　南	3.33	0.48	4.83	0.71	2.43
西　藏	0.82	0.36	4.25	0.28	1.34
陕　西	2.94	0.39	5.15	0.52	1.97
甘　肃	0.28	0.40	5.41	0.34	1.51
青　海	0.23	0.53	4.31	0.28	1.53
宁　夏	0.33	0.34	5.51	0.56	2.00
新　疆	0.32	1.13	5.90	0.43	1.49

2001年各地区城镇居民家庭消费支出构成(十八)

单位:%

	3.燃　料	(1)煤　炭	(2)液　化 石油气	八、杂项商品 和服务	(一)个人消费
全国合计	**2.22**	**0.50**	**1.02**	**5.35**	**4.40**
北　京	1.36	0.31	0.31	6.29	5.44
天　津	1.53	0.06	0.13	4.79	3.47
河　北	2.83	1.04	1.09	4.41	3.54
山　西	2.31	0.45	0.50	6.08	5.40
内蒙古	1.94	0.92	0.54	6.54	5.27
辽　宁	2.48	0.31	0.72	4.95	4.35
吉　林	2.78	0.82	0.98	5.27	4.71
黑龙江	2.65	1.01	0.82	4.81	3.93
上　海	1.67	0.00	0.09	6.10	5.12
江　苏	2.16	0.33	1.25	5.40	4.07
浙　江	1.38	0.06	1.12	5.75	4.52
安　徽	2.57	0.80	1.24	4.29	3.63
福　建	2.38	0.18	1.97	4.77	3.93
江　西	2.86	0.42	1.99	4.75	3.77
山　东	1.79	0.52	0.65	5.15	4.17
河　南	2.60	1.08	0.93	4.65	3.67
湖　北	2.88	0.65	1.79	4.40	3.46
湖　南	2.13	0.52	1.33	5.38	4.29
广　东	2.44	0.07	2.14	6.35	5.24
广　西	2.88	0.10	2.64	4.93	3.90
海　南	2.97	0.02	2.83	6.30	4.41
重　庆	1.81	0.01	0.04	4.20	3.68
四　川	2.06	0.39	0.33	4.96	4.12
贵　州	1.67	0.67	0.72	4.67	3.92
云　南	1.55	0.21	0.93	6.91	5.60
西　藏	2.63	0.01	2.55	6.59	6.17
陕　西	1.83	0.67	0.81	5.44	4.67
甘　肃	2.04	0.58	0.91	6.29	5.24
青　海	1.50	0.58	0.66	8.49	6.44
宁　夏	1.49	0.61	0.81	6.06	5.17
新　疆	2.08	0.60	1.11	5.54	4.96

2001 年各地区城镇居民家庭消费支出构成(十九)

单位:%

	1. 个人用品	2. 理发美容用品	3. 旅　游	4. 服务费
全国合计	**1.26**	**0.69**	**1.88**	**0.57**
北　京	1.55	0.91	2.62	0.35
天　津	1.52	0.64	0.95	0.36
河　北	0.92	0.65	1.05	0.92
山　西	0.96	0.79	2.77	0.89
内蒙古	1.46	1.07	1.85	0.90
辽　宁	1.18	0.67	1.36	1.14
吉　林	1.31	0.83	1.50	1.07
黑龙江	1.37	0.58	1.21	0.77
上　海	2.17	0.53	2.06	0.36
江　苏	1.38	0.58	1.49	0.62
浙　江	1.25	0.49	2.34	0.44
安　徽	0.70	0.59	1.29	1.05
福　建	0.98	0.64	1.79	0.52
江　西	1.09	0.50	1.76	0.41
山　东	1.39	0.90	1.47	0.41
河　南	0.90	0.76	1.53	0.48
湖　北	1.09	0.51	1.43	0.43
湖　南	1.24	0.58	2.12	0.35
广　东	1.13	0.65	3.03	0.42
广　西	1.00	0.72	1.90	0.29
海　南	1.35	0.49	2.18	0.39
重　庆	1.09	0.64	1.79	0.16
四　川	1.02	0.64	2.11	0.35
贵　州	1.07	0.48	1.48	0.90
云　南	0.96	0.94	2.91	0.80
西　藏	1.21	1.16	2.50	1.30
陕　西	1.26	0.80	2.11	0.49
甘　肃	1.52	0.88	2.31	0.53
青　海	1.09	0.60	3.92	0.84
宁　夏	1.25	1.07	2.47	0.38
新　疆	1.31	1.19	2.02	0.45

2001年各地区城镇居民家庭消费支出构成(二十)

单位:%

	(二)其它商品	(三)其它服务
全国合计	**0.41**	**0.54**
北京	0.26	0.58
天津	0.36	0.96
河北	0.26	0.60
山西	0.33	0.35
内蒙古	0.40	0.86
辽宁	0.30	0.31
吉林	0.26	0.30
黑龙江	0.33	0.55
上海	0.53	0.45
江苏	0.63	0.70
浙江	0.36	0.88
安徽	0.16	0.50
福建	0.31	0.53
江西	0.53	0.46
山东	0.52	0.46
河南	0.38	0.60
湖北	0.53	0.42
湖南	0.39	0.70
广东	0.63	0.49
广西	0.46	0.57
海南	0.91	0.98
重庆	0.35	0.17
四川	0.38	0.46
贵州	0.49	0.25
云南	0.29	1.02
西藏	0.29	0.14
陕西	0.26	0.51
甘肃	0.46	0.59
青海	1.16	0.89
宁夏	0.27	0.62
新疆	0.25	0.34

2001年各地区城镇居民家庭年末主要消费品拥有量(一)

(平均每百户)

	毛皮大衣(件)	呢大衣件	毛毯(条)	地毯(平方米)	组合家具(套)
全国合计	**64.74**	**172.67**	**146.17**	**90.74**	**64.14**
北京	132.90	210.10	147.90	86.20	81.80
天津	87.40	253.20	151.60	54.60	75.00
河北	77.02	152.27	134.16	75.19	68.93
山西	76.24	135.08	156.05	55.60	64.50
内蒙古	109.60	158.01	165.83	182.39	59.02
辽宁	63.30	177.73	110.88	174.90	44.31
吉林	66.95	160.30	104.06	82.51	37.54
黑龙江	54.61	159.77	104.62	87.94	45.93
上海	23.60	312.80	188.00	129.02	32.60
江苏	54.23	243.31	148.81	85.08	54.61
浙江	54.37	222.70	167.74	114.56	60.88
安徽	67.21	187.80	133.95	41.09	50.71
福建	49.65	117.71	128.47	22.29	54.47
江西	37.75	154.15	148.09	20.77	46.32
山东	79.18	186.18	166.67	144.19	101.35
河南	63.84	139.00	107.49	49.44	61.06
湖北	72.98	251.06	148.67	79.71	73.74
湖南	51.61	147.31	142.15	38.63	70.43
广东	46.39	79.83	185.78	13.61	64.50
广西	22.16	82.59	119.89	18.44	71.66
海南	33.17	42.00	130.00	5.67	47.83
重庆	68.67	211.00	157.67	12.33	76.67
四川	71.38	200.82	164.23	21.92	93.19
贵州	70.53	165.05	163.02	45.08	57.64
云南	57.28	116.74	187.85	82.54	52.45
西藏	118.00	184.00	317.00	856.00	112.00
陕西	37.74	140.11	144.49	60.16	60.50
甘肃	96.40	166.89	214.53	116.16	66.81
青海	86.00	193.27	223.27	197.64	53.27
宁夏	71.47	133.16	154.95	93.34	34.80
新疆	76.17	208.00	200.46	734.20	52.14

2001年各地区城镇居民家庭年末主要消费品拥有量(二)

(平均每百户)

	沙发床(个)	沙 发(个)	大衣柜(个)	写字台张	摩托车辆
全国合计	**55.61**	**204.93**	**84.68**	**84.79**	**20.40**
北 京	89.70	158.20	85.20	98.50	5.00
天 津	51.00	116.20	69.60	75.40	9.60
河 北	55.57	260.23	91.08	92.94	36.80
山 西	31.26	198.58	78.56	85.51	22.09
内 蒙 古	37.12	302.32	73.24	70.35	31.14
辽 宁	51.30	103.27	55.79	60.88	8.40
吉 林	35.74	140.93	55.09	49.73	8.50
黑 龙 江	48.67	138.17	51.12	47.75	7.28
上 海	43.40	114.80	96.40	79.40	1.40
江 苏	42.63	143.49	88.05	98.88	29.42
浙 江	38.20	172.99	83.89	96.68	20.39
安 徽	27.37	140.12	81.39	98.57	17.71
福 建	44.06	168.18	79.71	80.82	38.47
江 西	52.59	236.87	90.30	105.24	14.48
山 东	79.11	310.32	83.99	92.59	35.10
河 南	50.61	242.94	92.94	84.94	20.46
湖 北	49.87	200.15	83.16	99.69	15.23
湖 南	49.82	210.02	99.86	102.45	15.51
广 东	92.35	134.29	174.65	125.48	61.72
广 西	61.55	221.17	94.49	89.08	44.01
海 南	59.17	101.33	115.50	115.67	47.67
重 庆	33.67	129.33	94.33	78.33	1.67
四 川	62.10	270.50	91.39	95.05	7.52
贵 州	44.57	256.01	96.21	94.98	9.21
云 南	58.01	352.29	97.93	97.65	20.58
西 藏	37.00	346.00	68.00	76.00	8.00
陕 西	79.25	206.51	69.71	78.72	11.91
甘 肃	93.26	353.44	88.30	94.44	7.76
青 海	65.64	365.82	78.18	85.09	8.18
宁 夏	66.56	346.58	81.80	83.17	17.64
新 疆	94.21	489.90	85.00	81.43	9.34

2001年各地区城镇居民家庭年末主要消费品拥有量(三)

(平均每百户)

	自行车(辆)	家用汽车(辆)	缝纫机(台)	洗衣机(台)	电风扇(台)
全国合计	**165.42**	**0.60**	**50.64**	**92.22**	**170.74**
北京	230.60	2.60	49.50	102.20	153.80
天津	239.00	0.20	69.80	95.60	132.60
河北	231.90	1.00	66.07	95.05	170.41
山西	184.89	0.52	58.41	94.60	81.25
内蒙古	211.09	1.59	36.57	94.25	53.70
辽宁	157.87	0.43	43.39	88.87	75.96
吉林	151.14	0.49	39.72	91.89	66.75
黑龙江	122.99	0.31	42.48	85.46	51.50
上海	123.80	0.20	68.80	99.00	224.80
江苏	213.39	0.14	57.71	97.91	245.39
浙江	200.09	0.67	67.48	90.93	270.30
安徽	151.52	0.62	41.93	88.90	251.44
福建	169.47	0.41	52.18	95.53	245.82
江西	153.47	0.17	54.10	80.94	245.92
山东	217.56	0.34	55.55	90.83	183.57
河南	201.07	0.08	56.86	89.65	209.94
湖北	143.04	0.20	50.67	93.76	234.08
湖南	96.78	0.23	45.33	90.97	243.97
广东	169.12	2.29	64.72	97.89	309.63
广西	189.22	0.39	64.43	89.85	310.13
海南	112.83	1.00	49.50	69.67	176.17
重庆	8.00	0.00	46.00	97.00	210.67
四川	96.51	0.87	30.88	94.21	203.23
贵州	25.79	0.40	36.63	98.62	99.13
云南	130.94	1.04	46.11	93.71	41.21
西藏	209.00	0.00	15.00	89.00	5.00
陕西	166.47	0.11	49.19	94.36	149.84
甘肃	180.39	0.00	44.15	100.29	49.75
青海	97.82	0.18	31.82	100.18	8.73
宁夏	182.48	0.48	35.82	90.08	66.73
新疆	146.28	0.78	35.68	95.60	55.37

2001年各地区城镇居民家庭年末主要消费品拥有量(四)

(平均每百户)

	电冰箱(台)	冰 柜(台)	彩色电视机(台)	影碟机(台)	录放像机(台)
全国合计	**81.87**	**6.62**	**120.52**	**42.62**	**19.89**
北 京	106.60	16.90	148.90	51.70	57.70
天 津	102.60	19.20	134.00	41.00	31.80
河 北	85.99	14.48	116.09	34.36	14.75
山 西	79.18	7.60	110.23	29.91	11.62
内蒙古	74.39	12.38	111.06	27.13	9.48
辽 宁	83.37	7.45	117.26	30.52	22.43
吉 林	73.04	6.02	110.15	31.66	19.35
黑龙江	67.59	10.39	105.61	29.85	15.66
上 海	102.60	1.20	153.60	56.00	50.20
江 苏	87.46	4.55	128.04	41.27	23.09
浙 江	97.67	3.27	150.01	50.57	28.80
安 徽	84.94	5.68	116.79	36.45	16.32
福 建	90.94	2.41	131.41	61.88	20.06
江 西	77.87	3.85	108.39	36.06	10.54
山 东	87.91	15.19	116.87	37.00	23.67
河 南	74.75	7.49	112.14	35.13	9.78
湖 北	88.44	5.81	115.09	45.80	16.24
湖 南	86.18	5.55	112.61	48.76	17.68
广 东	82.87	1.83	139.65	71.19	26.88
广 西	80.70	1.85	120.00	61.97	13.92
海 南	52.33	1.83	115.50	34.17	13.83
重 庆	98.67	2.00	138.67	59.67	21.33
四 川	82.70	3.01	123.44	53.71	17.85
贵 州	84.42	4.32	117.42	60.93	14.30
云 南	68.96	2.67	118.37	62.30	18.33
西 藏	74.00	3.00	130.00	59.00	39.00
陕 西	74.13	2.60	116.24	38.76	15.24
甘 肃	74.77	3.98	122.12	44.36	10.79
青 海	80.00	7.82	114.91	44.00	14.18
宁 夏	75.05	2.84	112.53	41.82	9.31
新 疆	82.15	2.77	107.56	41.05	17.33

2001年各地区城镇居民家庭年末主要消费品拥有量(五)

(平均每百户)

	家用电脑(台)	组合音响(套)	录音机(台)	摄像机(台)	照相机(架)
全国合计	**13.31**	**23.84**	**48.90**	**1.63**	**39.79**
北京	45.30	34.40	73.10	8.00	100.70
天津	21.20	21.40	68.40	2.00	59.60
河北	8.57	17.46	51.25	1.73	37.59
山西	8.41	17.48	51.02	0.90	34.46
内蒙古	5.16	13.87	50.77	0.83	26.59
辽宁	9.58	21.00	51.42	1.86	42.84
吉林	7.69	15.63	54.52	1.91	34.44
黑龙江	6.09	17.26	46.20	1.34	26.38
上海	37.60	33.60	79.80	4.00	71.60
江苏	12.74	20.58	51.92	1.48	37.70
浙江	20.04	25.48	56.77	2.63	50.59
安徽	7.69	20.27	30.42	1.12	29.47
福建	15.94	25.59	36.94	1.59	35.71
江西	5.74	18.05	41.76	0.82	26.64
山东	13.41	21.29	64.66	2.03	51.00
河南	8.18	14.07	39.43	1.01	27.90
湖北	11.01	26.17	41.37	1.20	37.32
湖南	15.43	29.85	36.67	1.17	33.09
广东	34.59	51.53	52.04	2.61	50.54
广西	13.77	30.49	43.31	0.69	35.63
海南	8.17	20.33	54.83	0.00	18.83
重庆	17.33	38.00	22.00	2.33	55.67
四川	11.29	27.86	38.19	1.03	40.50
贵州	7.86	34.80	26.54	0.70	27.79
云南	10.36	31.80	46.89	1.05	45.68
西藏	9.00	26.00	68.00	2.00	55.00
陕西	9.15	18.39	47.11	0.43	34.84
甘肃	6.68	24.94	53.08	0.58	40.41
青海	5.82	24.91	50.00	1.09	46.91
宁夏	7.00	22.29	40.70	0.41	31.82
新疆	7.79	17.52	55.58	1.13	34.14

2001年各地区城镇居民家庭年末主要消费品拥有量(六)

(平均每百户)

	钢琴(架)	其它中高档乐器(件)	微波炉(台)	空调器(台)	电炊具(台)
全国合计	**1.33**	**6.12**	**22.27**	**35.79**	**107.87**
北京	2.70	13.90	67.60	89.70	114.20
天津	0.60	3.20	43.00	73.80	95.40
河北	0.63	6.91	13.84	38.39	55.40
山西	1.18	5.56	8.20	6.53	32.60
内蒙古	0.80	7.20	6.32	1.51	144.44
辽宁	1.46	5.89	17.88	5.79	90.32
吉林	1.29	6.01	11.38	2.97	132.74
黑龙江	1.45	3.73	8.36	2.32	165.77
上海	3.20	5.20	85.20	100.40	155.40
江苏	1.01	4.08	43.70	52.73	135.64
浙江	1.11	8.54	30.84	71.00	110.70
安徽	1.09	5.89	14.35	36.44	92.37
福建	1.88	6.18	34.24	55.24	120.76
江西	0.80	7.04	10.42	20.81	76.27
山东	2.13	9.04	19.58	32.01	85.20
河南	0.76	3.54	8.32	42.21	54.06
湖北	1.64	6.58	16.62	43.96	100.78
湖南	1.02	7.85	19.68	38.15	67.72
广东	2.76	5.83	36.04	107.91	102.50
广西	0.60	4.70	22.13	28.29	124.13
海南	0.67	1.67	10.50	18.00	148.50
重庆	0.33	7.67	40.00	85.67	80.33
四川	1.36	7.03	23.10	24.92	120.30
贵州	1.13	4.57	15.39	3.41	113.71
云南	1.26	4.42	21.19	0.03	169.99
西藏	0.00	2.00	8.00	3.00	8.00
陕西	0.36	4.51	12.57	29.38	83.74
甘肃	0.91	17.35	9.00	1.08	62.78
青海	0.55	3.82	13.09	0.18	32.36
宁夏	0.81	3.65	9.33	1.54	136.03
新疆	1.80	9.20	5.95	2.64	87.14

2001年各地区城镇居民家庭年末主要消费品拥有量(七)

(平均每百户)

	淋浴热水器(台)	排油烟机(台)	吸尘器(台)	健身器材(件)	移动电话(台)
全国合计	**52.00**	**55.49**	**11.83**	**3.98**	**33.97**
北京	78.10	70.40	28.40	10.50	62.40
天津	78.60	74.80	22.00	3.60	21.20
河北	47.61	56.81	9.61	7.58	24.40
山西	25.66	54.80	6.02	2.81	15.39
内蒙古	21.38	43.34	10.10	3.15	27.44
辽宁	48.90	65.38	24.76	3.80	32.78
吉林	34.09	64.56	14.56	2.12	30.33
黑龙江	20.54	65.35	13.93	1.67	18.77
上海	67.00	58.80	49.40	6.60	49.60
江苏	60.28	64.32	15.26	5.29	37.98
浙江	73.08	77.78	15.13	5.15	58.18
安徽	46.30	48.63	7.15	3.31	24.45
福建	87.88	53.59	3.24	6.24	66.94
江西	62.40	34.89	2.60	1.63	24.78
山东	55.30	74.54	16.25	6.25	31.67
河南	26.34	34.62	3.22	2.37	17.81
湖北	52.32	41.75	5.39	3.34	21.32
湖南	60.08	31.81	3.98	5.12	40.39
广东	101.59	72.00	7.05	6.22	85.67
广西	86.11	54.44	3.82	3.70	29.96
海南	63.67	36.67	1.33	3.17	27.33
重庆	84.00	32.00	6.67	6.67	34.33
四川	71.19	41.20	6.29	3.16	32.34
贵州	36.30	40.05	3.54	1.00	29.37
云南	38.59	62.62	6.60	3.85	43.13
西藏	13.00	18.00	6.00	0.00	58.00
陕西	38.44	52.56	5.07	2.23	19.74
甘肃	43.78	76.69	5.72	3.24	25.97
青海	24.91	72.00	6.00	1.82	26.55
宁夏	38.51	47.45	7.81	0.17	35.55
新疆	51.67	70.57	16.42	2.30	13.72